Découvrez l'histoire par les archives de presse

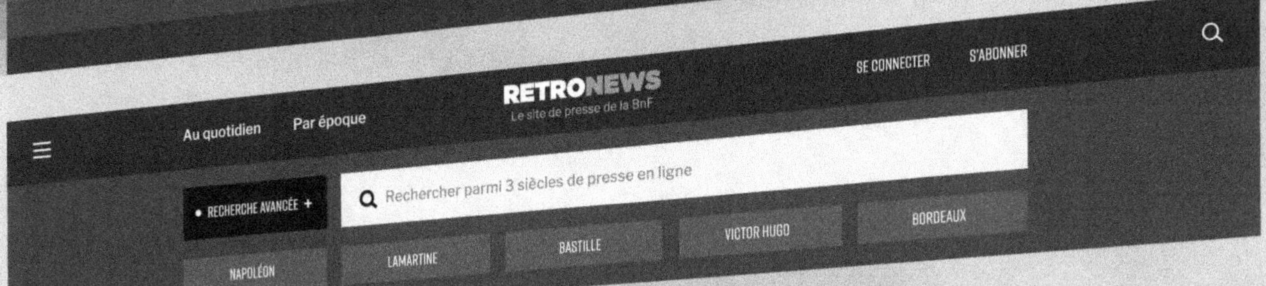

RETRONEWS

Le site de presse de la BnF

www.retronews.fr

BULLETINS DE LA SOCIÉTÉ

DES

COMPOSITEURS DE MUSIQUE

1re ANNÉE

PARIS

AU SIÉGE DE LA SOCIÉTÉ, 95, RUE RICHELIEU

—

1863

1re SÉANCE.

31 JANVIER 1863.

SOMMAIRE :

ALLOCUTION DE M. A. THOMAS.

Messieurs,

Ce n'est point un discours que je veux vous adresser, c'est un simple remerciement familier, expansif; c'est la libre et sincère expression de mes sentiments.

Je suis à la fois fier et embarrassé du titre de président que vous avez bien voulu me donner, lorsque tant d'autres méritaient cet honneur.

J'éprouve aussi un regret, c'est de me trouver ici, au lieu d'y voir notre maître bien-aimé, le chef illustre de notre école, que vous avez tous proclamé votre président d'honneur.

Si, en son absence, j'ose occuper cette place, c'est en songeant aux liens d'affection qui m'attachent à M. Auber. Je ne serai donc que son lieutenant, et ce qui m'encouragera à remplir ma tâche, c'est la pensée que c'est lui, ou du moins son esprit, qui présidera à nos réunions.

Permettez-moi, Messieurs, de vous dire un mot sur l'objet qui nous rassemble. Malgré tout le désir que j'éprouve de ne point garder la parole, je ne puis me dispenser de vous rappeler quelle est la pensée fondamentale de notre association.

Remarquons-le, l'esprit du siècle, c'est l'association. Partout on s'associe, dans l'ordre des intérêts matériels comme dans l'ordre des choses de l'esprit.

Que voyons-nous dans le monde des arts? Des associations : associations d'artistes et d'auteurs dramatiques, d'hommes de lettres, de peintres, de sculpteurs, d'architectes, de musiciens et d'artistes industriels.

Seuls, les membres de la famille des compositeurs de musique sont restés isolés, ou dispersés dans quelques-unes des associations que je viens de signaler. De là un grand affaiblissement, de là un manque d'entente et de direction, dangereux pour nos intérêts, et qui pourrait à la longue porter à notre art et aux œuvres théâtrales surtout les plus fâcheuses atteintes.

Sagement et heureusement inspirés, quelques-uns de nos confrères ont pensé qu'un état de choses si nuisible devait cesser.

Passant bientôt de la pensée à l'action, ils ont posé les bases de l'association des compositeurs de musique ; association à laquelle vous avez tous adhéré, Messieurs, et qui se trouve aujourd'hui définitivement constituée.

Le but que l'on se propose, vos statuts vous le disent, et le voici :

« Fonder un centre permanent de réunion pour établir et maintenir entre les compositeurs de musique des relations sympathiques et suivies ; sauvegarder, par une entente cordiale, tous les intérêts artistiques des sociétaires ; donner enfin une impulsion puissante et féconde à l'art musical. »

Je n'ajouterai rien à ces dispositions de vos statuts. Et à quoi bon ?

Elles sont claires, précises ; elles indiquent parfaitement l'objet de l'association.

Ainsi, en ce qui touche nos intérêts matériels, trouver un lieu de réunion pour étudier et discuter ensemble toute question grave, pour résoudre toutes les difficultés, c'est bien certainement un avantage immense qui nous a, pour ainsi dire, échappé jusqu'à ce jour, par suite de l'impossibilité de se rejoindre.

Mais il est un autre ordre d'intérêts, intérêts plus élevés, qui nous sont bien plus chers : les intérêts de l'art.

Ils trouveront dans notre Société une entière satisfaction. On y a songé.

L'article 2 de vos statuts porte ce qui suit :

« Des réunions hebdomadaires seront consacrées à l'examen des questions musicales suivantes :

« Esthétique, théories nouvelles et anciennes, enseignement, critique, histoire et philosophie de l'art musical, biographie, bibliographie, facture d'instruments, enfin toutes questions d'intérêt général et d'actualité qui pourront se présenter.

« Ces divers sujets seront traités sous forme de lectures, communications, correspondances, discussions orales, auditions musicales, etc. »

J'appelle votre attention, Messieurs, sur cette partie de vos statuts, sans prétendre les développer.

En effet, j'aperçois ici quelque chose de bien fécond et de bien profitable, dans cette étude approfondie de l'art par ceux qui le cultivent avec le plus de constance et de succès. Ce commerce des esprits, cette communauté d'études sérieuses, peut avoir un jour la plus heureuse influence.

Fortifiés comme nous le serons alors, habitués, par une longue préparation, à exposer nos pensées, nos impressions et nos doctrines, ne pourrons-nous pas nous juger, nous apprécier plus sainement les uns les autres, et éclairer l'opinion publique, souvent égarée?

Enfin, il est une autre considération qui, je vous l'avoue, me touche peut-être plus encore, c'est la bonne confraternité qui doit naître de nos rapports assidus.

Quelques-uns de nous étaient liés déjà par d'anciennes et amicales relations; d'autres s'appréciaient, s'estimaient sans se connaître. En nous réunissant, en nous voyant souvent, nous apprendrons tous à nous connaître mieux, à nous aimer davantage.

Un groupe bienveillant sera toujours prêt à applaudir à nos succès, prêt à nous consoler dans nos défaites.

Non, Messieurs, ce n'est point à une assemblée comme la nôtre que l'on pourra donner le nom de coterie. Une coterie, c'est un faisceau de préjugés et d'ambitions mesquines. Notre association, c'est la réunion des amis du grand art, cherchant à aplanir les difficultés pour ceux qui entrent dans la carrière, et à soutenir le courage de ceux qui ont déjà lutté beaucoup et qui auront à lutter encore.

Et maintenant, quand je songe aux avantages divers qui doivent résulter de la bonne pensée que vous avez eue, et quand, pour la première fois, je vous vois si nombreux, je me sens heureux et flatté d'avoir été appelé par vous.

Encore une fois, je vous en remercie. C'est un témoignage de sympathie et de confiance qui m'a profondément touché et dont je conserverai toujours le souvenir.

EXPOSITION DE LA TECHNIE HARMONIQUE

DE M. LE COMTE DURUTTE (1).

La *Technie harmonique* est fondée sur une conception nouvelle et générale de la formation des accords ; conception entièrement *a priori*, c'est-à-dire dégagée de toute expérience d'acoustique, et, sous ce rapport, tout à fait comparable aux conceptions des mathématiques pures elles-mêmes. L'auteur a donné à cette loi le nom de LOI GÉNÉRATRICE DES ACCORDS.

La *loi génératrice des accords* peut se formuler de la manière suivante :

1° Un accord quelconque procède de sa fondamentale, de telle sorte qu'on peut dire, en toute réalité, que l'harmonie est tout entière contenue dans un son musical quelconque.

2° LA QUINTE étant considérée comme l'unité du système musical, la *tierce majeure* et la *tierce mineure*, dont la somme reproduit numériquement cette unité, en sont les *éléments opposés*, les *pôles*, et ces deux éléments suffisent à la création de tous les accords possibles.

3° Dans chaque classe d'accords, il entre invariablement le même nombre de tierces. Ainsi, par exemple, tous les accords de trois sons (accords de quinte) sont formés au moyen de trois tierces ; tous les accords de quatre sons (accords de septième) emploient six tierces dans leur structure ; les accords de cinq sons (accords de neuvième) sont formés par dix tierces ; ceux de six sons (accords de onzième), par quinze tierces, et enfin ceux de treizième emploient vingt et une tierces dans leur construction.

Ce mode d'évaluation des tierces ne s'accorde pas avec la conception de la formation des accords par la *superposition* des tierces ; mais il est adéquat à l'enseignement de l'école, et au système de Rameau, qui concevait un accord, par exemple l'accord parfait majeur (UT — *mi* — *sol*) comme un produit de sa NOTE FONDAMENTALE UT, dont émanent simultanément les fonctions de *quinte* (sol) et de tierce (mi).

L'école comprend l'accord parfait comme formé d'une quinte et d'une

---

(1) *Technie, ou Lois générales du système harmonique.* Paris et Metz, 1855.

tierce, à partir de leur *fondamentale commune*, de la manière suivante :

et la tierce mineure (*mi — sol*) n'entre pas effectivement dans cette construction; elle n'est qu'un produit *contingent* de la comparaison de la fonction de tierce avec la fonction de quinte; tandis que, dans l'hypothèse de la *superposition*, cette tierce mineure (*mi — sol*) entre effectivement dans la construction même de l'accord,

et la quinte (UT — sol) n'y est plus qu'un *résultat médiat* de la *superposition* des tierces.

Or, si, en analysant un accord quelconque, on prend pour point de départ, comme le faisait Rameau, la fondamentale autant de fois qu'il y a de sons au-dessus d'elle, et qu'on *évalue* en tierces majeures et mineures les intervalles de quinte, de septième, de neuvième, de onzième et de treizième, on vérifiera la loi énoncée ci-dessus concernant le nombre de tierces nécessaires à la formation d'un accord quelconque, soit qu'il appartienne au *genre diatonique* (accords naturels), soit qu'il appartienne au *genre chromatique* (accords altérés), ou même au *genre chromatico-enharmonique*.

Par exemple, si l'on veut construire, *au moyen des seules tierces*, l'accord parfait majeur :

il faudra une *première tierce majeure* pour *poser* la fonction de tierce *mi*. Cela fait, comme il reste à poser la fonction de quinte *sol*, à partir de la fondamentale UT, il faudra ajouter deux tierces, l'une majeure et l'autre mineure, pour reconstituer cette quinte juste. Il entre donc *dans cette construction* TROIS TIERCES, dont deux majeures et une mineure. Mais, qu'on le remarque, dans l'accord une fois construit, il n'y a plus qu'une *tierce majeure* et qu'une *quinte juste* à partir de la FONDAMENTALE, origine commune des fonctions posées au-dessus d'elle.

Si l'on voulait, par exemple, au moyen de la *superposition*, constituer l'accord (UT — *mi* b.— *sol* dièze), on serait forcé de faire usage de la *tierce augmentée;* et s'il s'agissait de l'accord (SOL — *si* — *ré* dièze — *fa*), on aurait besoin de la *tierce diminuée*, tandis qu'en partant de la FONDAMENTALE comme origine, autant de fois qu'il y a de fonctions à poser au-dessus d'elle, on trouvera que l'accord

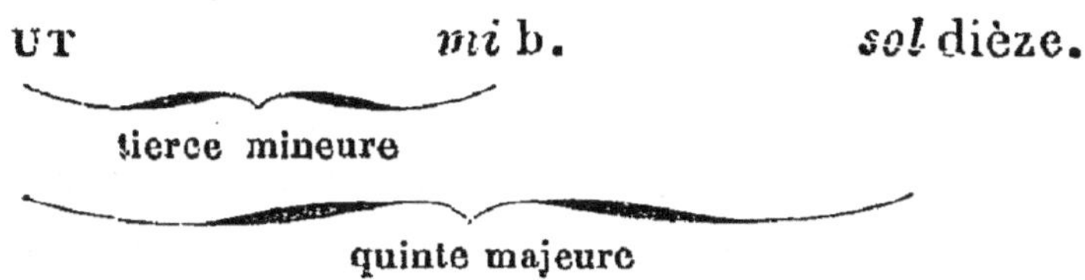

formé d'une *tierce mineure* et d'une *quinte majeure* (dite augmentée), se construit comme *l'accord parfait majeur* (dont il présente une version enharmonique), au moyen de *deux tierces majeures* et d'une *seule tierce mineure;* les deux tierces majeures servant à former la *quinte majeure*

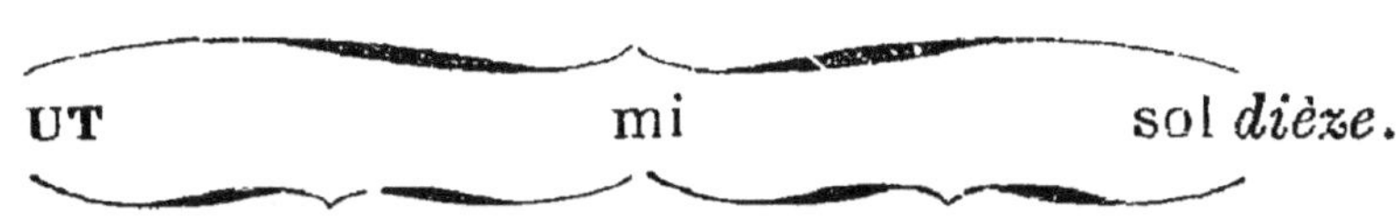

et la *tierce mineure* UT *mi* b. entrant *effectivement* dans l'accord.

Mais la *loi génératrice* ne permet pas seulement d'analyser et de construire les accords déjà connus ; elle fait aussi découvrir dans chaque classe les accords que le sentiment musical, abandonné à lui-même, n'a pu découvrir jusqu'à ce jour ; elle révèle de plus, dans les accords connus, des facultés ignorées ; elle explique des faits que jusqu'ici aucune théorie n'a pu expliquer d'une manière satisfaisante : parmi ces derniers, le passage de l'*Idomeneo* de Mozart cité par M. Oulibicheff dans sa biographie de ce maître, et expliqué page 300 de la *Technie harmonique*, est bien fait pour porter la conviction dans les esprits.

Il s'agit dans cet exemple, comme le dit M. Oulibicheff, « d'une « progression harmonique dont toutes les cadences sont déterminées « par des marches de basse fondamentale descendante de tierce ma-

« jeure... De plus, on voit, de la première à la seconde mesure, la
« note septième monter, et la sensible descendre...

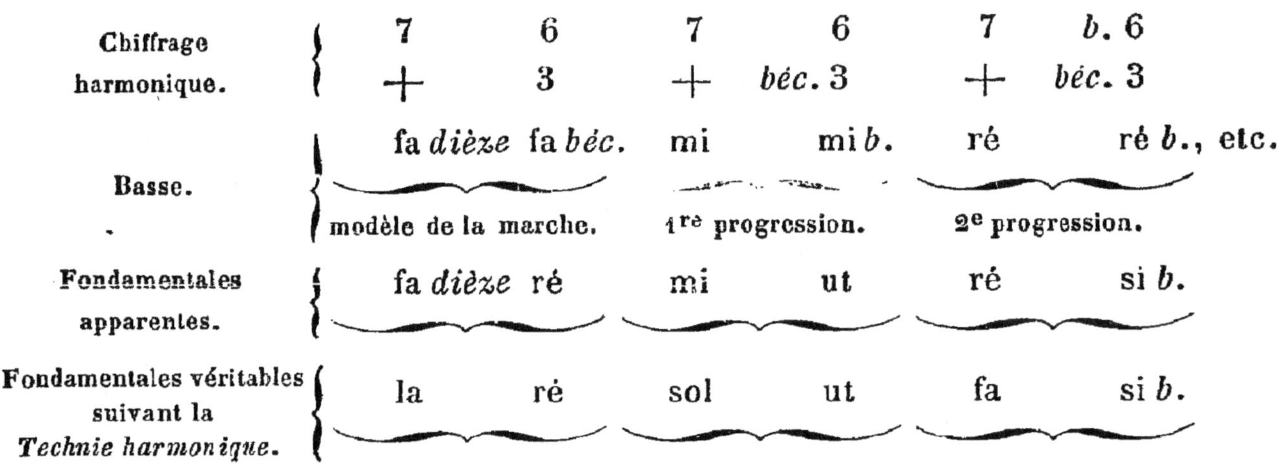

M. Durutte fait voir que l'accord (fa *dièze* — la *dièze* — ut *dièze* — mi)
est en réalité ici tout autre qu'un simple accord de septième dominante,
savoir un accord de *neuvième mineure, avec septième diminuée, quinte
juste et tierce majeure*, employé dans sa note fondamentale (LA)

(LA) — *ut* dièze — *mi* — *sol* b. — *si* b.

de telle sorte que la résolution, au lieu d'avoir lieu par tierce majeure
inférieure, comme on le suppose, s'effectue au contraire par QUINTE IN-
FÉRIEURE.

*La résolution des accords dissonants par quinte inférieure entre fon-
damentales est absolument générale.* Le comte Durutte donne un grand
nombre d'exemples pratiques à l'appui de ce principe ; mais le peu de
temps dont il peut disposer dans cette séance ne lui permet pas de démontrer ce principe fondamental de l'enchaînement, non plus que la
THÉORIE DES ACCORDS MULTIPLES.

Il énonce de la manière suivante ces principes, qui découlent tous
deux de la *loi génératrice des accords* :

1° Tout accord dissonant a une résolution normale, c'est-à dire à la
quinte inférieure, sur un accord parfait ou sur un autre accord dissonant plus simple ;

2° Tout accord a autant de résolutions normales distinctes qu'il a
d'aspects ou de renversements *formant de nouveaux accords ;*

3° Les accords des classes inférieures, même les accords parfaits,
peuvent être élevés au rang d'accords des classes supérieures, moyen-
nant la considération de fondamentales régulatrices, réelles ou idéales.

Parmi les exemples cités par M. Durutte, on remarque une curieuse transformation enharmonique de l'accord de *neuvième dominante ma-jeure* : en partant, par exemple, de l'accord

UT dièze — *mi* dièze — *sol* dièze — *si* — *ré* dièze,

et prenant pour *nouvelle fondamentale* la fonction de septième *si* de cet accord naturel , on obtient l'accent chromatique (altéré)

SI — *ré* dièze — *fa* — la b. — ut *dièze*,

dont la réalisation se trouve pag. 288, fig. 97 de la *Technie harmonique*.

Il signale ensuite une autre *transformation enharmonique* du même accord naturel de neuvième dominante majeure par la considération d'une *fondamentale idéale* placée à la *tierce majeure inférieure* au-dessous de sa fondamentale réelle.

M. Gevaert exécute au piano l'exemple de cette transformation en-harmonique tel qu'il est présenté page 403, fig. 168, dans la *Technie harmonique*.

Enfin MM. Gevaert et Saint-Saëns exécutent à quatre mains les réa-lisations de l'accord de onzième

1re face. (SOL — *si* — *ré* dièze — *fa* — *la* — *ut* dièze)

accord qui présente *six* faces semblables en prenant successivement chacune de ses fonctions pour *nouvelle fondamentale*, accord qui joue , dans la classe des accords de onzième, un rôle analogue à celui que joue *l'accord de septième diminuée* dans la classe des accords des qua-tre sons. Voici les autres faces de l'accord en question :

2e face. (UT b. — *mi* b. — *sol* — *si* bb. — *ré* b. — *fa*).

3e face. (MI b. — *sol* — *si* — *ré* b. — fa — la).

4e face. (FA — *la* — *ut* d. — *mi* b. — *sol* — *si*).

5e face. (LA — *ut* — *mi* dièze — *sol* — *si* — *ré* dièze).

6e face. (RÉ b. — *fa* — *la* — *ut* b. — *mi* b. — sol).

Cet accord, déclaré irréalisable à l'époque de l'apparition de la *Technie harmonique*, a été réalisé *avec toutes ses fonctions et sous tous ses aspects*.

Projet d'auditions périodiques des œuvres musicales des artistes vivants,

PAR M. ERNEST L'ÉPINE.

L'auteur cite d'abord différentes lettres publiées en 1854 sur ce pro-jet dans le journal *Le Ménestrel*. Il voudrait que le Conservatoire, aidé d'une subvention, prît l'initiative pour l'exécution des œuvres sérieuses; comme symphonies, oratorios, bref toutes compositions quelconques pour orchestre et chœur qu'on n'entend point dans les concerts ordinaires, vu les grands frais que cela nécessite.

La *Société de Sainte-Cécile*, dans une lettre publiée également dans *Le Ménestrel*, réclame la priorité pour la mise en pratique de cette idée, puisque depuis 1851 elle fait entendre chaque année, dans un concert spécial, des œuvres nouvelles de compositeurs vivants.

La *Société des jeunes artistes*, fondée en 1852, réclame à son tour.

M. Ernest L'Epine, dans un langage courtois, répond à ces deux lettres. Voici les moyens pratiques indiqués par M. L'Épine :

Chaque année (ou tous les deux ans), le gouvernement ferait disposer un vaste local pour *l'audition des œuvres des auteurs vivants*. — Un jury nommé par le gouvernement serait chargé de l'examen des morceaux présentés au concours. — Le jury serait composé : des compositeurs de musique membres de l'Institut, des principaux professeurs de composition et chefs d'orchestre. — Chaque auteur ne pourrait présenter qu'un morceau au concours. — Aucune œuvre éditée ou déjà exécutée ne pourrait être admise à concourir. — Les morceaux admis au concours seraient : 1° les fragments d'oratorios et morceaux d'église avec orchestre ou orgue ; 2° les symphonies et ouvertures ; 3° les scènes dramatiques ; 4° les quatuors, quintetti, etc. (dont chaque partie pourrait être exécutée par un nombre déterminé d'instruments) ; 5° les chœurs avec ou sans accompagnement d'instruments : toutes œuvres qui attestent de longues et sérieuses études, et qui, à cause de leur importance ou de leur développement, ne peuvent être facilement soumises au public.

Les auditions auraient lieu pendant un mois, trois fois par semaine (soit douze concerts). — Chaque concert se composerait de six morceaux (soit un de chaque catégorie). Le nombre des morceaux reçus serait donc de 72 (soit douze de chaque catégorie). Dans un treizième et dernier concert, les six morceaux couronnés seraient exécutés de nouveau. Il serait accordé : une grande médaille d'or, deux médailles d'argent, trois médailles de bronze. — Les auditions auraient lieu en automne, afin de ne pas faire concurrence aux concerts particuliers de la saison d'hiver. Chaque semaine, deux des auditions seraient gratuites, la troisième payante. Il serait perçu ce jour-là une somme minime. Le jour du treizième concert, la rétribution serait plus forte ; les élèves du Conservatoire impérial de musique, ceux du Gymnase musical et ceux de l'École impériale de musique religieuse seraient appelés à faire partie gratuitement de l'orchestre et des chœurs. Le montant de la recette des jours réservés servirait à payer les artistes et les frais de copie. Le Gouvernement n'aurait donc à payer que la différence qui pourrait exister entre les dépenses et les recettes.

M. E. L'Épine termine ainsi son mémoire, en s'adressant à la *Société des compositeurs* :

« Il vous appartient d'élever aux talents qui ont le grand tort d'être encore de ce monde un asile digne d'eux. Vous réussirez, croyez-moi, si vous le voulez fermement, et ce ne sera pas un mince résultat que de détourner de temps en temps les amateurs endurcis de leurs pèlerinages aux catacombes de la musique. »

MORCEAUX DE CLAVECIN DU XVIIIe SIÈCLE

Exécutés par M. Camille Saint-Saëns.

CLAVECINISTES ALLEMANDS.

1° Georges-Charles HÆNDEL (né en 1684, mort en 1759).

Andante, en *fa*.
Courante, en *ré* mineur.
Gigue et Fugue, en *mi* mineur.

2° Jean-Sébastien BACH (né en 1685, mort en 1750).
Prélude et Fugue, en *ré*.
Capriccio, en *ut* mineur.
Allemande, en *ré*.
Passe-pied, en *si* mineur.
1er allegro du Concerto en *fa*.

CLAVECINISTES ITALIENS.

3° Domenico SCARLATTI (né en 1683, mort en 1757).
Deux pièces de clavecin.

CLAVECINISTES FRANCAIS.

4° François COUPERIN (né à Paris en 1668, mort en 1733).
Deux pièces de clavecin : *La Voluptueuse, Les Barricades*.

5° Jean-Philippe RAMEAU (né à Dijon en 1683, mort en 1764).
Quatre pièces de clavecin : *Courante, Rigodon, Les Cyclopes, La Joyeuse*.

2ᵉ SÉANCE,

28 FÉVRIER 1863.

SOMMAIRE :

1. Compte rendu des travaux de la Société, par M. Poisot, secrétaire.
2. Étude sur l'origine et la forme de l'air pendant la première période de l'opéra italien (de 1600 à 1750), par M. Gevaert.
3. Audition des morceaux faisant suite à la lecture précédente.

COMPTE RENDU DE M. POISOT.

M. Poisot, secrétaire, résume les travaux de la Société, depuis sa création jusqu'à ce jour.

Les œuvres exécutées aux samedis intimes ont été les suivantes :

Sonate, de M. Adolphe Blanc, pour piano et violon.
Duo pour deux pianos, par M. Ritter.
Rondo pour piano, par M. G. Pfeiffer.
Sonate, pour piano et violon, par M. Vogel.
Deuxième trio, de M. Lacombe.

Après quelques observations sur les anciens maîtres de l'école de clavecin, M. Poisot conclut ainsi :

« Que les artistes se pénètrent avant tout de la hauteur de leur mission; qu'ils ne se laissent pas entraîner par de mesquines rivalités ou de puériles jalousies; qu'ils n'abaissent pas leur talent en sacrifiant au goût peu éclairé d'une partie du public, et alors ils recueilleront pour prix de leurs labeurs une considération que la dignité de leur conduite et la perfection de leurs œuvres sauront leur mériter. Ils constitueront enfin une grande famille professionnelle qui, par son union sincère et bien entendue, étendra sans cesse le culte du beau, qui se vivifie toujours par la pratique du bon et la connaissance du vrai. »

ÉTUDE SUR L'ORIGINE ET LA FORME DE L'AIR

Pendant la première période de l'opéra italien (DE 1600 A 1730)

PAR M. GEVAERT.

Lorsque nous assistons à la représentation d'un de nos grands opéras modernes, où toutes les formes de l'art sont mises en œuvre, où
toutes ses ressources sont combinées de façon à produire un ensemble
grandiose et imposant, nous éprouvons quelque peine à nous figurer un
opéra privé de la plupart de ces moyens d'action. Nous croyons volontiers que la forme du drame lyrique a jailli un beau jour de la puissante
pensée de quelque rêveur, avec le germe de tous ses développements
ultérieurs, tout armée enfin, ainsi que Minerve s'échappa de la tête de
Jupiter. — Erreur! Tous ces moyens, depuis les plus accessoires jusqu'aux plus primordiaux, jusqu'aux plus essentiels à l'existence même
du genre, sont les conquêtes successives de quelques organisations privilégiées et le résultat de la collaboration féconde de trois siècles.

Une courte esquisse de l'histoire de l'opéra en Italie peut donner à
cette vérité tous les caractères de l'évidence.

Cette histoire se divise en deux grandes périodes. La première commence naturellement à l'invention du drame lyrique, en 1600, et va
jusqu'à 1730. Vers cette dernière époque les intermèdes comiques,
d'origine napolitaine, qui jusqu'ici font corps avec le drame et n'en
forment que les épisodes grotesques, se séparent de la pièce principale,
et vont constituer un genre distinct qui prend bientôt le nom d'*opera
buffa*. Cette séparation est le point de départ d'un changement radical
dans les formes de l'opéra sérieux, et indique par conséquent une nouvelle ère dans son histoire.

La première période, en raison même de sa simplicité, est plus at-
tachante que la seconde. L'on suit avec intérêt les premiers essais de
l'inventeur. Le chanteur n'a pas encore imposé sa terrible individualité,
et le compositeur, libre de toute entrave, marche le front levé et le
pied ferme vers le but idéal que son génie lui fait entrevoir. L'art est
naïf et sincère, car la recherche de l'expression dramatique est la seule
préoccupation du musicien.

Cette période est aussi la moins connue, et partant la plus fertile en surprises. Tandis que les productions de l'époque de Palestrina sont entre les mains de tout le monde, et que les œuvres même plus anciennes des contrepointistes flamands ont été l'objet d'investigations sérieuses et de publications spéciales, on peut affirmer que le matériel si riche du XVIIe siècle est encore entièrement inexploré. — Nous allons donc nous attacher de préférence à cette première période. Mais avant tout il est nécessaire de jeter un rapide coup d'œil sur l'état de la musique avant ce moment solennel dans son histoire.

Séduits par les grandes lignes et par les divisions nettes, les critiques ont trop souvent englobé les arts et les lettres dans d'ingénieux aperçus généraux. Considérant la peinture, la musique et la littérature comme un art unique, ils ont conclu que les circonstances extérieures qui ont influé sur l'un d'eux ont nécessairement agi sur l'autre ; en sorte que leur histoire serait solidaire, et que l'apogée de la peinture, par exemple, marquerait forcément le plus haut période des autres manifestations artistiques du sentiment humain. Ce point de vue a certainement son côté vrai, mais il faut se garder de l'accepter dans un sens absolu.

La musique, se laissant distancer par la peinture et les belles-lettres, n'était pas entrée dans le grand mouvement de la renaissance. Pour elle, le moyen âge se prolonge jusqu'à la fin du XVIe siècle. Depuis les premiers essais des contrepointistes flamands au XIVe siècle, jusques et y compris Palestrina, l'art musical suit une seule et même voie, un seul et même but : *l'élaboration de la forme harmonique*. Les lois matérielles et artificielles du contre-point sont tout l'art. Les combinaisons scolastiques sont portées à leur dernier degré de perfection. Mais tout le talent des musiciens pivote sur cette base étroite. D'expression dramatique, de formes mélodiques, dans le sens moderne, il n'en est pas question. L'usage des instruments est abandonné aux ménétriers. Enfin, dans tout ce long espace de temps qui va de 1350 à 1600, on ne trouve pas dans tout l'œuvre des musiciens de profession une pauvre mélodie pour voix seule. Entre leurs mains la musique est en quelque sorte un art occulte dont les secrets sont mystérieusement transmis à quelques adeptes privilégiés.

Il est bien vrai que dans chaque pays le peuple avait eu de tout temps sa musique et son chant à lui. Mais ces manifestations instinctives du sentiment musical étaient aussi étrangères aux hommes du métier que les compositions de ceux-ci étaient peu goûtées par la foule. Si le musicien n'avait que du mépris pour la chanson des rues, le peuple, sans doute, n'écoutait qu'avec une sainte terreur les œuvres des Okeghem et des Josquin. Bref, les deux faits existaient parallèlement, côte à côte, sans avoir le moindre point de contact.

La réforme vint démocratiser l'art en déplaçant sa sphère d'action. La musique osa enfin franchir le seuil de l'église, et désormais elle ne sera plus vouée exclusivement au service d'une seule idée. L'imprimerie, toute jeune encore, avait promptement appliqué ses procédés à la reproduction de la musique. Dès le commencement du XVIe siècle, l'Allemagne, et les Pays-Bas surtout, produisirent des milliers de chants et de psaumes pour une voix seule. Tantôt c'était l'inspiration de quelque fervent apôtre de la réforme ; tantôt encore quelque refrain profane et populaire qui servait à répandre dans la foule le texte des livres sacrés. Il faut bien l'avouer, ces dernières chansons n'étaient ni les moins goûtées, ni les moins belles. On eût dit que la grâce mélodique s'était réfugiée dans le sein du peuple, tellement ces chants ont parfois de charme et de poésie.

Les musiciens se mirent lentement au niveau des besoins de leur époque. Vivant dans une sphère aristocratique, auprès de quelque puissant seigneur ou de quelque opulent prélat, ils professaient un souverain mépris pour les élans naïfs de la muse populaire, qui cependant renfermaient en germe tout l'avenir de l'art. Cependant ils ne purent résister entièrement au courant du siècle, et dès ce moment leurs productions cessèrent d'être exclusivement religieuses. L'invention du madrigal (vers 1540) fut le premier pas vers un nouvel ordre d'idées. La composition de ces petites pièces imposait la nécessité de chercher des tournures plus mélodiques et qui fussent en rapport avec le sens intime des paroles. Ne vous hâtez pas cependant de trop conclure de ce progrès. Ces madrigaux étaient à plusieurs voix et remplis d'imitations et de canons, comme tout ce qu'on faisait alors. Les formes traditionnelles de la musique vocale ne devaient pas disparaître de sitôt.

Eh bien ! ce que les musiciens n'avaient pas osé chercher, ce fut une société d'amateurs et de gens de goût qui le trouva.

A Florence, ce berceau sacré des arts, la patrie de Dante et de Michel-Ange, florissait en 1580 la maison patricienne des Bardi, comtes de Vernio. Là se réunissait une société de gentilshommes, de savants et d'artistes, parmi lesquels on remarquait *Vincent Galileo*, père de l'homme qui devait si courageusement affirmer le mouvement de la terre ; *Jacopo Corsi*, le poëte *Ottavio Rinuccini*, enfin trois musiciens : *Emilio del Cavaliere, Jacopo Peri* et *Giúlio Caccini*. Ce n'étaient pas des contrepointistes bien habiles, et peut-être par cela même c'étaient les hommes qu'il fallait pour comprendre les besoins nouveaux de l'art. Dans cette brillante réunion, on causait volontiers art, et surtout musique. On signalait le défaut des compositions du temps, et l'on entrevoyait la possibilité de diriger l'art musical dans une voie plus conforme à son but, en le faisant servir d'expression aux mouvements passionnés de l'âme. Écoutons parler un des habitués de ce cercle.

« J'ose affirmer, dit Caccini, que les entretiens de cette illustre as-
« semblée m'en ont plus appris sur mon art que trente années consa-
« crées à l'étude du contrepoint. Mes savants amis m'ont édifié sur la
« valeur de cette musique qui ne permet pas à l'auditeur de distin-
« guer les paroles, et qui gâte l'expression et la forme du vers, soit en
« rendant longue une syllabe brève, soit en faisant brève une syllabe
« longue, pour les accommoder à la marche de leur contrepoint, véri-
« table destructeur de la poésie. — M'étant bien convaincu que cette
« musique ne peut donner d'autre plaisir que celui qui résulte de
« l'harmonieux ensemble des voix, et persuadé qu'elle ne pouvait
« émouvoir, puisqu'elle rendait les paroles inintelligibles, je pris pour
« point de départ de mes essais l'opinion de Platon, qui classe les di-
« vers éléments de la musique dans cet ordre : d'abord la *parole*, en-
« suite le *rhythme*, et en dernier lieu le *son*. Guidé par ce principe, je
« me mis à écrire des madrigaux pour une voix, avec accompagnement
« d un instrument à cordes. Le succès qu'obtinrent ces morceaux m'en-
« gagea à les continuer, d'autant mieux que mes amis me donnèrent la
« flatteuse assurance que jusqu'à ce jour ils n'avaient pas entendu de
« musique capable de les émouvoir à ce point (1). »

Cette innovation, qui paraît si simple, fut le point de départ d'un art nouveau. Enfin l'instrument est relevé de sa proscription, et on comprend sa mission première et naturelle : celle de servir d'accompagnement à la voix. On continua encore pendant quelque temps à produire des madrigaux à plusieurs voix, mais les formes exclusivement scientifiques disparurent peu à peu. La tonalité du plain-chant, qu'on cherchait vainement depuis deux siècles à rendre compatible avec l'harmonie, fut définitivement confinée dans l'église, et remplacée par les modes majeur et mineur qui depuis longtemps dominaient dans la musique populaire. Un fait remarquable, c'est que cette transformation pa-

(1) Préface des *Nuove musiche.*

raît s'être faite sans tâtonnements d'aucune espèce. Déjà dans les premiers madrigaux de Caccini, composés, d'après son témoignage, bien
avant la fin du XVIe siècle, la tonalité, la chute des cadences, la modulation, ne diffèrent en rien de ce qui se fait dans les compositions les
plus modernes (1). L'accord de septième dominante arrive régulièrement à chaque fin de phrase, et se trouve indiqué par la basse
chiffrée. — Je vous prie de noter en passant que ces compositions sont
antérieures de plusieurs années à celles de Monteverde, où l'on a cru
trouver le premier exemple de cette harmonie. Cependant Caccini, qui
n'est pas sobre d'observations sur l'exécution de sa musique, ne se
croit pas obligé de justifier ni d'expliquer cette prétendue hardiesse.

La noble assemblée du comte de Vernio ne s'en tint pas à applaudir
aux essais de Caccini. Nourris des fortes études de l'antiquité et imbus
des idées de leur temps, ces *gentiluomini* se proposèrent de retrouver
la tragédie chantée des Grecs. Disons tout de suite qu'ils ne la retrou-
vèrent point. Mais, de même que les alchimistes, en cherchant la pierre
philosophale, ont trouvé la chimie, de même, en courant après la chi-
mère de la tragédie grecque, on trouva l'opéra moderne.

Écoutons encore les propres paroles d'un des créateurs de ce nouveau
genre. Jacopo Peri, dans sa préface d'*Euridice* (le plus ancien opéra qui
soit parvenu jusqu'à nous), s'exprime dans les termes suivants :

« Vers l'an 1594, MM. Jacopo Corsi et Ottavio Rinuccini formulèrent
« le désir de me voir mettre en musique le sujet de Daphné, en appli-
« quant à ma manière l'invention de notre ami Emilio del Cavaliere (le
« premier à ma connaissance qui ait fait entendre notre musique mo-
« derne sur la scène). D'après une opinion très-accréditée, les Grecs et
« les Romains chantaient sur la scène des tragédies entières. Or j'ai
« toujours pensé qu'à cet effet ils se servaient d'une espèce de mélodie
« plus accentuée que celle qui est contenue dans le langage ordinaire,
« et qui toutefois n'était pas encore la mélodie purement vocale. Après
« avoir reconnu que dans le langage certains mots sont mis en relief
« de manière à servir de base à une intonation musicale, tandis que
« d'autres n'ont pas cette qualité (et sont des simples transitions qui
« conduisent à un accent mélodique), je notai soigneusement ces di-
« vers accents. Je tins compte aussi de ceux que nous employons à no-
« tre insu dans certains mouvements de l'âme tels que la joie, la dou-
« leur, etc., et, les considérant comme bases de mon chant, je construi-
« sis ma mélodie en conséquence. Quant à l'accompagnement, voici

____

(1) Les madrigaux *Amarilli mia bella* et *Dovro dunque morire* présentent le mélange de *sol mineur*
et *sol majeur*, ce qui nous met bien loin des gammes du plain-chant.

« comme je procédai : Je fis mouvoir ma basse sur les grands accents
« mélodiques (sur les temps forts, comme nous dirions aujourd'hui),
« en la tenant immobile sur les mots intermédiaires, sans du reste me
« soucier des dissonances passagères qui pourraient en résulter. En ef-
« fet, il eût été disgracieux de faire courir la basse après le chant, sur-
« tout dans les mouvements tristes ou graves, outre que ces dissonan-
« ces passagères ajoutent à l'effet des consonnances tombant d'aplomb
« sur les syllabes longues. » — Vous le voyez, Messieurs, c'est notre
théorie moderne des notes d'agrément, et des dissonances passagères.
Pour apprécier ce que cette doctrine avait de hardi à cette époque, on
doit se reporter par la pensée à cette espèce de faux-bourdons qui auparavant servaient d'accompagnement aux compositions du *style galant*,
comme on se plaisait à l'appeler.

Bien que le but de la tentative de Peri eût été de retrouver la tragédie grecque, il ne fut pas sans avoir quelques doutes sur la réalité de
sa découverte. Aussi ajoute-t-il avec bonhomie : « Je n'oserais affirmer
« que ce chant soit celui employé dans les drames des Grecs et des
« Romains ; mais je crois que c'est le seul que puisse nous fournir notre
« musique et qui s'accommode le mieux à notre langue. »

Ce qu'il y a de certain, c'est que le drame lyrique moderne était
trouvé.

Dès son origine le drame lyrique se présente sous deux aspects différents, et à côté de l'action profane, l'*opéra*, nous voyons immédiatement surgir l'*oratorio*, le drame religieux.

Une différence s'établit tout d'abord dans la mise en œuvre des éléments musicaux. Dans l'*oratorio*, les ensembles et les chœurs tiennent
une très grande place. On dirait qu'on a voulu tenter là une fusion de
l'ancien style avec le nouveau. L'oratorio d'*Erminia al Giordano*, de
Michel-Angelo Rossi, écrit en 1625, contient non-seulement beaucoup
de chœurs, mais aussi des duos, des trios et même une ouverture.

Dans les premiers opéras, au contraire, on ne fait guère usage que du
récitatif ; peu de chœurs, et des airs presque point. Toute la partition
d'*Euridice* ne contient qu'un seul morceau mesuré auquel on puisse
appliquer le nom d'air (1). Plus tard, sans doute, ce genre de morceaux
devint plus fréquent ; mais on peut dire d'une façon générale que pendant toute cette première période le *récitatif* forme la partie principale
de l'opéra ; *l'air* n'est que l'expression lyrique d'un sentiment déterminé, et se produit à de très-rares intervalles. C'est par une courte

______

(1) C'est la *canzone* que chante Orphée en ramenant Eurydice des enfers : *Gioite al canto mio*, etc.

analyse des transformations successives de ces deux éléments essentiels que nous allons terminer cette lecture.

D'abord, pour ce qui concerne le récitatif, il se trouve suffisamment caractérisé par ce fait que dans sa composition on cherchait à reproduire musicalement la déclamation parlée. Presque au début il se trouva invariablement fixé, et depuis Carissimi (c'est-à-dire depuis 1630) les chutes des phrases, les accents principaux, etc., tout cela est définitiment acquis à l'art et n'a plus guère changé. — Il est bien entendu que toutes ces observations ne s'appliquent qu'au *recitativo secco*. Le récitatif obligé ne remonte pas aussi haut (1).

Passons donc aux diverses transformations de l'air.

On se rappelle que Caccini, par une innovation hardie, s'adonna à la composition des madrigaux à une voix. Cette tentative fut aussi l'origine de l'air sous sa forme primitive. Dans cette première ébauche on ne trouve naturellement pas encore de contours accusés, de lignes arrêtées. L'air est une espèce de mélopée qui se distingue à peine du récitatif. La marche mélodique ne connaît aucune espèce d'entrave et se déroule en toute liberté. Point de motif principal, et à plus forte raison ne peut-il être question du retour périodique d'une idée dominante.

Cette forme libre (que nous nommons aujourd'hui *arioso*) ne tarda pas à disparaître de la scène italienne devant l'envahissement de l'*air* proprement dit; mais elle devint le noyau de la *cantate* (le drame de salon), et plus tard le type de l'air français. C'est probablement dans les cantates de Carissimi et de Luigi Rossi que Lully alla chercher ses modèles. Ceux qui ont fait une étude attentive des chefs-d'œuvre de Gluck savent le parti qu'il a su tirer de l'idée féconde des patriarches de l'opéra.

La naissance de la deuxième forme nous offre un fait bien significatif : c'est l'introduction de la chanson dans l'art musical, et non plus comme au moyen âge sous l'aspect d'un *canto fermo* (un prétexte à contre-point) relégué dans quelque voix intermédiaire, mais comme type mélodique, comme modèle à imiter.

Permettez-moi de vous citer encore Caccini. « Après mon retour à Florence », dit-il dans la préface des *Nuove Musiche*, « il me vint à l'idée « de composer quelques chants que l'on pût exécuter dans les concerts « avec accompagnement d'instruments à cordes, dans le genre des

(1) Je n'en connais pas d'exemple avant Lully. Voir son *Armide*, page 13 de la partition gravée.

« chansons populaires que l'on chante sur des paroles triviales. Ce
« genre d'air a été depuis tellement goûté en Italie, *que le style en a*
« *été généralement adopté pour les chants à une voix seule.* »

La deuxième forme de l'air sortit ainsi de la *canzonette*, comme la
première était née du madrigal. Les deux courants artistiques, qui pendant des siècles avaient roulé côte à côte sans se confondre, vinrent se
mêler et se perdre dans l'opéra. Dans cette nouvelle forme de l'air,
comme son origine doit le faire présumer, c'est la mélodie et l'élément
musical (le *motif*, en un mot,) qui prédominent. La déclamation n'y fait
certes pas défaut, mais elle n'est plus libre comme autrefois ; elle reste
subordonnée à la carrure du rhythme et à des conditions purement musicales.

Dans l'origine, ces airs-canzonettes sont fort courts. Construits au
moyen d'une seule période mélodique, ils se présentent ordinairement
sous forme de strophes ou de couplets. Mais cette disposition écartait
les éléments de contraste et d'opposition, et ouvrait la porte à la monotonie. On tenta d'échapper à cette loi fatale. C'est ainsi, par exemple,
qu'on se plut à broder le thème principal de diverses façons, ce qui
donna naissance à l'*air varié* (1). Mais tout cela était insuffisant à dramatiser l'air. Il fallut, pour en arriver là, qu'un nouveau progrès vînt
élargir ce cadre restreint.

Dès 1630, l'air renferme une idée principale, noyau du morceau, où
se trouve exprimé le côté musical, et en second lieu une idée accessoire
conçue dans une tonalité relative, et dont le but est de ramener la pensée fondamentale, qu'elle met ainsi mieux en lumière. C'est ce qu'on a
appelé plus tard air à *da capo, cavata, cavatina*, etc.

Avec l'air à *da capo*, on avait trouvé une forme plus large de l'air et
se prêtant à un développement indéfini, forme qui plus tard, surtout au
commencement du XVIIIe siècle, finit par tourner au procédé. Presque
tous les airs de Scarlatti, de Hændel, de Bach, et même ceux des premiers opéras de Mozart, sont écrits dans cette coupe. Tout en élargissant et en développant ce modèle, ces grands maîtres conservèrent le
type de l'air à *da capo*.

La seconde partie prit bientôt des proportions telles que tout en
restant accessoire elle conquit un caractère individuel. Souvent la
pensée principale se déroulait dans un mouvement lent, tandis que
l'idée accessoire prenait un mouvement vif ; après quoi l'on retournait
au premier thème.

Mais on ne fut pas longtemps sans s'apercevoir que ce retour prévu

______

(1) On en trouve déjà des exemples dans l'*Erminia* (déjà citée), ainsi que dans le *Santo Alessio*, de
L. ..di (1634).

devenait fatigant, et que, dans certaines situations, cette répétition obligée venait refroidir l'effet. On crut, dans ce cas, pouvoir supprimer le *da capo*, et l'on obtint ainsi l'air à deux mouvements, qui est devenu le type de l'air moderne.

Telle fut la dernière transformation que ce siècle laborieux devait faire subir à sa création. Comme on le voit, elle a passé par tant de phases diverses, qu'il ne sera peut-être pas inutile de les résumer.

1re Forme : *Melopée*. A ce type se rattache l'*arioso* moderne et l'*air déclamé*.

2e Forme : *Canzone*. Dans l'ordre chronologique, elle a donné naissance à l'*air à strophes* (romance, etc.), à l'*air varié*, à la *cavatine* (ou *air à da capo*), à l'*air à deux mouvements* Plus tard, une nouvelle forme s'est développée dans son sein, c'est le *rondo*. En effet, le rondo n'est autre chose qu'un air à D. C., renfermant plusieurs idées accessoires au lieu d'une seule.

Ici devait se terminer ma tâche ; mais, pour vous donner un sommaire complet, il me faut au moins dire un mot concernant le rôle de l'orchestre dans cette période de l'histoire musicale.

Dans les premiers opéras on ne trouve nulle trace d'une autre partie instrumentale que la basse d'accompagnement. Cette basse était jouée et harmonisée par un instrument à cordes ou à clavier. Lequel ? Il est assez difficile de le préciser. Peri lui-même, dans sa longue préface, ne nous renseigne pas à cet égard, et se contente de nous apprendre que son orchestre, *qui jouait dans les coulisses*, ne se composait que de quatre instruments : un clavecin, une guitare, une grande lyre et un archi-luth. Il faut noter cependant deux ritournelles de quelques mesures et un air de danse où se trouve une partie aiguë qui semble écrite pour un instrument à archet, plus enfin un air de musette qu'un pâtre exécutait en scène sur une flûte à trois tuyaux.

Il faut supposer que le rôle des quatre instruments désignés par Peri se bornait à faire l'accompagnement tour à tour ou simultanément, en se guidant sur la basse continue. Ce qui donne du poids à cette conjecture, c'est que dans toutes les partitions de cette époque, et même de celle qui vient immédiatement après, la partie de basse porte une indication de cette nature : « *basso per il clavicembalo e per tutti gli altri strumenti* » ; ou bien encore : « *basso per il clavicembalo , il liuto, il tiorbe, la lira e tutti gli altri strumenti.* »

L'accompagnement instrumental n'avait donc à cette époque qu'un rôle fort restreint. Ce n'est qu'à partir de 1620 que les *violons* acquièrent droit de cité dans l'orchestre et qu'ils sont admis à se faire entendre dans les ritournelles. Les parties de violons forment toujours avec la basse trois, quatre ou cinq parties réelles, et l'auteur de *Santo-Alessio* croit devoir excuser la licence qu'il a prise de faire marcher en quelques endroits de son ouvrage deux parties à l'unisson. Dans les cantates de Carissimi, on les voit pour la première fois prendre une faible part à l'accompagnement. Du reste, cet envahissement progressif est bien modeste et bien timide, car durant toute cette période leur rôle reste très-borné et leur apparition demeure toujours un fait exceptionnel.

Il était réservé aux Français, et plus tard aux Allemands, de donner une impulsion féconde à la partie instrumentale dans le drame lyrique.

Et maintenant, Messieurs, un dernier mot, avant de passer à la partie la plus agréable de la séance. Si j'ai usé et abusé peut-être aujourd'hui de vos moments, ce n'est pas dans le but puéril de faire un vain étalage de science et d'érudition. J'ai voulu tout simplement vous exposer quelques faits que je crois intéressants, et je voudrais vous communiquer une croyance qui m'est chère, c'est que l'art est éternel! — Dès ses débuts, il se montre fort et vigoureux. L'œuvre de ses premiers adeptes a droit non-seulement à l'éloge de l'historien, mais encore à l'admiration enthousiaste de l'artiste. Je n'aperçois pas dans sa jeunesse les faiblesses inhérentes à l'enfance, et aujourd'hui sa maturité ne me paraît aucunement porter les stigmates de la décrépitude.

A chaque génération a été assignée sa mission, et pas une n'y a failli complétement. Le sentiment de la confiance religieuse a-t-il jamais trouvé une plus haute expression musicale que dans le choral de Luther? La dévotion humble du catholique n'a-t-elle pas rencontré son mystique interprète dans Palestrina? Qui a surpassé Hændel et Bach dans l'*oratorio?* Et cependant, aucun de ces maîtres n'a pressenti le monde nouveau qu'Haydn, Mozart et Beethoven devaient découvrir dans la musique instrumentale !

Gardons-nous donc de fixer des bornes aux manifestations infinies du sentiment humain, et espérons que notre génération, à qui des esprits moroses voudraient dénier toute originalité, aura, elle aussi, sa page dans les annales futures de l'art.

MORCEAUX CHANTÉS PAR M. MARCHESI

A LA SUITE DE LA LECTURE PRÉCÉDENTE.

a) Madrigal à une voix, de *Caccini.* (Vers 1590.)
D'après la 1re édition des *Nuove musiche.* (1601.)

b) Air de l'*Euridice* de *Peri.* (1600.)
D'après la partition imprimée à Florence dans la même année.

c) Air des *Nuove musiche*, de *Caccini.*
Voir (*a*).

d) *La Gelosia*, cantate de *Luigi Rossi.* (Vers 1625.)
D'après un manuscrit de la Bibliothèque impériale de Paris. (V. m. 1177.)

e) *Vittoria mio core*, cantate de *Carissimi.* (Vers 1630.)
D'après le même manuscrit.

f) *Dormi mio bene.* Air de l'*Orontea*, de *Cesti.* (1649.)
Histoire de la musique, de Burney, IVe vol.

g) Air (*siciliana*) de Cavalli.
Idem.

h) Air de *Mitrane*, de l'abbé *Francesco Rossi.* (1686.)
D'après une édition moderne de Londres.

i) Air *Le Nozze col nemico d'Alessandro Scarlatti.* (1701.)
D'après une partition manuscrite de la bibliothèque impériale de Paris.

k) Air des *Fêtes d'Alexandre*, de HÆNDEL. (1736.)

Nous joignons ici les principaux passages des documents cités dans cette étude.

(Extraits de la préface de l'*Euridice*, de *Peri.*)

« Benchè dal Sig. Emilio del Cavaliere, prima che da ogni altro, ch'io sappia,
« con maravigliosa invenzione ci fosse fatto udire la nostra musica sulle scene, piac-
« que nondimeno ai Sigⁱ Jacopo Corsi ed Ottavio Rinuccini (fin l'an 1594) ch'io ad-
« operandola in altra guisa, mettessi sotto le note la favola di Dafne, per fare una sem-
« plice pruova di quello che potesse il canto dell' età nostra, onde veduto, che si
« trattava di poesia drammatica.... stimai che gli antichi Greci e Romani (i quali se-
« condo l'opinione di molti cantavano sulle scene le tragedie intiere) usassero un' ar-
« monia, che avanzando quella del parlare ordinario, scendesse tanto dalla melodia
« del cantare, che pigliasse forma di cosa mezzana. E perciò tralasciata qualunque

« altra maniera di canto, udita sin qui, mi diedi tutto a ricerare l'imitazione che si
« debbe a questi poemi... Conobbi parimente nel nostro parlare alcune voci intonar-
« si in guisa, che vi si può fondare armonia, e nel corso della favella passarsi per
« altre note, che non s'intuonano, finchè si ritorni ad altra capace di nuova consonan-
« za; ed avuto riguardo a quei moti ed a quegli accenti, che nel dolerci, nel ralle-
« grarci, e in somiglianti cose ci servono, feci movere il basso al tempo di quegli,
« or più, or meno, secondo gli affetti, e lo tenni fermo tra le false e tra le buone pro-
« porzioni (1), finchè scorrendo per varie note la voce di chi ragiona, arrivasse a
« quello, che nel parlare ordinario intonandosi, apre la via a nuovo concento, etc. »

(Extraits de la préface des *Nuove Musiche*.)

« ... Ora veggendo andare attorno molte di esse (mie musiche) lacere e guaste...
« sono stato necessitato di far istampare dette mie musiche... Io veramente nei tempi
« che fioriva in Firenze la virtuosissima camerata dell' Ill. Sig. Giovanni Bardi de'
« conti di Vernio, ove concorreva non solo gran parte della nobiltà, ma ancora i pri-
« mi musici e poeti e filosofi della città, posso dire d'avere appreso più da' loro dotti
« ragionari che in più di trent' anni non ho fatto nel contrappunto, imperocchè questi
« intendentissimi gentiluomini mi hanno sempre confortato a non pregiare quella
« sorte di musica, che, non lasciando bene intendersi le parole, guasta il concetto ed
« il verso... laonde dato principio in quei tempi a questi canti per una voce sola...,
« composi in quei tempi i Madrigali : « Perfidissimo volto, dovrò dunque mo-
« rire » ecc. i quali madrigali mi mossero a trasferirmi a Roma, ove fatti udire detti
« madrigali mi mossero a continuare l'incominciata impresa... onde ritornato io a
« Firenze e considerato che altresì in quei tempi si usavano per i musici alcune can-
« zonette, per lo più di parole vili, mi venne anco pensiero comporre qualche can-
« zonetta a uso di aria. (Queste arie) state non sono poi disgrate eziandio a tutta l'Ita-
« lia, servendosi ora di esso stile ciascuno che ha voluto comporre per una voce so-
« la, e particolarmente qui in Firenze ove stando io già sono 37 anni agli stipendi di
« questi Ser. principi ecc. »

(Extrait du *Compendio* de *Doni*, 1635.)

« Molto diverso di questo è il canto d'una voce sola, che s'accompagna col suono
« d'un altro stomento, ritornato (si può dire) di morte a vita in questo secolo, per
« opra massimamente di Giulio Caccini. A queste melodie si suole aggiungere l'ac-
« compagnamento della parte instrumentale, comunemente nel grave, e consiste per
« lo più in note lunghe, ecc. »

(1) Les dissonances et les consonnances.

6154 — Paris, imp. de Jouaust père et fils, rue Saint-Honoré, 338.

BULLETINS DE LA SOCIÉTÉ

DES

COMPOSITEURS DE MUSIQUE

—

1re ANNÉE

(2e LIVRAISON)

PARIS

AU SIÉGE DE LA SOCIÉTÉ, 95, RUE RICHELIEU

—

1863

3e SÉANCE.

28 MARS 1863.

SOMMAIRE :

1. Compte rendu et Notice nécrologique sur M. Dufresne, par M. Poisot, secrétaire.
2. Entretien sur l'expression dramatique musicale, et Analyse de l'air d'Arnold dans *Guillaume Tell*, par M. Bataille.
3. Explication de la défense des quintes et des quartes dans l'harmonie à deux parties, par M. le comte Durutte.
4. Histoire de la chanson (1re partie, jusqu'à Louis XIV), par J.-B. Wekerlin.
4 *bis*. Audition des morceaux, faisant suite à la lecture précédente.
5. Concerto en *ré mineur*, de J.-Séb. Bach, pour trois clavecins, et quatuor d'accompagnement, précédé d'une Notice sur Bach, par M. Poisot.
Le concerto exécuté par MM. Kruger, Saint-Saëns et Wienawsky.

COMPTE RENDU PAR M. POISOT.

Ouvrages exécutés aux samedis intimes :

7 MARS. — *Trio en ré mineur*, de M. Félicien David.
14 MARS. — *Deuxième sextuor*, pour piano et instruments à cordes, par M. Gastinel.
21 MARS. — *Trio* pour piano, violon et violoncelle, par M. Rosenhain.

NOTICE NÉCROLOGIQUE SUR M. DUFRESNE.

Né à Orléans en 1822, Jacques-Marie-Alfred Dufresne s'adonna à la musique avec un goût persévérant et une ardeur peu commune. Il entra au conservatoire dans la classe d'Halévy, où il se trouva le condisciple de presque tous ceux qui ont formé le noyau primitif de cette société.

Malgré la défense du médecin, qui lui interdisait sévèrement l'air du soir, Dufresne vint prendre part à la discussion de nos statuts, comprenant toute l'importance d'une telle association.

Dufresne appartenait à l'école vocale. Son style est toujours clair, franc et naturel. Il a écrit un assez grand nombre de mélodies, parmi lesquelles il faut citer les *Chants intimes* et les *Soirées d'automne.*

Il eut quatre ouvrages en un acte représentés au théâtre des Bouffes-Parisiens; ce sont : 1° *En revenant de Pontoise* (18 février 1856),

2° *Maître Bâton* (13 mai 1858), 3° *Madame Robinson* (sous le pseudonyme de Quesnel), 4° *L'Hôtel de la Poste* (15 novembre 1860).

Son opéra-comique en un acte *Les Valets de Gascogne* eut un assez grand nombre de représentations au Théâtre-Lyrique. Outre plusieurs ouvrages commencés, Dufresne laisse en portefeuille deux actes complétement achevés pour le Théâtre Lyrique, et l'acte intitulé : *Le Divorce au village*. Cet ouvrage, achevé également, était destiné à l'Opéra-Comique.

ENTRETIEN SUR L'EXPRESSION DRAMATIQUE MUSICALE

ET

ANALYSE DE L'AIR D'ARNOLD DANS *GUILLAUME TELL*

PAR M. CHARLES BATAILLE.

L'étendue de ce travail ne nous permet pas d'en reproduire la partie épisodique; nous nous voyons donc forcés de nous restreindre aux détails qui se rapportent le plus directement à l'objet proposé; et, même pour ce qui concerne cette partie principale de la lecture de M. Bataille, nous ne pouvons procéder que par voie d'extraits, à cause de l'accompagnement, complément indispensable de cette étude.

. . . .

« Au temps où nous vivons, les habitudes des artistes qui vivent du théâtre se sont profondément modifiées. Il en est qui, certes, ont bien fait de disparaître, et ce n'est pas moi qui les remettrai en honneur. Mais il en est d'autres, et une entre autres, dont la désuétude m'afflige, et vous serez, j'en suis sûr de mon avis.

« Autrefois, les compositeurs de musique vivaient dans une intimité souvent très-étroite avec les chanteurs. En Italie surtout cette commune existence était la règle générale; et l'on ne saurait nier qu'elle ait puissamment aidé les maîtres de l'école italienne à écrire selon les facilités et les ressources naturelles de la voix humaine. »

. . . .

« Il est regrettable de voir les relations des compositeurs et des chanteurs se borner aux nécessités du répertoire théâtral, et, sans me demander si nous pourrions renseigner nos maîtres, je me contente d'affirmer qu'ils pourraient, eux, nous faire plus instruits, plus parfaits et partant plus utiles et plus considérés (1). »

Après avoir constaté l'insuffisance de l'éducation musicale et litté-

---

(1) L'intimité qui existait du temps de Grétry (aussi bien qu'en Italie) entre les chanteurs et les compositeurs, et qui n'existe plus guère aujourd'hui, est un fait regrettable, sans doute; mais à qui la faute? Le

raire de la plupart des jeunes gens des deux sexes qui débutent sur nos théâtres, M. Bataille continue ainsi : « L'artiste est aussi bien fils du travail comme de la nature , et souvent même le travail est assez puissant pour récolter là où la nature n'avait point préparé de moisson. A l'artiste chanteur il faut sans doute un organe sonore, étendu, puissant; mais, alors même que la nature s'est montrée prodigue, ne faut-il pas que l'étude vienne perfectionner, assouplir , solidifier la voix la plus facile et la plus heureuse? Et lorsque la voix a été cultivée, ne faut-il pas qu'elle apprenne à parler la langue musicale, à se familiariser avec les règles de l'art, à disposer avec habileté et aisance des richesses de la mélodie? Et enfin, lorsque tout cela est accompli, parfait, ne faut-il pas que l'artiste s'étudie à se bien pénétrer du sentiment qui a inspiré le compositeur, de la situation du personnage, de la passion qui l'anime , de l'action au milieu de laquelle il s'agite, et de la façon dont il doit réagir suivant son caractère, son rang, le drame auquel il prend part? »

« Ces dernières considérations, Messieurs, m'amènent tout naturellement à la seconde partie de cet entretien , et ce sont elles seules que je développerai en analysant l'air que j'ai choisi, car une étude complète de cet air m'entraînerait bien au delà des limites qui me sont permises.

« J'ai choisi l'air d'Arnold dans *Guillaume Tell*, parce qu'il est un des modèles les plus complets dans son genre, qu'il offre à la fois un *cantabile*, un *andante* et un *allegro*, et que la passion s'y rencontre à divers degrés et sous des aspects différents. »

. . . .

« Le *récitatif* est de sa nature destiné à préparer le cantabile ; c'est une transition entre l'*action* et la *réflexion*, entre des pensées qui se succèdent rapidement avec plus ou moins de promptitude ou de chaleur. On ne saurait donc arrêter d'une manière positive s'il devra commencer avec énergie ou avec douceur, fort ou piano : cela résulte des circonstances.

« Le *cantabile* d'un air a pour mission de peindre la période de réflexion dans laquelle entre l'âme à la suite d'une série d'impressions, pour traduire ensuite les sentiments qui résultent de cette concentration morale par des manifestations extérieures et décisives. D'après cette manière d'envisager le *cantabile*, il est évident que le chanteur qui l'entamerait à pleins poumons serait complétement dans l'absurde. »

ténor et la prima donna, qui ne solfient que médiocrement, qui chantent de même, mais qui possèdent un bel organe qu'un directeur de théâtre paye 60,000 fr. par an , ne frayent plus volontiers dès ce moment-là avec des compositeurs dont la fortune existe tout entière dans leurs partitions futures : voilà l'origine du mal, et ce n'est d'ailleurs que l'image de la société d'aujourd'hui.

(Note de la Rédaction.)

. . . .

« Je me suis borné entièrement aux considérations élevées qui relèvent de ce qu'on doit appeler *l'esthétique du chant*. J'ai dû mettre de côté la question du mécanisme vocal, à l'aide duquel il est permis de prétendre à une exécution parfaite, et qui comprend l'étude de la respiration, de l'attaque, de la pose et de la tenue du son; l'étude de la vocalisation, l'étude de la fusion des registres. »

. . . .

« Il ne faut pas se dissimuler que l'art du chant décline rapidement depuis quelques années, et que la préoccupation désastreuse d'arriver vite paralyse l'enseignement, étouffe les traditions, et substitue la brutalité du son à l'expression intelligente et élevée de la musique. Votre intérêt et le nôtre, Messieurs, est de réagir avec une courageuse vigueur contre l'envahissement des appétits matériels, traînant l'ignorance à sa remorque.

« Votre association est une tentative généreuse dans ce sens, et déjà elle obtient toutes les sympathies qu'elle mérite avec excès.

« Pour ma part je m'estime heureux d'avoir été convié à son œuvre, et je vous en suis sincèrement reconnaissant au nom de l'art du chant et au mien propre. »

Quelques observations concernant la défense des quintes et des quartes consécutives dans l'harmonie à deux parties,

PAR M. LE COMTE CAMILLE DURUTTE.

« Le but des présentes observations est de confirmer par le chiffre l'assertion des auteurs didactiques anciens et modernes concernant la défense des quintes consécutives. Mais, afin de présenter la question sous son aspect le plus simple, nous ne parlerons que de l'harmonie à *deux parties*, qui prohibe non-seulement les *quintes*, mais aussi les *quartes* consécutives, et cela dans le mouvement contraire aussi rigoureusement que dans le mouvement semblable, surtout note contre note.

L'échelle des quintes, par sa nature, permet l'appréciation des rapports des sons, des intervalles harmoniques et des accords, par des opérations éminemment simples, savoir par des additions et des soustractions de nombres entiers.

Que l'on écrive, au-dessous des noms des notes rangés dans l'ordre des quintes, la suite des nombres naturels 1, 2, 3, 4, 5, etc.... Il suffira, pour connaître *en quintes* la distance d'un son à un autre, sur l'échelle en question, de retrancher le chiffre correspondant à l'un des deux sons de celui qui correspond à l'autre :

fa — ut — sol — ré — la — mi — si — fa *dièze*, etc.
1   2   3   4   5   6   7   8   etc.

Veut-on connaître, par exemple, la distance du MI au FA, on retranchera le chiffre 1 du chiffre 6, et la différence 5 exprimée en *quintes*, la distance qui existe entre ces deux sons, c'est là leur distance originaire.

La distance entre le FA naturel et le FA *dièze* résulte de la différence entre les chiffres 8 et 1, elle est donc de *sept* quintes, ce qui implique le *fait*, reconnu par tous les musiciens, contrairement à l'opinion erronée des acousticiens, à savoir que le *demi-ton diatonique* est plus petit que le *demi-ton chromatique*.

S'agit-il de comparer deux *intervalles harmoniques*, il suffit d'additionner les nombres qui respectivement correspondent aux sons composant chacun d'eux, puis de prendre la différence entre ces deux sommes. Par exemple, pour comparer les deux intervalles harmoniques *do-sol*, *fa-la*, présentant une quinte juste suivie d'une tierce majeure, on aura, en opérant comme on vient de l'expliquer :

Sol = 3, ut = 2, total, 5.
La = 5, fa = 1, total, 6 ; différence, 1.

Or, si l'on replace sur l'échelle des quintes tous les sons employés dans cette harmonie à deux parties, on reconnaît que leur *ensemble* embrasse un étendue de *quatre* quintes :

FA — UT — SOL — RÉ — LA.

C'est là l'*espace primordial* embrassé par l'ensemble des sons qui nous occupent. En comparant cet espace à la différence = 1, résultat de la comparaison des deux intervalles harmoniques ou accords de deux sons de notre exemple, on voit que cette différence est *moindre* que l'*espace primordial* susdit, et que l'effet de l'harmonie a été d'opérer un *resserrement* par *rapport à cet espace primordial*. »

M. Durutte, dans un second exemple et suivant le même procédé, démontre que la résolution du triton sur la sixte mineure donne 0 comme différence. *Il y a compensation de vibrations*, ou plutôt *concentration complète*, par rapport à l'*espace primordial* embrassé sur l'échelle des quintes par l'ensemble des sons employés, ce qui caractérise l'harmonie la plus parfaite ; tandis que, quand l'harmonie est fautive, il y a toujours *dilatation* ou *dispersion*. « *Le calcul des différences*, combiné avec la considération des *nombres rhythmiques*, peut servir de *criterium* pour l'appréciation esthétique de toutes les successions harmoniques. »

Nous ne faisons qu'indiquer ici cette théorie, entièrement nouvelle, que nous nous proposons de faire connaître ultérieurement.

HISTOIRE DE LA CHANSON

PAR M. J.-B. WEKERLIN.

(1re PARTIE.)

Il est bon de vous avertir, Messieurs, que cette lecture est une simple esquisse de l'*Histoire de la chanson*, ou plutôt l'extrait d'un grand travail, comportant tout un volume. J'ai dû être court, même bref quelquefois, aux dépens du style ; j'ai dû également passer sous silence les exemples, les pièces de poésie qui complètent ce que j'expose.

Sans ce petit avertissement, la critique de mon travail eût été par trop facile.

La chanson, prise dans son acception la plus large, est la forme primitive de la poésie ; elle a dû nécessairement précéder l'invention de l'écriture.

Nous trouvons d'abord, dans la nuit des temps, les psaumes des Hébreux, venus jusqu'à nous. Il est probable que ce peuple, chez lequel le nom de musicien était synonyme de prophète, avait aussi des chants vulgaires, se rapportant à ses mœurs, à ses usages, bref, à ces émotions journalières, toujours les mêmes et toujours nouvelles ; aux passions qui de tout temps ont fait chanter le cœur humain, comme l'amour, la haine, etc. Il ne nous reste rien sous ce rapport, mais les psaumes attestent suffisamment le degré de perfection atteint par la poésie sous les rois David et Salomon.

Un chant de victoire sur la prise d'Hesebon se trouve dans *les Nombres*, chapitre 21, verset 27 ; il y a sept strophes. Nous citerons également comme document provenant des Hébreux la *Chanson du Puits qui monte*, tirée *des Nombres*, chapitre 21, verset 17.

Alors Israel chanta :

> Le puits monte,
> Chantez tous ainsi.
>
> Le puits qu'ont creusé les chefs,
> Qu'ont préparé les princes du peuple
> Pour les législateurs,
> Pour les guides.
>
> Le puits monte,
> Chantez tous ainsi (1).

(1) Traduit de l'hébreu, par M. Gevaert.

D'après Aristote, les Grecs donnèrent le même nom aux lois et aux chansons.

Terpandre, inventeur de la lyre, eut le premier l'idée d'accompagner la voix avec un instrument. On appela ces chansons des *scolies*, et les sujets en étaient tirés indistinctement de l'histoire, de la guerre, de la morale, de l'amour, du vin et des plaisirs en général.

Je passerai sous silence l'*interminable nomenclature* des chansons grecques.

En musique, comme en bien d'autres choses, les Latins imitèrent les Grecs ; mais les chansons des Romains étaient plus rudes, plus sauvages que les chansons grecques ; elles ne s'en rapprochèrent, comme grâce et comme finesse, que quand les mœurs relâchées de la nation romaine se furent confondues avec celles des peuples vaincus par elle.

Dans le domaine de la chanson en France, le plus ancien monument connu est une chanson en vers latins barbares rimés, faite à l'occasion de la victoire remportée par Clotaire II sur les Saxons, en 623. Encore ne nous en reste-t-il que deux strophes, conservées par Hildegaire, évêque de Meaux sous Charles le Chauve.

« On composa, à propos de cette victoire, dit cet évêque, un chant vulgaire (*carmen publicum*) qui se trouvait dans toutes les bouches, et que les femmes chantaient en dansant et en battant des mains. »

En examinant les chansons moitié latines moitié romanes des X⁰ et XI⁰ siècles, on s'aperçoit sans peine qu'on est à une époque de transition, et que bientôt la chanson populaire latine va se transformer en chanson populaire romane. Du reste, la langue romane avait déjà fait de grands progrès dès le IX⁰ siècle.

La Ravallière, dans son écrit sur l'*Ancienneté des chansons françaises*, dit : « Des hymnes, des cantiques, des chansons, semblent avoir été les premiers morceaux de poésie vulgaire sur lesquels les poëtes romans ou français exercèrent leur muse lyrique, avant qu'ils aient osé entreprendre des poëmes plus grands et plus pompeux. »

Ces paroles et bien d'autres nous confirment dans notre opinion que les langues à leur naissance ont eu généralement, sinon toujours, la chanson comme primeur poétique.

Les nations du Nord ont eu de tout temps leurs chansons et leurs chanteurs.

Il n'est point de bibliophile dont le cœur n'ait saigné en lisant pour la première fois que Charlemagne, cette grande personnalité de l'histoire de France, avait fait recueillir par Eginhart, son historien, les chansons militaires qu'on chantait alors, et celles *du temps passé, dont on se souvenait encore*, mais que ces chansons ont été perdues.

M. de Roquefort, dans son *Mémoire sur la poésie française dans les*

XIIe et XIIIe siècles, dit : « Peut-être retrouverait-on un grand nombre de ces chansons dans les archives de la Tour de Londres, ou plutôt dans le *British-Museum*, parmi les manuscrits emportés par les Anglais sous les règnes de Charles VI et Charles VII. »

Ce qu'il y a de certain , c'est qu'on n'a encore rien retrouvé de ce recueil de Charlemagne.

Ce grand prince devint plus tard lui-même, ainsi que Roland, le sujet de chansons populaires ; on a conservé le souvenir de la célèbre *chanson de Roland*, sur laquelle on a tant écrit encore tout récemment. Ces chansons guerrières s'appelaient *chansons de geste*. M. Génin prétend que cette dénomination s'appliquait plus spécialement à un poëme tiré des *Annales*, poëme historique, et non poëme héroïque. Il ne faut pas confondre, en effet, l'expression de *chanson de geste*, employée aux XIIIe et XIVe siècles , avec le petit poëme appelé *chanson* aujourd'hui. La *chanson de Roland* n'avait pas moins de 1800 vers ; même on en a découvert une version , parmi les manuscrits de la Bibliothèque impériale, où cette *chanson de Roland* a 10,000 vers.

Quoi qu'il en soit, nous ne croyons que médiocrement aux effets produits par la voix d'un jongleur, comme Taillefer, par exemple, à la journée d'Hastings, en 1066. Ce Taillefer, selon les poëtes et les chroniqueurs, chantait à la tête des troupes normandes, pour enflammer le courage des soldats.

Or, je vous le demande, Messieurs, quel effet pouvait produire ce chanteur ou ce braillard, à la tête de quelques milliers de sauvages hurlant, vociférant? On ne devait pas l'entendre.

A la bonne heure , qu'on nous parle des *soixante mille haulbois* de l'armée de Charlemagne. Je cite :

« Sonnez, hautbois, sonnez tout ce que l'ost en a. Sitôt soixante mille hautbois se mettent à sonner d'une force, que de toutes parts les vallons et les monts y répondent. »

Faisons la part du poëte et mettons mille hautbois, ce sera encore une musique assez gentille, et capable de se faire entendre à une distance convenable.

Bien avant Charlemagne, les bardes, les scaldes, célébrant la vaillance de leurs princes et de leurs guerriers, donnèrent naissance aux trouvères et aux troubadours, fils un peu dégénérés de tels pères. Dans la bouche de ces nouveaux bardes, les idiomes du Nord et le latin corrompu se mêlèrent pour former les langues modernes. Les trouvères allaient, comme on sait, de château en château, chantant les prouesses du temps de Charlemagne, et celles aussi d'une époque plus récente. Dans ces siècles d'ignorance, le temps de Charlemagne était le temps héroïque, presque le temps fabuleux.

Si la chanson de geste date de l'origine de la poésie française, il en est une autre à peu près aussi ancienne, c'est le *lai*, auquel se rattache le *vire-lai*. Le *lai* était généralement un récit très étendu, en stances régulières, de quelque aventure amoureuse, tant soit peu tragique. Cette chanson était alors la plus usitée, la plus noble et la plus grave. La Bibliothèque impériale en possède, quoique en moins grand nombre que le *British-Museum* de Londres.

Nos premiers poëtes nationaux ont quelquefois employé le *lai* pour désigner la chanson en général.

Les *chansons badines*, dont le titre indique assez la nature des sujets qu'elles traitent ou maltraitent, sont très-anciennes, puisque Mabillon cite plusieurs poëtes du XI⁰ siècle qui avaient composé des chansons erotiques en langue vulgaire.

Abeilard et saint Bernard ont fait des chansons bouffonnes dans leur jeunesse, d'après Bérenger de Poitiers, disciple d'Abeilard.

Plusieurs des chansons d'Abeilard furent si goûtées, qu'on les a chantées longtemps après sa mort dans différents pays. (Voyez l'*Histoire littéraire de la France*.) Il ne nous reste malheureusement aucune des chansons d'Abeilard; c'est lui-même qui nous parle de leur célébrité. Il est vrai qu'Héloïse est de son avis. Cette opinion, exprimée à plusieurs reprises dans les lettres de ces deux amants célèbres, aurait peut-être besoin d'être confirmée par des tiers moins intéressés, et surtout par les chansons elles-mêmes. Thibaut de Champagne excella dans les *chansons badines*.

Le goût de ces poésies légères et frivoles était si universel en France aux XIII⁰ et XIV⁰ siècles, qu'en Normandie, dans les longues processions, tandis que le clergé reprenait haleine, les femmes chantaient des pièces badines.

Le *sirvente* ou *sirventois* était une chanson satirique ou au moins critique, éclose en Picardie, mais que la France entière adopta promptement. Il date de la fin du XI⁰ siècle. On y critiquait très-amèrement, et souvent avec méchanceté, les princes, les hauts personnages, le clergé, bref tous les gens en place.

Le sirvente dégénéra de son type primitif, en embrassant trop de sujets divers; on l'appela alors *sotte chanson*, et ces sortes de poésies doivent être rangées parmi les chansons satiriques également.

Il n'était pas toujours sans danger d'écrire des sirventes, surtout quand il s'agissait d'un personnage puissant. Ainsi, en 1124, le chevalier Luc de la Barre eut les yeux crevés par ordre du roi Henri Ier, roi d'Angleterre, contre lequel ce malheureux poëte avait écrit une satire très-mordante.

Comme il n'existe pas de *rotruenges* ou *rotrunges*, à notre connaissance, parmi les manuscrits français, il serait difficile de spécifier cette chanson. Elle s'accompagnait avec la *rote*, espèce de vielle ou plus probablement de harpe; bref, c'était un instrument à cordes, car les auteurs nous laissent là-dessus dans la plus complète ignorance (1).

La complainte est fort ancienne également, puisqu'il y en a en langue romane. Elle se confond souvent avec le lai par les différents points de ressemblance que ces chansons ont entre elles.

M. Kühnholtz, dans son intéressant travail sur les *Spinola de Gênes*, définit ainsi la *complainte* : « C'est d'ordinaire le récit en vers d'une histoire lamentable, mort malheureuse ou imprévue, assassinat, calamité publique, etc. , ou bien la parodie plus ou moins comique ou burlesque d'un pareil événement. »

Il y a une fort belle complainte de Christine de Pisan (qui vivait au XIVe siècle) sur la folie de Charles VI. Le moine de Saint-Denis, en parlant de cette calamité (car c'en fut une pour la France), s'exprime ainsi :

« On aurait peine à croire que ce roy eût méconnu sa femme, mais c'est bien pis de dire qu'il nia qu'il fût marié, ni qu'il eût des enfants, qu'il se fâcha qu'on le traitât de roi, qu'il soutint avec colère qu'il ne s'appelait point Charles, et que non-seulement il désavoua les fleurs de lys, mais que partout où il voyait ses armes ou celles de la reine, il les biffa, jusqu'à les gratter avec furie sur la vaisselle d'or et d'argent. »

Les *pastourelles*, confondues plus tard avec les *villanelles*, étaient des chansons pleines de naïveté, de grâce et de finesse, quoique fort libres. Le poëte débutait en admirant les fleurs, la verdure, le ramage des oiseaux, etc., et le tout finissait par un peu, souvent par beaucoup d'amour.

Les *chants royaux* se composaient de trois, quatre ou cinq stances de onze vers chacune; le dernier vers de la première devait servir de refrain ou d'intercalaire aux autres.

Le *chant royal* portait ce nom parce qu'on l'adressait au roi.

Les *ballades* succédèrent aux chants royaux, et étaient moins longues : elles s'employaient surtout pour les sujets historiques. Ordinairement, à la fin de ces deux poëmes, on mettait en quatre ou cinq vers un abrégé du sujet, qu'on appelait *envoi*.

La ballade règne plus spécialement au XVe siècle.

(1) Pour plus d'éclaircissements, voyez *La Poésie des Troubadours*, par F. Diez, page 40, à la *Note du traducteur*, M. le baron F. de Roisin. (Paris, 1845.)

Les *jeux-partis* étaient des questions de jurisprudence amoureuse, débattues entre deux ou trois interlocuteurs ; c'est même dans les *jeux-partis* qu'il faut chercher l'origine de l'opéra-comique.

Le jeu de *Robin et Marion*, d'Adam de la Hale, est le premier essai qui semble lier la chanson à l'opéra-comique proprement dit. Cette pièce est de la fin du XIIIe siècle, et renferme onze personnages ; ils se parlent en dialogue, et il y en a rarement trois à la fois en scène. Les *jeux-partis*, ainsi appelés au temps des trouvères, prirent le nom de *tenson* sous les troubadours. Au XVe siècle, on retrouve la chanson historique et la chanson d'amour ; mais l'une et l'autre affectent un genre de poésie, et se plient aux règles qu'elle impose.

Parmi les poésies légères, se confondant quelquefois avec les ballades, il faut encore citer les *rondels* ou *rondeaux*, d'où sont dérivés les *triolets*.

Nous arrivons enfin à la *chanson à boire*, qui doit être aussi ancienne que le monde, ou au moins que ses habitants. Noé pourtant ne nous en a transmis aucune. Par contre les Grecs possédaient des chansons de table en grand nombre, et il nous en reste des monuments. Le chanteur tenait une branche de myrthe à la main ; quand il avait fini, il la passait à son voisin, et ainsi de suite.

La chanson à boire apparaît en France dès le XIIIe siècle. Olivier Basselin, qui vivait au XVe siècle, tout en inventant le *vau de vire* (1), n'a pas pour cela inventé la chanson à boire en France, comme quelques auteurs le prétendent. Eustache Morel, surnommé Eustache Deschamps, qui vivait au XIVe siècle, fit des chansons à boire qui eurent probablement moins de célébrité que celles d'Olivier Basselin. Les troubadours ne s'exerçaient pas sur ce genre de sujets ; ils auraient méprisé la verve joyeuse et les goûts bachiques d'Olivier Basselin. La forme qu'ils affectionnaient le plus était la chanson de geste avec ses longs couplets monorimes. Il est facile de comprendre que, dans la plupart des poésies chantées que nous venons d'énumérer, la mélodie et le rhythme soient fort bizarres, disons le mot, fort ennuyeux, surtout, Messieurs, si vous voulez les comparer aux productions radieuses des maîtres italiens du XVIe et du XVIIe siècle, que M. Gevaert vous a fait entendre à la dernière séance.

Si les mélodies de ces productions laissent à désirer grandement, comparées à la musique d'aujourd'hui, leur harmonie, quand harmonie il y avait pour ces chansons, vous paraîtrait encore bien plus pauvre.

Le trouvère ou son joueur de vielle faisait sans doute entendre un accord plus ou moins parfait, au commencement et à la fin de chaque

(1) Il ne faut pas confondre *vau de vire* avec *vaudeville*, dont l'origine est *voix de ville*, c'est-à-dire chanson des rues, en opposition aux *airs de cour*.

phrase, plutôt pour soutenir la voix du chanteur, ou pour la ramener dans le ton, que pour l'accompagner. Ces repos sont indiqués dans les manuscrits par une petite barre, traversant les quatre portées qui servaient alors indistinctement à la musique sacrée ou profane. Nous croyons même que, le plus souvent, les chansons des troubadours ne s'accompagnaient pas du tout.

Presque tous les trouvères composaient eux-mêmes la musique sur laquelle ils chantaient leurs vers. Ces chants, transmis d'abord oralement, variaient beaucoup. L'incertitude du rhythme, due en partie à l'incertitude de l'orthographe, aux différences des accents provinciaux et à la barbarie de la prosodie, devait ajouter encore au vague de l'idée musicale. Cela se voit facilement dans les chansons du châtelain de Coucy, de Thibaut de Champagne, de Guillaume de Machault et de leurs contemporains, en exceptant peut-être Adam de la Hale, qui nous fournit des exemples d'une mélodie mieux caractérisée et d'un rhythme plus franchement accusé.

Les mêmes chansons, reproduites dans des manuscrits différents, nous offrent de notables variantes, provenant du fait du copiste, probablement aussi quelquefois de l'auteur lui-même.

Enfin. quoique de nombreux savants, particulièrement MM. Th. Nisard, Perne, Fétis, le père Raillard, Coussemacker, Kiessewetter, Félix Clément, etc., se soient appliqués à les déchiffrer, nous ne croyons pas qu'on puisse donner une transcription rigoureusement exacte des manuscrits de musique des XIIe, XIIIe et XIVe siècles, et dire d'une manière absolue : Voici le véritable texte.

Nous avons dit que ces anciennes chansons étaient la plupart du temps transmises oralement. Cela est surtout vrai pour les airs antérieurs au XIIe siècle; ils sont d'ailleurs peu nombreux. Ce n'était pas toutefois qu'on ne sût les écrire : nous trouvons dès le XIe siècle, et même antérieurement, des notations appelées *neumes*, sorte de signes qui représentaient ou un son isolé, ou une phrase mélodique entière.

La mélodie des anciens modes, étant dans le genre diatonique pur, comportait rarement des demi-tons intercalés au milieu d'une phrase de chant; mais il était généralement admis que, dans les phrases finales, toute pénultième note devait être élevée d'un demi-ton, pour adoucir la dureté, et donner à la mélodie un sens final.

On a peine à comprendre qu'un art tellement à son enfance ait pu rechercher les ornements.

Rien n'est plus vrai cependant, et les nombreuses liaisons ou ligatures, ainsi que les accidents qui se rencontrent devant des notes avec lesquelles ils semblent n'avoir aucun rapport, augmentent considérablement la difficulté de la lecture pour la musique des XIe, XIIe, XIIIe

et XIVe siècles. Les petites notes ou fioritures sont fort multipliées dans les chansons des trouvères ; il y a des auteurs qui prétendent que c'est une importation d'Orient.

Ces chants ornementés des Orientaux ont dû plaire aux Français, qui, revenant des croisades, rapportèrent, sans doute, cette innovation ; et plus d'un baron, de retour de la terre sainte, devait entendre avec plaisir ces ornements d'un goût très contestable, mais qui lui rappelaient ses premières armes, sa première ferveur, et les merveilles de l'Orient.

Ce mauvais goût devint si général, qu'il s'introduisit dans le chant d'église : nos livres actuels de plain-chant, quoique bien épurés, n'en conservent que trop de traces. Il semble qu'on voit les sculptures naïves de l'art gothique à son enfance, enluminées par un peintre d'enseignes.

Je terminerai ici, Messieurs, la première partie de cet aperçu de la chanson, en même temps trop court et trop long ; je m'explique : trop court par les les détails qu'il nécessiterait comme clarté, et trop long au point de vue de l'attention que vous avez bien voulu me prêter, et dont je vous remercie.

MORCEAUX CHANTÉS PAR M. BUSSINE AÎNÉ

A LA SUITE DE LA LECTURE PRÉCÉDENTE.

a) *Chant des croisades.*
D'après un manuscrit de la fin du XIe siècle, publié par M. l'abbé Raillard.

b) Chanson du châtelain de Coucy : *Quant li roussignol* (1200).
D'après les manuscrits de la Bibliothèque impériale.

c) Fragment d'un lai de Guillaume de Machault : *Douce dame jolie* (1350).
D'après les manuscrits de la Bibliothèque impériale.

d) Vau de vire d'Olivier Basselin : *Beau nez dont les rubis* (1470-1480).
D'après un manuscrit de chansons normandes.

e) Chanson d'Orlando de Lassus : *Mon cœur se recommande à vous* (1560).
D'après ses œuvres, bibliothèque Sainte-Geneviève.

f) Mazarinade : *L'oygnion ou l'union fait mal à Mazarin*, sur l'air des *Enfarinés* (1649).
D'après un recueil de Mazarinades imprimées.

g) Chanson à boire du *Médecin malgré lui* de Molière, musique de *Charpentier* (1666).
D'après un volume de chansons manuscrites du temps, ayant appartenu à M. Viollet Le Duc.

h) *Gavotte* du temps de Louis XIV.
D'après un manuscrit.

Avant l'exécution du *concerto en ré mineur* à trois clavecins, M. Poisot, secrétaire, lit une petite Notice sur l'auteur et sur son œuvre, publiée pour la première fois en 1845, à Leipzig.

Bach composa ce concerto pour ses fils Guillaume-Friedmann et Ch.-Ph.-Emmanuel.

4ᵉ SÉANCE.

25 AVRIL 1863.

SOMMAIRE :

COMPTE RENDU PAR M. POISOT.

Ouvrages exécutés aux samedis intimes :

4 AVRIL. — 1ᵉʳ *Trio pour violon, alto et violoncelle,* par M. A. Blanc.
— — *Trio pour piano, violon et violoncelle,* par M. Charles Poisot.

ESSAI SUR L'EMPLOI DU QUART DE TON

CONSIDÉRÉ COMME UN NOUVEAU MOYEN D'EXPRESSION MUSICALE,

PAR M. A. POPULUS.

La formule : *nouveau moyen d'expression,* est peut-être un peu hasardée, car l'effet produit par l'intervalle quart de ton était déjà connu des anciens.

Cependant il y a un point réellement nouveau dans la communication que nous analysons, c'est la variété des résolutions que produisent les tendances de l'accord dissonant, dans l'emploi des deux claviers. Le quart de ton y est considéré comme faisant partie d'une gamme chromatique dont les sons seraient plus rapprochés.

M. Populus pose cette formule : « Les modulations fréquentes et les intervalles rapprochés qu'elles renferment, les attractions obtenues par des accords dissonants, les cadences brisées, l'absence ou le doute de la tonalité, conviennent aux émotions vives de l'âme ; l'exaltation est encore assez bien rendue par ces procédés. »

D'où il conclut :

« Que le quart de ton appliqué au système musical figure dans la mélodie comme un gracieux accessoire, et dans l'harmonie comme un élément d'émotions. »

Cette lecture a été appuyée par quelques morceaux, exécutés sur un harmonium à deux claviers (de la maison Alexandre père et fils).

A. — Formules de transitions en harmoniques.

B. — Fughetta avec l'emploi du tétracorde enharmonique grec, pièce inédite de F. Halévy.

C. — Mélodie en *ré mineur,*

D. — *O Salutaris*, chanté par l'auteur,   A. Populus.

E. — Fantaisie en *la,*

Une démonstration au tableau aurait pu compléter les aphorismes de M. Vincent sur l'emploi du quart de ton, et indiquer plus distinctement l'enchaînement des accords provenant des deux claviers, dont M. Populus s'est servi fort adroitement.

Étude sur la formation du genre de musique religieuse auquel appartiennent les séquences.

PAR M. FÉLIX CLÉMENT.

Pendant de longs siècles on peut dire que la musique est restée presque exclusivement religieuse. De même que les autres arts étaient consacrés aux sujets chrétiens, et que, alors même qu'ils avaient pour objet un usage profane tel que la décoration d'un édifice civil, il s'y mêlait toujours quelque représentation religieuse, de même la musique était tout entière dans les tons grégoriens et dans les éléments du chant ecclésiastique, tant sous le rapport de l'intonation que sous celui du rhythme.

Le chant grégorien, s'associant étroitement au texte, lui subordonnait son rhythme et sa mesure : d'où il résultait que les périodes avaient une durée indéterminée, que les phrases offraient entre elles une perpétuelle variété, que les notes longues et brèves avaient une valeur temporaire relative et non pas absolue, et enfin que les repos étaient plutôt réglés par le goût et l'appréciation du chanteur que déterminés par une mesure rigoureuse. Dans la musique figurée, au contraire, la valeur temporaire des notes résultait d'une appréciation exacte du temps. Elle s'appela pour cette raison *musica mensurabilis,* et cette division du temps fut appliquée également au repos et au silence de la mélodie. Les caractères ordinaires du chant grégorien ne suffisaient plus pour exprimer ces valeurs différentes. C'est pourquoi on inventa des signes particuliers pour exprimer les sons plus ou moins brefs, comme aussi les repos plus ou moins prolongés.

. . . .

La prédominance d'un rhythme musical indépendant de la prosodie et de l'accentuation de la poésie et du texte ; en second lieu, la recherche des combinaisons de l'harmonie et des effets produits par les sons simultanés, telles sont les deux causes de la formation et des développements de la musique moderne, et par conséquent de la musique religieuse distincte du plain-chant. Occupons-nous d'abord du rhythme.

Le rhythme musical régulier, c'est-à-dire la division de la mélodie en fractions d'égale durée, n'existait pas d'une manière absolue chez les anciens, à moins toutefois que la poésie ne l'exigeât. L'accent était la loi suprême pour l'oreille des Grecs, et la quantité prosodique, sans avoir dans la déclamation et le chant une valeur métrique rigoureuse, était aussi un élément important de la cadence des vers. Le musicien était tenu de s'y conformer. Lorsque la langue latine devint la langue liturgique et fut parlée par les peuples du Nord, de la Germanie, des Gaules et de l'Espagne, la quantité prosodique ne pouvait guère être observée avec la même délicatesse que dans la patrie et au temps de Virgile et d'Horace. L'accentuation du texte devint la règle générale, quoique souvent violée, et la prosodie ne fut plus observée que dans les hymnes, dont elle est l'ornement essentiel et où l'oreille la plus étrangère pouvait constater sans difficulté ses principaux effets.

Cependant on peut affirmer que le chant liturgique, tel que saint Grégoire l'a organisé, et même tel qu'il est aujourd'hui, a conservé ce principe du rhythme subordonné au texte, tandis que la mesure régulière employée dans les œuvres de la musique moderne lui est diamétralement opposée.

Il ne faudrait pas conclure de là que la division de la mélodie en temps égaux, ou plutôt en périodes symétriques, ait attendu les XVe et XVIe siècles pour se reproduire ; ce serait une grave erreur. Les mesures binaires et ternaires sont tellement naturelles qu'elles ont dû être remarquées et observées de tout temps et chez tous les peuples : nous voulons dire qu'elles ont prédominé exclusivement depuis trois siècles et envahi toute la musique. Il suffit de mentionner les hymnes dont la composition régulière et symétrique ne pouvait se prêter qu'à une division régulière de la mélodie sous le rapport du temps.

Nous avons dit que la seconde cause de la formation et des développements de la musique religieuse moderne était la recherche des combinaisons harmoniques : c'est le point qui nous reste à traiter.

La prière chantée doit être de préférence une mélodie simple, s'échappant du cœur et des lèvres en même temps, sans travail pour l'esprit, sans effort de mémoire et sans difficulté d'exécution. Aussi le plainchant est-il essentiellement mélodique, *unisonique*, qu'on nous permette cette expression. Il n'est donc pas surprenant que les développements de l'harmonie lui conviennent peu, et qu'ils altèrent la plupart du temps son caractère et ses effets, à moins toutefois que l'harmonie qu'on lui adapte soit si simple, si naturelle, qu'elle ne change en rien ses conditions essentielles, qui sont la simplicité, la clarté, l'appropriation aux textes et la facilité d'exécution.

Sous ce rapport, l'harmonie plaquée, c'est-à-dire l'accompagnement de chaque note par un accord, est de tous les modes d'accompagnement le plus convénable. Or il est remarquable que ce système est précisément celui qui a été employé à l'époque la plus florissante du plainchant, du XIe au XIVe siècle, et auquel on revient presque généralement de nos jours. Certes il y a une grande différence entre l'*organum* tel qu'il était réglé autrefois et l'harmonie plaquée telle qu'on l'exécute maintenant. Cette différence tient à diverses causes dont l'exposition nous entraînerait trop loin.

. . . .

La séquence était, dans les fêtes religieuses au moyen âge, un ornement liturgique, la fleur poétique et gracieuse qui répandait comme un parfum sur l'office du jour, et dont le souvenir restait gravé dans la mémoire des fidèles. On peut juger de son importance par celle qu'on attache encore de nos jours aux quatre séquences échappées au naufrage général et à un plus grand nombre d'autres conservées dans quelques diocèses.

La majeure partie des séquences a pour objet principal d'exciter à l'enthousiasme et à la célébration de la fête ; elles encouragent les chrétiens à exhaler dans leurs chants les sentiments qui les animent. Quelquefois même on y rencontre des exclamations d'une énergie singulière.

La bibliothèque de Sens renferme un manuscrit précieux, composé en grande partie par Pierre de Corbeil, archevêque de Sens, mort en 1222. Les trente-deux folios, en parchemin assez fort, forment soixante-quatre pages de musique en notation du XIIIe siècle. Ce manuscrit joint à son origine vénérable un état parfait de conservation. Il a pour titre : *Office de la Circoncision à l'usage de la ville de Sens*, et non pas, comme on l'a affirmé, *Fête des Fous ou fête de l'Ane*. On n'y voit aucune trace de bouffonnerie ou d'inconvenance ; tout y est grave, austère ; çà et là quelques effets lyriques sont obtenus par la répétition de mots sonores. Voilà tout ce qu'on peut y trouver d'original et d'extraordinaire.

Nous avons tiré de ce manuscrit une grande partie des séquences que vous allez entendre. Nous avons copié le manuscrit en entier, texte et musique, et la plus grande partie en a été publiée à diverses époques.

Dans une bibliothèque publique, il n'est pas facile de se rendre compte des mélodies contenues dans les manuscrits de musique, surtout des airs anciens; car, pour en retrouver le vrai sens, il faut les chanter, et les chanter souvent. C'est pourquoi nous avons pris le parti de copier plusieurs manuscrits de la même époque et de provenance diverse. Il est résulté pour nous de ce travail, un peu aride il est vrai, un avantage réel, je veux dire celui d'avoir étudié à loisir les formes de la mélopée religieuse au XIIIe siècle, et d'avoir recueilli près de trois cents séquences plus ou moins belles, mais toutes intéressantes soit par leur objet, soit par leur caractère mélodique. Nous en avons publié trente et une à la suite de notre *Histoire générale de la musique religieuse.* C'est de ce recueil que nous avons tiré les sept pièces qui vont être exécutées dans cette séance.

En vous faisant connaître, Messieurs, le chant de quelques séquences du moyen âge, un scrupule aurait pu m'arrêter, et si je n'avais consulté que l'opinion de quelques archéologues qui s'attachent plutôt aux signes matériels des manuscrits de musique qu'au sens de la mélodie, je me serais contenté de vous offrir une suite de sons en apparence incohérents, d'égale durée ou à peu près, en un mot, un squelette désarticulé.

Il fallait trouver le sens mélodique de ces phrases, les distinguer les unes des autres, les ponctuer, les accentuer, et même y découvrir les cadences principales et secondaires. Sur ce terrain, je n'ai pas à craindre de contradiction sérieuse, car l'examen attentif de mon mode d'exécution démontrera que je n'ai pas fait autre chose que de suivre l'accentuation du texte combinée avec la métrique du vers, en tenant grand compte de la rime, des assonances, des oblitérations, surtout du sens des paroles, comme aussi de certaines affinités tonales particulières aux modes grégoriens.

Mais il est un autre terrain sur lequel j'ai eu plus d'une fois l'occasion de rompre des lances : c'est celui de l'accompagnement de ces mélodies anciennes. Je crois que cette polémique, soulevée le lendemain de la première audition que j'ai donnée de ces séquences sous les arceaux de la Sainte-Chapelle en 1849, était l'effet d'une surprise et d'un malentendu, puisque la plupart de mes adversaires se sont ralliés à mon opinion, et qu'elle ne compte plus que quelques contradicteurs isolés.

Le chant des séquences est reproduit avec la fidélité la plus scrupu-
leuse. L'accompagnement que j'y ai ajouté n'est pas autre qu'une harmonie plaquée, composée d'accords parfaits presque constamment,
harmonie analogue à celle des faux-bourdons de nos psaumes, et je ne
sache pas qu'elle dénature plus les séquences que les faux-bourdons
n'altèrent les mélodies séculaires de ces psaumes eux-mêmes.

Ici, Messieurs, permettez-moi de vous soumettre un nouvel argument
en faveur de cet arrangement devenu nécessaire et opportun, pourvu
qu'il soit fait avec discrétion et intelligence.

Vous savez tous, Messieurs, qu'aux XIIe et XIIIe siècles l'harmonie
telle que nous l'entendons était une science à l'état d'embryon ; qu'on
ne trouve dans les manuscrits de cette époque que des essais, que des
tâtonnements, qu'une pratique empirique du contre-point sans théorie
rationnelle ; que le déchant (*discantus*) n'avait même pas de règles
fixes. Mais vous savez aussi que l'accord parfait, celui de quinte diminuée, et même celui de septième de dominante, se rencontrent çà et là ;
qu'enfin la cadence, qui est devenue l'élément prédominant et exclusif
dans la phrase moderne, que cette cadence, dis-je, a été connue de nos
confrères du moyen âge. Or la diaphonie, c'est-à-dire la succession de
quintes et d'octaves, ainsi que l'*organum* et le *déchant*, nous sont devenus tellement antipathiques, que je ne crains pas d'affirmer que, si
nos plus belles mélodies religieuses étaient accompagnées dans nos
églises comme elles l'étaient à l'époque du haut moyen âge, elles per-
draient tous leurs charmes et offriraient à nos oreilles une cacophonie
intolérable.

Or ne croyez-vous pas, Messieurs, qu'il importe, en dépit d'une archéologie austère et peu artistique, de conserver à tout prix, et avant
toute autre considération, les beaux chants de l'antiquité nationale ;
que, si nos ancêtres, après les avoir créés, se sont trouvés, par suite de
l'état peu avancé d'une partie secondaire de l'art, dans l'impuissance de
bien accompagner ces chants, nous faisons une œuvre plutôt méritoire
que blâmable, plutôt conservatrice qu'entachée de vandalisme, en complétant leur œuvre inachevée, en accompagnant enfin ces séquences
non pas de telle sorte que la mélodie soit couverte et qu'elle disparaisse
dans les combinaisons d'un savant contre-point, comme l'ont fait les
maîtres du XVe et du XVIe siècle, et je n'excepte pas l'immortel Palestrina, mais en suivant la mélodie pas à pas, note à note, en la faisant
toujours valoir, et en bornant le rôle de l'harmonie plaquée à celui de
l'humble servante de ces beaux chants liturgiques ?

C'est ainsi, croyons-nous, et par ce moyen seulement, que nous ferons
revivre de beaux fragments longtemps oubliés, et que nous en trans-

mettrons aux âges futurs la partie vraiment digne d'être conservée, parce qu'elle a été la seule inspirée, je veux dire la mélodie elle-même.

MORCEAUX EXÉCUTÉS EN CHŒUR, AVEC SOLOS,

A LA SUITE DE LA LECTURE PRÉCÉCENTE.

a) Regnantem sempiterna, séquence pour le premier dimanche de l'Avent.
Tirée du manuscrit 904 de la Bibliothèque impériale.

b) Qui regis sceptra, séquence avec vocalises en écho.
Idem.

c) Hæc est clara dies, chant festival en vers hexamètres.

d) Orientis partibus (prose de l'*Ane*), trio et chœur.
Manuscrit de Pierre de Corbeil. Bibliothèque de Sens.

e) Salve virgo singularis, salutation pastorale tirée d'un drame de la *Nativité*.
Manuscrit 904.

f) Trinitas, doxologie sur le rhythme ternaire, chanté par **M.** Abel Jacquin et le chœur.

g) Patrem parit filia, séquence de Noel, paroles de saint Bernard.
Extraite du dyptique de Sens.

5ᵉ SÉANCE.

31 MAI 1863.

SOMMAIRE :

1. Compte rendu et Notice nécrologique sur E. Prudent, par M. Poisot, secrétaire.
2. Explications sur le piano Clément, à sons continus, par l'inventeur.
3. Morceaux exécutés sur le nouvel instrument, par M A. Populus.
4. Observations sur les vers lyriques, par M. J.-B. Wekerlin.
5. Concerto italien en *fa*, pour piano seul, de J.-S. Bach, exécuté par M. Saint-Saëns.

NOTICE NÉCROLOGIQUE SUR M. E. PRUDENT,

PAR M. CH. POISOT.

Messieurs et chers collègues,

La mort vient encore de frapper parmi nous.

Cette fois, ce n'est pas sur un compositeur militant qu'elle a porté ses coups, c'est sur un artiste dans la plénitude de la force et du talent ; c'est en un mot sur un de nos premiers pianistes français, sur Émile Prudent.

Né à Angoulême le 3 avril 1817, Prudent, après avoir reçu de son père les premières notions de l'instrument sur lequel il devait s'illustrer, arriva à Paris dès l'âge de dix ans, et, coïncidence étrange, il descendit dans la même chambre que Liszt avait occupée en entrant en France. Après avoir remporté le premier prix de piano au Conservatoire (1833, classe de M. Zimmermann), Prudent étudie seul ; dans sa retraite, il se perfectionne jusqu'à ce qu'il se sente capable d'affronter le public et de s'en faire remarquer. Grâce au bienveillant patronage du violoniste de Bériot, il se fait d'abord entendre avec succès dans plusieurs concerts en Belgique. De retour à Paris, il se produit successivement aux concerts de la *France musicale*, puis chez Erard, puis aux Italiens, où il exécute avec Thalberg le célèbre duo sur *Norma*. Sa fantaisie sur *Lucie* fait le tour de l'Europe. La *Danse des fées*, ravit la cour de la reine d'Angleterre. Enfin son talent et ses succès lui font obtenir la croix de la Légion d'honneur, insigne récompense qui le désigne à la nation comme le premier pianiste-compositeur français.

En effet, comme exécutant de concert, Prudent avait peu de rivaux.

Un mécanisme correct, et en même temps onctueux et bien articulé, n'excluait pas chez lui un sentiment profond de l'expression et une manière de chanter vraie et sympathique. Tous ceux qui l'ont entendu se souviendront de sa manière d'attaquer la touche, en donnant au piano une sonorité ronde et prolongée. Puisque M. Fétis, par une lacune fort regrettable à tous égards, n'a pas consacré une seule ligne à Emile Prudent dans la première édition de sa biographie universelle des musiciens, nous tâcherons de suppléer à ce silence par une appréciation exacte des œuvres de notre regretté confrère. Son *opus* 2 (grandes variations sur un thème de Meyerber) ne dépasse pas la valeur d'une première fantaisie, que l'élève reconnaissant dédie à son maître bien-aimé. Le *Souvenir de la marquise* a valu à l'auteur une lettre des plus flatteuses de notre aimable compositeur Adolphe Adam ; mais l'*opus* 4, intitulé *Les Trois Caprices*, décèle déjà l'imagination du jeune homme. L'enfant se développe, le talent se mûrit au contact des maîtres. L'*opus* 8 est cette célèbre fantaisie sur *Lucie* qui popularisa le nom d'Emile Prudent dans tous les endroits où le piano est en honneur. L'*Andante*, n° 9, est suivi des *Souvenirs de Beethoven*, excellente fantaisie, la plus remarquable, à notre avis, de toutes celles que l'auteur a publiées. Le trio de *Guillaume Tell* et le quatuor de *Don Pasquale* sont de belles et bonnes transcriptions. Les *Souvenirs de Schubert* contiennent une délicieuse variation sur la *Truite*. Les *Caprices-Etudes* sur la *Somnambule* et sur les *Puritains* sont de petits bijoux d'une ciselure très-élégante, Mais bientôt Prudent abandonne le genre fantaisie, et il s'adonne à produire des compositions tout à fait originales. C'est alors qu'il publie successivement l'*Hirondelle*, la *Ronde de nuit*, délicieuses études de genre ; la *Séguidille*, dédiée à la reine d'Espagne ; l'étude de concert, *opus* 28, et l'*Air et marche arabe*, *opus* 32. Le *Concerto-symphonie* marque une nouvelle phase dans l'évolution du génie de Prudent ; il veut réunir le piano à l'orchestre, il s'élève à la grande proportion de l'ensemble. Puis ses pensées se tournent vers l'impression des effets éternellement jeunes et frais de la nature. Il nous dépeint les *Bois*, les *Champs*, le *Retour des bergers*, le *Lac*, les *Naïades*. Après la *Barcarolle*, les *Romances sans paroles* et le *Scherzo*, il écrit la *Prairie* (*opus* 48), grand concerto pastoral qui porte l'âme à Dieu par une large contemplation de la nature créée. De là jusqu'à sa mort, si prompte, si inattendue, il écrit et publie une vingtaine de morceaux qu'on peut diviser en trois catégories : les compositions sur des thèmes d'opéras, les transcriptions et les œuvres originales. Parmi les premières nous signalerons la barcarolle sur *Oberon*, *opus* 50 ; la grande fantaisie sur le *Domino noir* d'Auber, et des variations sur *La donna è mobile*, de Verdi.

Les transcriptions sont fort intéressantes ; nous appellerons votre attention, Messieurs, sur l'andante de Mozart en *sol* majeur, sur l'air d'*Orphée* de Gluck, sur le *Miserere* du *Trovatore*, sur le quatuor de *Rigoletto*, et sur la marche solennelle d'*Alceste*. Parmi les compositions originales de cette dernière période, nous citerons la *Rêverie*, *opus* 52, intitulée : *Sous les palmiers* ; le *Chant du ruisseau*, caprice qui contient un joli effet de huit doubles croches à la main droite contre six à la basse ; le *Fabliau*, *opus* 59, les *Études-lieder*, *opus* 60, et le *Rêve d'Ariel*, scherzo – valse fort distingué. On annonce comme ouvrages posthumes les *Trois Rêves* et une fantaisie sur la *Traviata*, que nous n'avons pas le plaisir de connaître.

PIANO-CLÉMENT.

M. Clément, dans son mémoire, rappelle d'abord les vaines tentatives faites, depuis l'invention même du piano, pour la continuation du son sur cet instrument ; il cite, entre autres, le *violon-clavecin* exécuté en 1609 par Jean Haydn.

M. Clément eut l'idée de faire attaquer la corde du piano au moyen d'un archet (1).

Après sept années d'essais, l'inventeur fit traverser son piano par une série d'archets, passant horizontalement entre chaque corde, et qui, celles-ci étant verticales, les attaquent perpendiculairement. Il résulte de cette disposition que les archets peuvent d'abord presser la corde avec plus ou moins d'intensité, et en second lieu l'attaquer avec plus ou moins de rapidité. Ces deux effets sont obtenus, le premier par la pression graduée du doigt sur la touche, le second par l'accélération ou le ralentissement du mouvement de la pédale.

Les archets du piano Clément sont de petits rubans sans fin, s'enroulant autour de deux bobines distancées de quarante centimètres l'une de l'autre ; les rubans sont couverts d'un enduit remplaçant la colophane. Un tambour est mis en mouvement continu par les pédales ; ce tambour

---

(1) Plusieurs essais de pianos à archets furent faits depuis Jean Haydn. Citons la *xénorifica*, le *sostenante-piano-forte*, le *clavecin-vielle*, le *plectro-euphone*, l'*orphéon*, le *polyplectron*, etc.

Un piano à archet s'est trouvé à la grande exposition anglaise de 1851.

M. Wekerlin, dans l'un de ses articles sur cette exposition, cite ce singulier instrument, dont l'inventeur était américain. Voyez le *Ménestrel* du 20 juillet 1851.

(Note de la Rédaction.)

engrène d'une façon très-ingénieuse, et communique son mouvement aux différents archets correspondant aux touches.

Les effets de crescendo sont produits par le mouvement des pieds qui accélèrent ou retiennent la rotation des archets, et par la pression plus ou moins accentuée du doigt sur la touche qui correspond à la pression de l'archet sur la corde.

MORCEAUX EXÉCUTÉS SUR LE NOUVEL INSTRUMENT

PAR M. A. POPULUS.

A. Adagio. — Transcription d'un quatuor de Haydn.
B. Menuet. — Transcription d'après Mozart.

OBSERVATIONS SUR LES VERS LYRIQUES,

PAR M. J.-B. WEKERLIN.

MESSIEURS,

Les observations que je vais vous soumettre devraient plutôt s'adresser à nos confrères les librettistes ou les poëtes qu'à vous-mêmes ; je crois pourtant qu'elles touchent de si près le compositeur de musique, que j'ai osé réclamer votre attention pendant quelques instants.

Sans remonter au Déluge, ni même aux Grecs et aux Latins, dont les vers étaient composés d'un certain nombre de syllabes, longues et brèves, nommées pieds, c'est-à-dire des vers rhythmiques, en quoi ils diffèrent considérablement des nôtres, je commencerai par vous citer Ronsard, qui écrivait cela il y a trois siècles dans son *Abrégé de l'art poétique français* (1) : « Tu feras tes vers masculins et féminins, tant qu'il te sera possible, pour être plus propres à la musique et accord des instruments, en faveur desquels il semble que la poésie soit née, car la poésie sans les instruments, ou sans la grâce d'une seule ou plusieurs voix, n'est nullement agréable, non plus que les instruments sans être animés de la mélodie d'une plaisante voix. Si de fortune tu as

---

(1) Ronsard, né en 1524, est mort en 1585.

composé les deux premiers vers masculins, tu feras les deux autres féminins, et parachèveras de même mesure le reste de ton élégie ou
chanson, afin que les musiciens les puissent plus facilement accorder.
Quant aux vers lyriques, tu feras le premier couplet à ta volonté, pourvu que les autres suivent la trace du premier, etc. »

Les vers français n'ont pas comme les vers grecs un rhythme absolu,
les syllabes longues et brèves se suivent un peu à l'aventure, mais le
rhythme musical y existe incontestablement, et quand le poëte ne l'aura
pas observé, il ne fournira que des paroles qui mettront le compositeur
à la torture quand il voudra y adapter son rhythme musical.

Les librettistes devraient suivre la manière des chansonniers, qui en
faisant leurs vers les chantent toujours sur un air quelconque : il y
aurait au moins là quelque chance pour le retour périodique des longues
et des brèves, quand le thème revient sur des paroles différentes.

La poésie allemande n'a pas plus que la nôtre un rhythme forcé, et
voyez pourtant ce qui arrive : une mélodie allemande avec quatre, six
ou huit strophes, ne se trouve notée qu'une seule fois; toutes les huit
strophes sont rangées dessous et s'y adaptent parfaitement. Avez-vous
jamais rencontré cela pour les romances françaises ? et ne voit-on pas
toujours à la seconde page les différents couplets avec la mélodie notée
de nouveau ? C'est que le compositeur a bien été forcé de faire ce travail
insipide, le poëte n'ayant pas rhythmé également ses strophes, tout en
leur conservant la même mesure comme vers. Prenez, par exemple, les
trois strophes de la romance du *Lac* de Niedermeyer ; ce sont pourtant
des vers de M. de Lamartine. Eh bien! le compositeur ayant fait sa
musique sur la strophe :

Voici comment iraient là-dessus les deux autres :

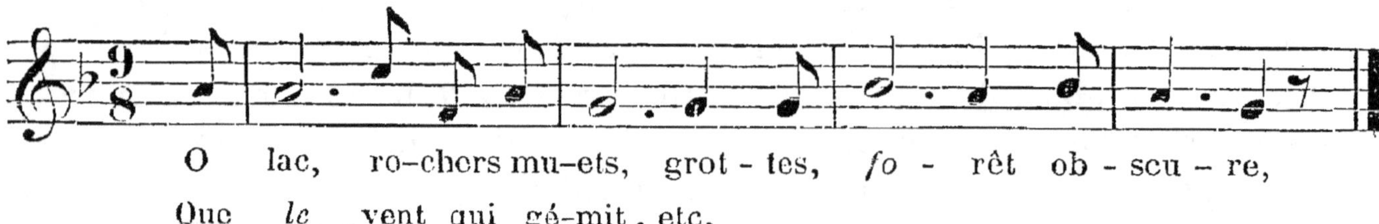

Et que serait-ce si je vous citais les strophes que le musicien a pas-
sées, comme

Eternité, néant, *passé*, *sombres* abîmes.

Je m'en tiens là, car vous n'auriez pas plus de peine que moi pour découvrir une infinité de monstruosités de ce genre. En un mot, un vers peut être très bon comme poésie, et exécrable comme rhythme quand il s'agira de le mettre en musique.

Racine, oui, le grand Racine, est détestable à mettre en musique ; ses plus belles poésies manquent totalement de rhythme musical : il est bien entendu que les chœurs d'*Esther* et d'*Athalie* sont dans le même cas.

Pour remédier aux irrégularités rhythmiques des strophes dont je parlais tout à l'heure, nous employons un procédé connu de tous, et au lieu de : « que *leu* vent qui gémit », nous écrivons: « que le *vent* qui gémit ». C'est-à-dire que nous courons après la première syllabe d'appui que nous puissions rencontrer ; mais quelquefois nous courons jusqu'à perdre haleine.

Méhul, dans sa romance de *Joseph*, fit sa musique sur la première strophe :

Et trouvant à la seconde strophe que la syllabe d'appui n'arrivait qu'en quatrième, c'est-à-dire :

il a préféré mettre :

On ne sait si c'est Troie en Champagne ou dans la **Troade** :

(Près de Troie au pays de Champagne irait très-bien là-dessus.)

Sans préconiser telle ou telle coupe de vers comme étant la meilleure pour le musicien, ou plutôt la plus commode, il est incontestable pourtant que les petits vers sont généralement plus faciles à mettre en musique que les vers d'une certaine longueur ; la raison en est que le poëte, écrivant des vers de trois, quatre ou cinq syllabes, est forcé par cette coupe même à mettre un rhythme plus régulier que dans les longs vers. Dans ces derniers, après avoir observé les césures, à la quatrième pour les dissyllabes, et à la sixième pour les alexandrins, il a effectivement satisfait aux règles que la poésie française impose, tout en négligeant celles du rhythme : il faut avouer que l'art poétique, quant aux vers lyriques, est encore à faire. Boileau lui-même, dans sa romance de *Sylvie*, a écrit de charmants vers dépourvus de rhythme.

Il est certaines combinaisons de rimes croisées peu faites pour être mises en musique : ce sont par exemple deux vers masculins enclavés entre deux féminins, ou deux féminins entre deux masculins ; cette combinaison ne trouvera jamais un rhythme carré en musique. — Boëce, dans le troisième chapitre (4ᵉ livre), *De Musice*, dit, en parlant d'un musicien qui compose un chant sur des vers, « que ces vers ont déjà leur musique en vertu de leur figure : *Ut si quando melos aliquod musicus voluisset ascribere supra versum rhythmica compositione distentum.* Boëce vivait au Vᵉ siècle ; il fut ministre de Théodoric, roi des Ostrogoths.

Gœthe à son tour a dit que, dès qu'une idée est exprimée musicalement, elle devient par cela même poétique.

Je vais encore citer Marmontel (l'auteur des *Contes moraux* et des *Éléments de littérature*) : « Prenez la plus harmonieuse des odes de Malherbe et de J.-B. Rousseau, vous n'y trouverez pas quatre vers de suite favorablement disposés pour une phrase de chant : c'est le même nombre de syllabes ; mais nulle correspondance, nulle symétrie, nulle rondeur, nulle assimilation entre les membres de la période, nulle aptitude enfin à recevoir un chant périodique et mélodieux. Le mouvement donné par le premier vers est contrarié par le second. »

S. M. Louis-Napoléon, roi de Hollande, a dit également « que la versification française, n'ayant point eu jusqu'ici de distribution ni de places fixes pour ses accents, ne peut suivre le rhythme musical sans le dénaturer ou sans se modifier elle-même. »

On m'objectera peut-être (les poëtes, du moins), que, quand les musiciens font eux-mêmes les vers de leur musique, ils n'observent pas davantage les longues et les brèves. J'ai parlé de cela un jour, très-longuement, avec M. Nadaud, qui se trouve dans ce cas. Il m'a dit que, quant à ses chansons, il préférait sacrifier les longues et les brèves, placées symétriquement, à une pensée, souvent à une simple expression originale, qui ne cadrerait pas avec cette observation ; qu'enfin ce sont des chaînes qu'on met aux mains du poëte.

Soit, pour la chanson, où le poëte-musicien préfère ses paroles à sa musique ; mais, pour l'air musical, je serais bien tenté de dire avec Castil-Blaze : « *qu'on ne peut obtenir une belle mélodie dans la musique vocale si le poëte ne l'a préparée par une belle mélodie de mots.* » A-t-on assez crié contre la langue française, à propos de la musique ; le grand Mozart, à son voyage à Paris, il y a près d'un siècle (en 1778), écrivait ceci à son père :

« Si l'on me fait écrire un opéra, je trouverai des ennemis de reste ; cela m'inquiète peu, j'y suis habitué déjà. Cette maudite langue française est si *chienne* pour la musique ! c'est vraiment une pitié ! L'allemand serait divin en comparaison. Et les chanteurs, bon Dieu ! les chanteurs ! ils ne méritent pas ce nom, car ils ne chantent point : ils crient, hurlent de toute la force de leurs poumons, du nez et du gosier. »

Inutile de vous faire remarquer, Messieurs, que cette appréciation est exagérée ; c'est celle d'un homme qui ne comprenait le français qu'assez médiocrement, et je ne sache pas qu'à une époque quelconque les Français aient demandé des leçons de chant aux Allemands. Retournez cette dernière phrase, et vous vous trouverez plus près de la vérité.

M. Ducondut, dans son *Essai de rhythmique française*, défend victorieusement notre langue contre ceux qui la trouvent impoétique. Ses conclusions sont :

« 1° Que le rhythme, condition essentielle et vitale des vers lyriques, loin d'être une entrave par lui-même, est l'auxiliaire indispensable du poëte, qui ne saurait sans lui composer des vers quelconques ; 2° qu'il ne rencontre aucun obstacle intrinsèque et particulier dans notre idiome, susceptible de se prêter à toutes les formes rhythmiques, et que la difficulté ne pourrait venir que de la marche moins inversive de notre poésie ou de quelques procédés peu rationnels de notre versification, deux choses qu'il dépend de nous de modifier ; 3° que le caractère du rhythme est même naturellement plus prononcé et plus énergique dans notre langue, à raison de ses désinences, la plupart fortes ou accentuées, et de la coïncidence des deux signes de la ponctuation harmonique, l'accent et la césure, comme inséparables dans le français ; 4° que dans aucune langue, enfin, il n'existe un accord plus parfait entre la musique et la poésie quand des vers sont régulièrement cadencés, ni un désaccord plus complet lorsqu'ils ne le sont pas. »

Il est un moyen quelquefois employé par le compositeur, surtout quand il travaille pour le théâtre, c'est de faire sa musique d'abord, et d'y adapter ensuite ce qu'on appelle un *monstre*. Ce moyen a été assez souvent employé par quelques compositeurs. Grétry le préconise de cette façon : « Je ne parle pas de la peine qu'aura le poëte en faisant les paroles sur la musique ; il en aura, sans doute ; mais, à ne considérer que l'art poétique en lui-même, que perdrons-nous dans le style ? Quelques airs ou duos qui seront peut-être écrits avec moins d'élégance ; mais quant aux trios, quatuors, chœurs, etc., que sont le plus souvent les paroles de tels morceaux ? Des mots enfilés qui ne valent pas la peine qu'ils donnent au musicien. Laissez-lui donc former son tableau d'après la situation ; des paroles si communes viendront aisément se ranger sous sa musique. »

Dans un autre endroit de ses *Essais sur la musique*, Grétry dit encore : « Très-peu de gens de lettres ont assez de connaissance du langage et de la ponctuation musicale pour réussir en ce genre de travail, qui favoriserait la musique en donnant des entraves à la poésie. Jusqu'à ce jour l'on a fait des vers sur des airs de danse, sur un vaudeville, sur un chant dont les phrases symétriques font sentir fortement le rhythme et la cadence ; mais une scène pathétique, où chaque note d'expression doit rencontrer la syllabe qui doit être exprimée, est d'une bien plus grande difficulté. Cependant la musique fait chaque jour des progrès parmi les gens de lettres. Qui mieux qu'un poëte doit sentir les rapports intimes d'un chant expressif avec la parole à laquelle il doit sa naissance? »

Grétry va même plus loin, selon moi trop loin, quant à ce système ; car, en partant du fait que la musique a dû exister avant la poésie, il trouve tout naturel que le poëte mette en vers la musique du compositeur, tout comme nous mettons en musique les paroles du poëte. Ceci donnerait raison à la tentative de *Cosi fan tutte*, en exigeant à coup sûr des poëtes passablement musiciens, aptes enfin à comprendre le compositeur jusqu'aux moindres replis de ses phrases et de ses intentions. Or, comme jusqu'ici les musiciens ont prouvé plus de facilité à comprendre les poëtes, je crois qu'il vaut mieux continuer ainsi : cette éducation du poëte serait un peu longue à faire, peut-être même un tant soit peu laborieuse.

J'ai parlé de *Cosi fan tutte*, lisez *Les Peines d'amour*. Cet ouvrage du Théâtre-Lyrique n'est pas une traduction, comme on sait. Je serais d'ailleurs curieux de savoir ce qu'aurait répondu Mozart à MM. Carré et Barbier s'ils lui avaient dit : « Faites-nous un opéra en quatre actes, nous vous le mettrons en paroles ; ne vous préoccupez pas du sujet, cela n'y fait rien ; mettez du triste et du gai comme cela vous viendra ! » Il est déplorable, Messieurs, de voir des gens de talent perdre leur temps à faire des pastiches dans de pareilles conditions, même sur la musique de Mozart, même dans la prévision d'un chiffre de droits d'auteur raisonnable : *c'est faire de l'art ou de la poésie à l'aune.*

Comme la traduction littérale serait le mot à mot, il ne faut pas que l'exigence aille jusque-là.

Une traduction littérale en vers d'après une langue étrangère est impossible ; on ne transportera jamais dans une langue différente la pensée, l'expression, le rhythme spécial d'une autre, car enfin chacune a son génie à part.

Il faut donc laisser quelque latitude au poëte sous ce rapport, pourvu qu'il saisisse le sens et qu'il conserve le rhythme musical. J'aime bien mieux les traductions parfois inexactes des mélodies de Schubert par M. Bélanger que celles d'un poëte (et un véritable poëte pourtant) qui a fait également ce travail d'une façon plus poétique, je le veux bien, mais en travestissant à tout moment le rhythme musical de Schubert.

Un bon traducteur doit être bon musicien avant tout, et, sans préconiser le talent de l'humoristique Castil-Blaze, il faut bien admettre que c'est encore un de ceux qui ont le mieux réussi dans ce genre de travail, surtout quand il n'ajoutait pas de sa façon les morceaux de musique que Weber avait oublié de composer dans ses opéras.

Il y a d'excellentes choses dans le volume sur l'*Art des vers lyriques*, et dans le *Molière musicien* de Castil-Blaze ; tout cela est mélangé, il est vrai, de cette verve moitié bouffonne, moitié sarcastique, inhérente au musicographe méridional. Je vais vous en lire quelques lignes seulement :

« Epiciers de haute gamme, nos académistes ont empilé des millions de Français dans un immense bocal à cornichons, dans une caque, ignoble retraite des harengs ; et là, couverts, entourés d'une saumure infecte, immergés dans une lie corrompue et corruptrice, ils les ont laissés croupir, macérer, rouir, pendant une éternité ».

Tout cela pour affirmer que nos académiciens nous privent depuis des siècles de la bienfaisance des vers rhythmiques. Castil-Blaze, je l'avoue, aurait pu se servir d'un langage un peu moins immergent.

Notre observation sur les traducteurs se trouve déjà exprimée dans le *Traité de poésie du père Mourgues* (1754) de la façon suivante :

« On ne doit jamais se charger de faire des paroles pour un air, à moins qu'on ne le sache chanter juste ; et l'on réussit toujours mieux quand on donne les vers sur lesquels on fait composer, puisque, pour parler avec les musiciens, *la note est pour la lettre, et non la lettre pour la note.*

Pour me résumer, ce qui manque évidemment le plus à nos vers lyriques, c'est le rhythme, ou plutôt la continuité du même rhythme pour une même strophe.

Hoffmann, dans ses *Variétés littéraires*, a fait là dessus de judicieuses observations ; laissons-le parler :

« Le rhythme était, chez les Grecs, commun à la prose et aux vers.

« Il ne faut pas (avec nos dictionnaires) confondre, à propos des vers, *la mesure* et *le rhythme*. Le mètre ou la mesure règle le nombre des syllabes qui doivent constituer un vers, et la quantité de chacune de ces syllabes ; mais le rhythme n'est autre chose qu'un retour périodique et méthodique des mêmes valeurs, dans le même temps et à la même place.

« Le rhythme poétique peut se passer de la mesure, et conséquemment convenir à la prose. Quintilien dit : « Quand la période commence « par une espèce de rhythme, elle doit continuer ce rhythme jusqu'à la fin. »

Puis, voilà un scrupule qui saisit Hoffmann :

« Les principes des anciens peuvent-ils bien s'appliquer à notre langue ? Timide dans ses tournures, réservée dans ses expressions, sobre de figures et de métaphores, sage jusqu'à la pruderie, elle n'a qu'une prosodie à peine sensible et une quantité mal déterminée : le rhythme lui est absolument inconnu. »

Il serait donc à désirer, ceci n'est plus d'Hoffmann ; que nos poëtes fussent d'abord tambours dans un régiment, même pendant assez longtemps pour que le souvenir des *rafla* ne les quittât plus durant le reste de leurs jours. Comme puissance du rhythme seul, que de fois n'a-t-on pas cité une charge de tambours. Sans faire tort à ce rhythme entraînant, je crois pourtant qu'il faut aussi faire la part de la commotion nerveuse que produit sur notre organisation cette vibration étourdissante, enivrante jusqu'à l'exaltation.

Je ne crois pouvoir mieux terminer, Messieurs, qu'en citant de nouveau à propos du rhythme l'ouvrage de M. Ducondut :

« Innovons pour le fond, si nous le pouvons, mais sans oublier la forme, qui, pour notre muse, est restée imparfaite, à peine ébauchée dans son berceau. On se plaint depuis longtemps de ce que les divers genres sont épuisés... Qu'on exploite *le rhythme*, et il en sortira des richesses sans nombre, avec une poésie transfigurée, que sa cadence musicale fera voler de bouche en bouche et aura bientôt rendue nationale et même populaire ; car c'est par le rhythme uniquement que la poésie peut, comme au temps primitif, entrer dans l'oreille du peuple et le captiver. Ayons, ainsi que d'autres nations, des chants simples et rhythmiques pour l'enfance, dans les écoles, et un changement s'opérera bien vite ; mais, tant que les vers chantés seront en guerre ouverte avec la cadence, et dérouteront sans cesse l'oreille, ne comptez pas que la musique devienne jamais populaire en France. »

6285 — Paris, impr. Jouaust et fils, rue Saint-Honoré, 338.

BULLETINS DE LA SOCIÉTÉ

DES

COMPOSITEURS DE MUSIQUE

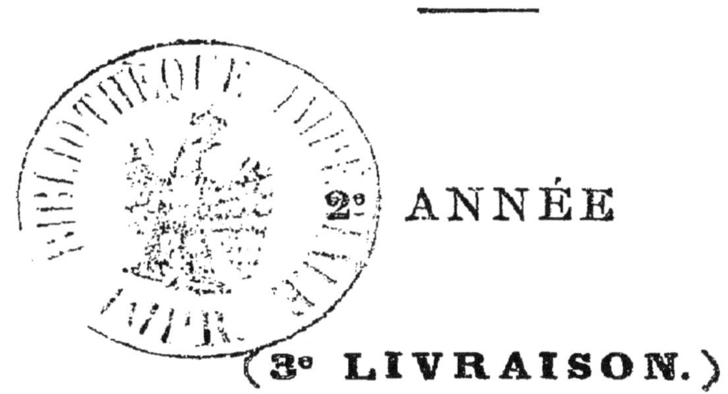

2ᵉ ANNÉE

(3ᵉ LIVRAISON.)

PARIS

AU SIÉGE DE LA SOCIÉTÉ, 95, RUE RICHELIEU

1864

6ᵉ SÉANCE.

28 NOVEMBRE 1863.

SOMMAIRE :

1. Projet d'auditions publiques des œuvres instrumentales des compositeurs vivants, par M. A. Ferrand.
2. Fondation d'un nouveau théâtre-concert pour l'exécution exclusive de la musique des auteurs contemporains, par M. Prévost-Rousseau.
3. Sonate de Beethoven (dédiée à Kreutzer), pour piano et violon, exécutée par MM. Krüger et R. Hammer.

Projet d'auditions publiques des œuvres instrumentales des Compositeurs vivants,

PAR M. A. FERRAND.

De tous ceux qui s'occupent de l'art musical, les moins favorisés sont certainement les compositeurs de musique purement instrumentale.

Je crois ce fait trop démontré pour avoir besoin de m'y arrêter longuement. La différence des avantages dont jouissent les compositeurs lyriques et les compositeurs symphonistes est encore mieux marquée par la mesure toute libérale que l'Empereur vient de prendre, mesure qui fait prévoir de si heureux résultats, et qui a été accueillie avec tant de joie par tous les artistes, mais qui est loin de satisfaire encore à tous les besoins (1).

Tandis que les compositeurs lyriques voient leur position s'améliorer, tandis qu'ils ont l'espoir de voir leurs œuvres représentées sur une de nos scènes actuelles ou futures, leurs collègues, moins heureux, ont toujours la même perspective assez triste de voir les portes se fermer constamment devant leurs œuvres.

Tout en nous réjouissant de ce qui peut arriver d'heureux aux uns, nous ne pouvons nous empêcher de faire, par rapport aux autres, un assez triste rapprochement, et de remarquer que tous les honneurs, tous les profits sont réservés aux compositeurs lyriques, presque au détriment des compositeurs symphonistes. En effet, on s'étonne de voir encore de nos jours certaines règles d'exclusion conservées religieusement

---

(1) A la suite du décret sur la liberté des théâtres, une adresse de remerciements, couverte de plus de quatre-vingts signatures, a été envoyée à S. M. l'Empereur par les soins du comité de la *Société des Compositeurs*. (*Note de la Rédaction.*)

dans une institution qui devrait être la plus fraternelle et la plus libérale.

Dans la situation actuelle, toutes les idées se portent du même côté, c'est-à-dire vers le théâtre, qui seul offre quelques avantages aux compositeurs.

Qu'en doit-il résulter? C'est que tel artiste qui aurait excellé dans le genre symphonique, s'il avait vu de ce côté la possibilité de se faire un nom, cherche au théâtre des ressources qu'il ne trouve pas ailleurs, et n'obtient souvent, pour récompense de ses longs travaux, que le bénéfice de coups de sifflet.

Je n'exagère en rien, et je pourrais citer des noms.

Il est donc urgent d'apporter quelques améliorations dans la position qui est faite aux compositeurs symphonistes. Quelques personnes ont pensé qu'il fallait pour cela s'adresser au Gouvernement. Un de nos honorables collègues, M. Ernest Lépine, est de ce nombre. Vous avez entendu le projet d'Exposition de musique, qui fait le plus grand honneur à son auteur, et qui a été développé par lui dans la séance du 31 janvier dernier. Ces expositions auraient pour but de mettre en lumière un certain nombre de compositeurs, et pour effet d'attirer sur quelques-uns les mêmes récompenses, les mêmes honneurs qui sont accordés à leurs collègues plus favorisés, ainsi qu'aux peintres, aux sculpteurs, aux architectes, etc., etc.

Ce projet, qui certainement mérite une attention particulière, offre, je crois, de grandes difficultés au point de vue pratique.

J'y vois plusieurs obstacles, dont quelques-uns me semblent insurmontables.

M. Lépine fixerait à soixante-douze le nombre des œuvres inédites que l'on soumettrait à l'appréciation du jury. Ces soixante-douze œuvres seraient réparties entre douze concerts, ayant lieu trois fois par semaine pendant un mois. Chacun des concerts comporterait six œuvres importantes.

Eh bien, il y a là, comme je le disais, des difficultés immenses. Sans m'arrêter aux frais considérables que cela nécessiterait, je parlerai de l'impossibilité d'obtenir une bonne exécution des œuvres ainsi présentées, même en s'adressant au meilleur orchestre de l'Europe, celui du Conservatoire. Tout le monde sait que, pour corriger les parties d'orchestre et pour ébaucher seulement une œuvre, il faut une répétition, et que deux autres sont *absolument nécessaires* pour arriver à un bon résultat.

Voyez quelle tâche on entreprendrait s'il fallait, entre deux concerts, c'est-à-dire en deux jours, faire trois répétitions, plus le concert. En tout, deux séances par jour, et cela pendant un mois !... *Nul artiste* ne pourrait supporter une pareille fatigue ; car, en dehors de cela, il y a encore le service des théâtres, auxquels la majorité des exécutants appartient.

Mais si, au lieu de faire une série presque impossible de séances, si, au lieu de présenter au public et au jugement du jury une immense liste d'œuvres inconnues, on pouvait présenter un choix des meilleures compositions orchestrales et chorales, écrites et entendues dans le courant de l'année, on arriverait probablement à l'heureux résultat d'une Exposition, qui n'est pas seulement une idée généreuse, mais qui répond à un des besoins impérieux de l'esprit humain.

En effet, il est impossible de ne faire que de l'art pour l'art, et de ne pas avoir par devers soi une arrière-pensée de gloire, d'honneurs, de richesses, en si petite dose que ce soit.

J'avais d'abord pensé à réserver les avantages de ces séances pour nos compatriotes ; mais je crois entrer davantage dans l'esprit de notre Société en admettant les œuvres de toutes les écoles, et en étendant aux artistes étrangers les bénéfices de notre association.

Avant de développer tous les rouages de l'organisation que j'ai l'honneur de vous proposer, je tiens par-dessus tout à bien vous pénétrer du besoin que nous avons de combler une déplorable lacune.

Je commencerai par poser cette question : Où entendez-vous des symphonies, des odes symphoniques, des oratorios, des ouvertures, etc., de nos compositeurs contemporains? Nulle part, si ce n'est dans quelques concerts donnés à grands frais et à de longs intervalles par des artistes privilégiés de la fortune. Mais, à côté de ces heureux de la terre, il y a un grand nombre de compositeurs symphonistes qui n'ont aucun débouché pour leurs œuvres. Est-ce aux concerts Musard, Besselièvre, Arban et autres que vous vous adresserez pour faire entendre des œuvres sérieuses? Non. Est-ce aux concerts populaires ou à ceux du Conservatoire? Encore moins. Vous savez tous que les uns vivent de polkas ou de quelques ouvertures de nos opéras les plus populaires, et que les autres excluent de leurs programmes tout ce qui ne porte pas les noms vénérés de Beethoven, de Mozart, de Haydn, de Mendelssohn et des autres grands maîtres de l'école allemande.

En cela ils ont la main forcée par les exigences de leur public respectif.

Les séances de quatuors sont-elles plus favorables aux compositeurs vivants? Pas davantage. Toutes, sauf une, vivent également du bagage des compositeurs allemands que nous venons de citer.

Cette prédilection du public pour les œuvres de nos grands maîtres est-elle un malheur et un sujet de découragement? Je ne le crois pas? C'est au contraire un indice du développement du goût musical dans la masse du public, et je suis persuadé que cette épuration tournera à notre profit dans un temps donné. L'important pour nous est de ne pas rester en arrière, et de chercher les meilleurs moyens de détruire les préjugés du public à notre égard.

A mon avis, ces meilleurs moyens sont de donner des concerts consacrés aux œuvres nouvelles. J'en ai la preuve dans l'accueil sympathique qu'ont rencontré dans la presse, parmi les artistes, et dans un public éclairé, quelques séances de quatuors que j'ai données l'année dernière avec le concours d'artistes du premier mérite, et qui étaient entièrement composées des œuvres délaissées, quoique remarquables, de notre école française.

Si je me suis décidé à parler ici de la tentative que j'ai faite l'année dernière', c'est pour apporter une preuve à l'appui des idées que j'ai l'honneur d'émettre ici, et chercher à vous communiquer ma confiance dans le succès d'une entreprise dont la pensée m'a été suggérée par les résultats déjà obtenus.

Mon projet a pour base l'*Association*.

J'ai pensé que, devant les résultats possibles et même probables de cette entreprise, aucun de nous n'hésiterait à s'imposer *momentanément* un léger *sacrifice d'argent*.

Ce mot de *sacrifice d'argent* sonne toujours mal aux oreilles, je le sais ; mais, comme dans une entreprise quelconque il faut toujours arriver à ce vilain mot, j'ai préféré commencer par là, en me réservant le soin de vous démontrer combien il est peu effrayant dans le cas actuel.

J'avais d'abord eu la pensée de donner la série complète des séances (cinq à orchestre et quatre de quatuors) dans la salle Pleyel, ce qui avait l'avantage de ne pas nous faire sortir de chez nous, si je puis me permettre cette expression ; mais, devant des chiffres rigoureusement exacts, j'arrivais à un déficit de 769 francs au minimum par concert à orchestre, tout en mettant les places à 5 francs.

J'ai cherché et je crois avoir trouvé une autre combinaison, qui aurait l'avantage de couvrir entièrement les frais, et même de laisser un léger bénéfice.

Il s'agirait toujours de donner les séances de quatuors dans la salle Pleyel, mais de prendre, pour les concerts à orchestre, une salle plus grande, la salle Herz, par exemple, ce qui permettrait, tout en diminuant le prix des places, d'avoir des recettes beaucoup plus fortes.

Voici maintenant les avantages que j'offre aux compositeurs : c'est de pouvoir, sans beaucoup de frais, leur procurer une très-bonne exécution de leurs œuvres.

J'ai fait le relevé des frais d'un concert à orchestre seul dans la salle Herz ; ces frais montent au chiffre respectable de 1,430 francs le jour et de 1,596 francs le soir.

Au lieu de cette somme, presque inabordable pour la plupart d'entre nous, je ne demande que 400 francs pour le même orchestre.

Cette différence considérable peut élever des doutes sur la valeur de ma proposition, mais j'espère vous rallier à mes idées en les développant davantage.

Un compositeur qui veut donner une audition est forcé de remplir entièrement son programme de ses œuvres ; or, il est obligé, ou d'attendre plusieurs années pour former un nouveau programme et réparer la brèche causée par les frais, dont je viens de vous dire le chiffre exact, ce qui l'expose à l'oubli ; ou de faire entendre une seconde fois quelques-unes de ses anciennes compositions, pour pouvoir produire en public une œuvre nouvelle.

En lui offrant le moyen de se mettre en rapport avec le public, avec les éditeurs et avec la presse à des intervalles plus rapprochés, et à moins de frais, je crois lui procurer un avantage marqué.

Voici maintenant un tarif que j'ai établi *à priori* selon l'importance des œuvres à exécuter :

TARIF.

Salle Pleyel :

1 sonate.	50 fr. donnant droit à	10 billets.
1 trio	75 —	15 —
1 quatuor	100 —	20 —
1 quintette	125 —	25 —
1 sextuor	150 —	30 —
1 septuor	175 —	35 —
1 otetto.	200 —	40 —

Salle Herz :

		3 st. orch.	7 st. parquet	11 pourtour.
1 morceau de chant avec orchestre	75 fr. donnant droit à	3 st. orch.	7 st. parquet	11 pourtour.
1 chœur avec orchestre.	125 —	6 —	11 —	17 —
1 ouverture.	200 —	12 —	17 —	24 —
1 concerto, solo ou scène	300 —	18 —	26 —	36 —
1 symphonie	400 —	24 —	34 —	48 —

Ce tarif peut être modifié, surtout quant aux artistes étrangers ou en dehors de l'Association.

On pourrait pour ceux-ci augmenter le tarif d'un quart, d'un tiers ou de moitié.

Le chiffre que je demande aux compositeurs leur donne droit à un nombre de billets représentant exactement la somme indiquée pour chaque œuvre. Ainsi un quatuor coté 100 francs donne droit à 20 billets, de telle sorte que l'artiste peut les négocier comme bon lui semble, et rentrer ainsi immédiatement en partie ou en totalité dans l'argent qu'il est obligé de verser à la caisse de l'Association.

J'ai eu le soin, dans la distribution des billets, de diviser ceux-ci en trois catégories, de manière à en procurer le placement plus facile aux artistes, et à éviter autant que possible l'effet toujours funeste des coteries, se massant dans telle ou telle partie de la salle. En plus des tarifs, les compositeurs ont encore à leur charge les frais de copie et de solistes.

Voici maintenant la marche que l'on pourrait adopter :

1° En admettant que la *Société des Compositeurs* s'associât tout entière pour cette entreprise, son comité serait prié d'accepter les nouvelles fonctions de *Comité dirigeant*, en s'adjoignant le chef d'orchestre.

2° Une commission, prise au sein du Comité, serait chargée d'examiner les œuvres qui seraient présentées.

3° Sur le rapport de la commission, le Comité prononcerait sur l'admission ou le rejet de ces œuvres.

4° Les compositeurs dont les œuvres seraient admises à figurer dans les programmes seraient tenus à déposer immédiatement la somme exigée par le tarif, ou à prendre des engagements pour l'acquittement des sommes dues.

5° Les programmes devraient être complétés avant le commencement de la session.

C'est ici seulement qu'un appel de fonds serait fait à la Société pour combler la différence comprise entre les sommes souscrites par les compositeurs et les frais de chaque concert.

Voici approximativement les programmes de nos séances pour orchestre :

1 symphonie ;
1 concerto ou solo avec orchestre ;
1 chœur ou une scène ;
1 ouverture.

Si vous voyez ici l'introduction dans le programme de chœurs, dont je n'avais pas compris les frais dans mes calculs, et dont je n'avais pas fait mention dans l'énoncé de ma proposition, c'est par la raison toute simple que j'y avais renoncé dans le principe, vu l'augmentation de dépense à laquelle cela entraînait. Il n'y a que très-peu de jours que j'ai eu la bonne fortune d'avoir la promesse, presque positive, de pouvoir obtenir le concours gratuit de 200 voix, hommes et femmes, parfaitement disciplinées.

Je ne sais si nous pourrions avoir ces chœurs à chaque concert ; mais j'ai l'espoir de les avoir au moins pour quelques-uns.

Cette adjonction donnerait, vous en conviendrez, un grand attrait à nos concerts.

D'après le tarif, le programme que j'indique approximativement produirait de 1,025 francs à 1,200 francs :

1 symphonie. .	400 fr.		400 fr.
1 concerto. . .	300		300
1 chœur. . . .	125	ou une scène.	300
1 ouverture.. .	200		300
	1,025		1,200

En déduisant de 1,430 francs les chiffres ci-dessus, il reste de 230 francs à 605 francs de différence par concert.

Cette différence, divisée par 135 sociétaires, donne de 1 fr. 70 c. à 4 fr. 50 c., qui constituent l'appel de fonds que nous faisons aux sociétaires pour chaque concert à orchestre.

Quant aux séances de quatuors, voici quels chiffres cela donne :

PROGRAMME APPROXIMATIF D'UNE SÉANCE.

1 quatuor. . .	100 fr.	
1 sonate . . .	50	
1 quintette . .	125	
Total. .	275	francs versés par les sociétaires.

En déduisant cette somme de 496 francs que coûte une séance de quatuors, il reste 221 francs, soit 1 fr. 65 c. par sociétaire.

Vous voyez à quels chiffres énormes montent les *sacrifices d'argent* dont je vous parlais. Encore, si ces sommes devaient être perdues, cela pourrait soulever de *graves* objections ; mais je n'admets pas qu'une œuvre, à laquelle nous sommes tous intéressés, reste stérile entre nos mains, au point de n'avoir pas la moindre recette en dehors de celle que procureront immédiatement les compositeurs exécutés. A la fin de la saison, les recettes viendraient donc nécessairement en amortissement des sommes avancées, d'abord par les sociétaires, ensuite par les compositeurs.

J'ai fait le calcul de l'excédant probable des recettes que ces derniers pourraient se partager au prorata.

Nous avons 134 francs pour les concerts à orchestre. (Voir pag. 66.)

Et 289 francs pour les séances de quatuors. (Voir même page.)

En réunissant ces sommes, nous avons pour la série entière des cinq concerts et des quatre séances 1,746 francs.

C'est bien peu de chose, mais enfin cela vaut mieux que rien; et quand la somme ainsi obtenue ne viendrait que payer les frais supplémentaires imposés aux compositeurs (tels que copie, etc.), il faudrait encore s'estimer heureux.

Les sociétaires ont droit à une place par séance au concert.

Réunissons nos efforts, Messieurs, et secondons-nous mutuellement sans arrière-pensée de jalousie, de rivalité et d'égoïsme coupables. Nous serons peut-être récompensés en faisant connaître quelque talent méconnu; mais, à coup sûr, nous aurons la conscience d'avoir fait une chose bonne, et qui tôt ou tard doit porter ses fruits.

PIÈCES A L'APPUI.

FRAIS DE LA SALLE HERZ.

Orchestre :

2 flûtes, — 2 hautbois, — 2 clarinettes, — 2 bassons, — 2 trompettes, — 4 cors, — 3 trombones, — 1 timbalier, — 1 grosse caisse, — 8 1ers violons, — 8 2es violons, — 6 altos, — 5 violoncelles, — 4 contre-basses. — Total : 50 artistes.

3 répétions, à 4 fr.	12 fr.	
1 exécution, à 8 fr.	8	
Total.	20 fr. par artiste.	

50 artistes, à 20 fr.		1,000 fr. »
300 affiches, à 25 fr. le cent	75 fr. »	
700 billets, à 1 fr. 25 le cent	8 75	
700 programmes, à 2 fr. le cent	14 »	
Affichage, à 6 fr. le cent	18 »	
Droits des pauvres, environ.	50 »	
Faux frais.	30 »	
	195 75	195 75
A reporter		1,195 fr. 75

Report. . . . . . . 1,195 fr. 75

Location d'instruments :

6 altos, à 2 fr.	12 fr.
5 violoncelles, à 3 fr.	15
4 contre-basses, à 5 fr.	20
Timbales	6
Grosse-caisse.	6
4 transports, à 4 fr.	16
	75

75

1,270 75

Location de la salle de jour. . . . 160 »

Total. . . . 1,430 fr. 75

RECETTES.

96 stalles d'orchestre . 24 grande presse . . . 72, à 5 fr. . . . . 360 fr.

212 parquets . . . . . { 32 petite presse . . . / 40 pour affiches. . . . / 106, à 4 fr. . . . . . . 424 / 34 pour sociétaires. . .

260 stalles-pourtour de côté à 3 fr. 780

1,564 (1)

En déduisant de. . . . 1,564 fr.

1,430

Il reste . . . . 134 fr., bénéfice net.

FRAIS DES SÉANCES DE QUATUORS DE LA SALLE PLEYEL.

4 exécutants, à 50 fr.		200 fr.
Salle.		110
300 affiches, à 25 fr. le cent . . .	75 fr.	
400 billets, à 1 fr. 25 c. le cent. . .	5	
400 programmes, à 2 fr. le cent . .	8	
Affichage, à 6 fr. le cent.	18	
Droit des pauvres, environ.	50	
Faux frais	30	
	186	186

496 fr.

RECETTES.

215 stalles (grand salon). . 58 pour la grande et la petite presse . 157, à 5 fr. 785 fr.

50 stalles (salon d'entrée) pour les affiches, réduites à 15 . . . . » » »

70 stalles (petit salon) . } 65 stalles (estrade) . . } pour les sociétaires . . . . » » »

785 (2)

En déduisant les frais 496

Il reste . . . . 289 fr.

---

(1) Dans cette recette, les compositeurs entrent pour une somme de 1,025 à 1,200 fr. environ. (V. p. 63 et 65). Cette participation peut ne leur être nullement onéreuse, d'après ce qu'on a vu plus haut, page 64.

(2) Dans cette somme, les compositeurs entrent pour 275 fr. environ.

FONDATION D'UN NOUVEAU THÉATRE-CONCERT

Pour l'exécution exclusive de la musique des auteurs contemporains

PAR M. PRÉVOST-ROUSSEAU.

Voici les principaux points de ce projet :

1° Créer un débouché sérieux, complet, définitif, à l'art musical moderne ;

2° Établir la justice et l'égalité complètes pour tous, au moyen de la création d'un jury d'examen permanent chargé d'étudier tous les ouvrages présentés ;

3° Affranchir les compositeurs des exigences, caprices, fantaisies, influences et intérêts directoriaux, en les rendant eux-mêmes fondateurs, administrateurs et directeurs de l'établissement en question ;

4° Enfin, attirer le public par la modicité des prix ; et, pour cela, l'auteur propose la fondation d'un établissement lyrique comprenant tout ce qui peut embrasser l'art musical moderne, théâtre et concert pour l'exécution de toutes espèces d'œuvres musicales.

Les ouvrages de toute nature, présentés à un jury de compositeurs, auteurs, professeurs et amateurs, prendraient, selon leur réception, un numéro d'ordre pour être nécessairement exécutés.

Pour fonder cet établissement, constitué en Société, les compositeurs réunis formeraient eux-mêmes un noyau de souscripteurs, complété par l'adhésion de leurs amis.

7ᵉ SÉANCE.

26 DÉCEMBRE 1863.

SOMMAIRE :

1. Résumé du mouvement musical contemporain en Allemagne, d'après la gazette de Leipzig *Signale*, par M. J.-B. Wekerlin.
2. Lecture et expériences sur l'étude optique des sons, par M. Lissajous.

Résumé du mouvement musical contemporain en Allemagne, d'après la gazette musicale de Leipzig *Signale*,

PAR M. J.-B. WEKERLIN.

Messieurs,

Le Comité de notre Société a bien voulu me charger de parcourir les journaux étrangers, principalement *les Signale* de *Leipzig*, que nous recevons régulièrement, et de vous présenter un résumé de mes lectures.

Il serait intéressant pour nous tous, je crois, d'être au courant du mouvement musical de l'Allemagne, ce pays des légendes, où la critique, selon Philarète Chasles, est devenue un art, un règne, un pouvoir, une religion, une foi.

Plusieurs des membres de la Société ont promis leur concours pour les traductions des journaux allemands, anglais et italiens ; nous tâcherons donc, en nous partageant la besogne, de vous présenter à chaque séance mensuelle un aperçu, je ne dirai pas semblable à celui-ci, mais infiniment mieux fait, dès que mes confrères y auront touché.

Les compositeurs allemands dont le nom paraît le plus souvent sur les programmes sont : Jean-Sébastien Bach, Hændel, Beethoven, Mozart, Mendelssohn, Schumann, Gade et Schubert. Haydn me semble plus rare ; pourtant, son oratorio *la Création* et quelques quatuors se montrent de temps en temps.

La virtuose toujours sur la brèche est la pianiste Mᵐᵉ Clara Schumann ; on la nomme la *prêtresse du piano*. Ce titre glorieux a-t-il été confirmé en France ? Il y a lieu d'en douter ; les grands pianistes français n'ont rien à envier à l'Allemagne sous le rapport de la délicatesse du sentiment et de l'expression, du charme enfin. Mᵐᵉ Schumann s'est fait particulièrement apprécier dans les œuvres de son mari, qu'elle a interprétées d'une façon très-remarquable, avec cette tradition poétique, émanée de l'auteur lui-même.

Après Mme Schumann, M. de Bülow, gendre de Listz, est le pianiste qu'on entend le plus en Allemagne, surtout à Leipzig. M. de Bülow, compositeur lui-même, a joué dans différents concerts à Paris, il y a deux ou trois ans.

MM. Rubinstein et Gounod sont à peu près les seuls étrangers (nouveaux venus) que l'Allemagne semble adopter et dont elle édite les œuvres avec suite.

A Aix-la-Chapelle, *la fête des chanteurs* a réuni, le 6 et le 7 septembre dernier, 61 orphéons, dont 37 allemands, 17 belges et 7 hollandais ; deux sociétés belges ont remporté les prix d'honneur.

Le 13 septembre, première exécution à Francfort de l'opéra en quatre actes, *le Maître chanteur Hiarne*, œuvre posthume de Marschner.

Publication à Leipzig de l'oratorio de Rubinstein, *le Paradis perdu*, et d'un autre oratorio de Carl Reinecke, *Belsazar*.

Dans ces derniers temps, M. Fétis, à l'exemple de M. Berlioz, avait publié un article pour contester la paternité de *la Marseillaise* à Rouget de l'Isle ; l'ingénieur Rouget de l'Isle a pris victorieusement la défense de son illustre parent. Le libraire Heitz, à Strasbourg, possède un exemplaire de l'édition originale de *la Marseillaise*, sous le titre : *Chant guerrier pour l'armée du Rhin, dédié au maréchal Luckner.* Cette pièce n'est point datée ; mais cette date est suppléée par un numéro de *la Trompette du père Duchesne* (23 juillet 1792), où l'on trouve ce chant sous le même titre, avec cette note : « Comme je ne puis y joindre la musique, je donne du moins les paroles. » — Il est constaté, d'ailleurs, que paroles et musique de *la Marseillaise* étaient connues à Paris dès cette époque. La feuille volante sur laquelle se basait M. Fétis fait partie des hymnes patriotiques qui parurent à la fin de 1795 et au commencement de 1796, dont j'ai retrouvé, du reste, un exemplaire dans ma collection des *Chansons de la République* (1).

Cette digression m'a fait sortir de mon sujet, non pas complétement, car les journaux allemands ont aussi relaté tous ces faits.

Hanovre, le 24 septembre, première représentation de l'opéra *les Catacombes*, musique de Ferdinand Hiller.

Une date que je consigne ici, c'est le 19 septembre, jour de l'envahissement du palais Zamoïsky, à Varsovie, où les Russes ont détruit le

______

(1) L'un de nos confrères, M. Kastner, membre de l'Institut, prépare une publication sur *la Marseillaise*, avec des documents qui mettront à néant toute contestation sur ce sujet. Nous renvoyons, en attendant, aux numéros des 26 mars, 9 et 16 avril 1848 de la *Revue et Gazette musicale*, où l'on trouvera ce qui a été publié de plus complet sur *la Marseillaise* jusque-là. Ces articles, de M. Kastner, ont été pillés maintes fois depuis. (*Note de la rédaction.*)

piano de Chopin ; cet instrument avait été fait à Varsovie, en 1820.

Les 27, 28 et 29 septembre ont été consacrés, à Munich, au deuxième festival, qui réunissait la masse imposante de 1,200 exécutants ; l'orchestre se composait de 257 instrumentistes. Les principaux morceaux de ce festival étaient la *Symphonie héroïque*, de Beethoven ; *Israël en Égypte*, de Hændel ; puis encore des solos de chant, des concertos de Bach, Hændel, Mozart, Spohr, Mendelssohn ; des fragments de *Tobie*, oratorio de Haydn ; enfin, le *Don Juan*, de Mozart. Les vrais *dilettanti* ont vu avec indignation passer des rafraîchissements durant l'exécution des plus grands chefs-d'œuvre.

Nous sommes obligé de remarquer que les Allemands, malgré leur bonne organisation musicale, mêlent souvent à cela des habitudes quelque peu matérielles. Ainsi, on tronque les opéras des anciens maîtres pour être libre à l'heure du souper ; on mange pendant les concerts, et, quand un festival a lieu, il n'excite qu'un enthousiasme assez tiède : celui dont nous parlons a laissé un déficit de 15,000 fr.

On a repris à Vienne l'opéra de Spohr, *Jessunda*.

En ce mois est mort à Munich le dernier descendant d'Orlando de Lassus.

Le 27, toujours en septembre, Stuttgart a vu une reprise de *Tarare*, opéra de Salieri, réorchestré par Lintpaintner et Eckert. Ils se sont mis à deux pour accomplir une profanation, contre laquelle Grétry s'élève de toutes ses forces dans ses *Essais sur la musique*.

Le numéro du 16 octobre des *Signale* donne une courte biographie de M. Reber.

En octobre, reprise à Vienne des *Mousquetaires de la Reine*, d'Halévy, et publication de la partition de *Féramors (Lalla Rouck)*, musique de Rubinstein. Cet ouvrage a été représenté à Dresde.

Je lis dans l'un des numéros de ce mois qu'une Société de capitalistes est en train de se fonder à Paris, dans le but de venir en aide aux directeurs de théâtre endettés. C'est là, sans doute, une pointe allemande.

M. Meyerbeer donne à dîner, au Moulin-Rouge, à quarante journalistes de la presse parisienne. Un compositeur de Wiesbaden, Aloyse Hennes, propose des leçons de piano par correspondance. — Cologne, le 27 octobre, exécution de l'oratorio de Beethoven, *le Christ au mont des Oliviers*. — *Les Signale* parlent d'un nouvel *échappement double* pour le piano, inventé par M. Auguste Wolff, notre trésorier.

A Leipzig, on joue l'ouverture de *Sémiramis*, de Catel. — A Berlin, première représentation de l'opéra *La Réole*, musique de Schmidt.

Le 23 octobre, on a exhumé à Währing, près Vienne, dont ce village forme l'un des faubourgs, les *restes de Beethoven et de Schubert*, afin de les mettre dans un nouveau caveau du cimetière de Währing. Il y a eu des protestations contre cet acte, de la part de quelques membres de la famille des illustres maîtres, protestations d'autant plus justes que certains amateurs enthousiastes ont emporté chez eux, comme reliques, l'un une boucle de cheveux de Schubert, un autre un pan de l'habit de Beethoven, etc.

A Breslau, on a exécuté, le 7 novembre, *la Destruction de Jérusalem*, oratorio de Ferdinand Hiller.

En fait d'inventions, un Américain du nom de *Hachenberg* annonce le *piano télégraphique*. En établissant des fils conducteurs dans les maisons des abonnés, ces derniers peuvent se donner des solos de piano à toute heure de la journée et sur leur propre instrument, rien qu'en poussant un bouton. De dix à quatre heures, musique sérieuse, concertos, etc. De quatre heures à minuit, valses, polkas, contredanses ; bref, toute sorte de musique légère.

Voici les titres des opéras joués en novembre, à Leipzig : *le Freyschütz*, *la Muette de Portici*, *Norma*, *les Puritains*, *le Maçon*, *Robert le Diable* ; *Faust*, de Gounod ; et *le Mariage aux lanternes*, d'Offenbach.

A Kœnigsberg, on a exécuté *la Fête d'Alexandre*, oratorio de Hændel.

Richard Wagner donne à Prague un concert, où il ne fait pas ses frais ; par contre, son opéra *le Voltigeur hollandais* est fort goûté. En quittant Prague, M. Wagner a dû se rendre à Dresde, où on lui préparait des triomphes. — Cette dernière ville a remis en scène *la Famille suisse*, de Weigl, ouvrage qui a bien cinquante ans de date, et dont les mélodies simples et faciles ont été fort goûtées dans le temps.

Les nouvelles parisiennes données par le journal de Leipzig sont les suivantes : M. Gounod n'est pas malade. — M. Félicien David a retiré de l'Opéra *la Captive*, pour porter sa partition au Théâtre-Lyrique, le sujet ayant trop de ressemblance avec celui de *l'Africaine* de M. Meyerbeer.

On parle aussi des *Troyens ;* mais je me suis dispensé de traduire cet alinéa, peu obligeant pour M. Berlioz.

Vous ne vous douteriez pas, Messieurs, que ces Allemands sont mieux au courant du ménage intérieur des théâtres de Paris que nousmêmes. J'avoue que j'ignorais tout à fait qu'à l'une des représentations de *Lalla Rouck*, après l'air du ténor, un monsieur très-bien, des stalles, s'était écrié : « Viens m'embrasser, Montaubry ! »

En Espagne, on continue d'écouter avec ravissement les solos de guitare dans les concerts.

M. Maier, bibliothécaire à Munich, a mis au jour deux opéras inédits de Scarlatti, *la Griselda* et *Laodicea e Berenice*; la première de ces deux partitions a été découverte parmi les manuscrits de la Bibliothèque impériale de Paris, l'autre à la Bibliothèque royale de Berlin.

Le *sénat de Hambourg* a refusé de voter 6,000 fr. pour baisser d'un demi-ton les instruments de l'orchestre; l'un des membres a fait la motion d'accorder seulement 3,000 fr. et de ne baisser que d'*un quart de ton*.

A Vienne, l'*Académie de chant* exécute le *Requiem pour Mignon*, de Robert.

A Leipzig, une autre œuvre de Schumann est mise au jour pour la première fois : c'est sa musique sur le *Manfred* de Shakespeare; on l'apprécie comme son ouvrage le plus complet; bref, comme son chef-d'œuvre.

Dans le même mois de novembre on entend, à Leipzig, *Israël en Égypte*, de Hændel.

Le journal *les Signale* range les nouvelles diverses sous la rubrique facétieuse de *majeur* et *mineur*. Il prétend que la liberté théâtrale en France aura comme effet inévitable l'anéantissement des *influences féminines*. Suit une note assez curieuse sur le Japon : dans ce pays, les théâtres ont trois rangées de loges; ces dernières si bien aménagées, que les dames peuvent y changer de toilette, ce qu'elles ne négligent pas de faire à chaque entr'acte.

Si vous êtes curieux, Messieurs, de connaître les modes artistiques de cet hiver, *les Signale* vous les donnent : *habit noir* quand les pianistes exécutent des sonates, concertos avec orchestre, et *habit vert* quand ils jouent leurs propres compositions.

En novembre, Richard Wagner se trouvait à Carlsruhe, où la cour avait l'intention de le fixer, si les conditions du compositeur avaient été plus modestes. M. Wagner demandait d'abord 18,000 fr. par an et sa vie durant, être logé gratuitement au château, sa loge spéciale au théâtre, et un équipage de la cour à sa disposition. Le journaliste ajoute malicieusement qu'on aurait accordé tout cela, si M. Wagner n'y eût mis une petite condition additionnelle, celle d'exécuter son opéra de *Tristan* dans un délai prochain.

Levassor donne à Vienne huit représentations; il est goûté médiocrement, parce qu'au même théâtre on possède un imitateur de Levassor, imitateur très-fort, auquel le public s'était fait, de sorte que le modèle a paru faible à côté de sa copie.

A Vienne, les concerts des virtuoses passent de mode; on s'acharne après les maîtres anciens, surtout Bach.

M. Brahms, l'une des étoiles actuelles de l'Allemagne, comme compositeur, est nommé directeur de l'Académie de chant à Vienne. — A Hambourg, le 26 novembre, exécution de l'oratorio *le Messie*, de Hændel; il y avait tant d'auditeurs que, non-seulement l'*Alleluia* s'est chanté devant le public debout (ce qui est traditionnel), mais à peu près tout l'oratorio, vu le manque de places. Mmes Titjens et Joachim chantaient les solos avec MM. Stockhausen et Brunner.

Dans le courant de ce mois, on a entendu à Londres l'oratorio *Élie*, de Mendelssohn, *le Messie* et *Judas Macchabée*, de Hændel.

En fait de nouvelles de Paris, on annonce l'apparition prochaine de *l'Africaine*, M. Meyerbeer se trouvant la main forcée par la veuve de M. Scribe, qui réclame 60,000 fr. de dommages-intérêts si l'ouvrage ne paraît pas en scène dans le courant de la saison de 1864.

La *Société de chant de Leipzig* a exécuté *la Cloche*, de Romberg; c'est une espèce d'ode symphonie, peu connue à Paris, et dont le mérite musical est assez contestable.

Le 8 décembre 1863, on a repris à Berlin l'*Orphée* de Gluck.

La *Société philharmonique* de Vienne a dit avec succès une symphonie de Rubinstein intitulée *Océan*.

Le 2 du même mois, Mme Schumann a joué, à Schwerin, différentes compositions de son mari; on a fait une véritable ovation à la célèbre pianiste allemande.

Le baryton *Pischek* est fêté au théâtre de Stuttgart comme un maître chanteur.

Le théâtre de Cobourg vient de donner un opéra nouveau en trois actes, *la Malédiction du chanteur*, musique de Langer.

Le 3 décembre courant, on a chanté, à Dusseldorf, *le Messie*, de Hændel.

Nouvelles parisiennes. Ne souriez pas à ce titre, Messieurs; il est très-curieux de voir de quelle façon on parle de Paris en Allemagne. Ainsi vous ne saviez peut-être pas plus que moi qu'à la salle de la Sorbonne une demoiselle Clémence Laval a joué ce mois-ci un morceau de piano de sa composition, intitulé *Regrets*, et qu'*elle a fait fureur.*

Les *Signale* reproduisent tout au long, en allemand, bien entendu, l'adresse à l'Empereur signée de quatre-vingts compositeurs de musique, dont MM. Auber, Meyerbeer, F. David, Gounod, Carafa. L'énumération s'arrête là. Le journal approuve fortement cet envoi (1).

M. F. Hiller a publié une opérette *sans texte*, à quatre mains. Je regrette que la moindre analyse ne soit jointe à cette composition, pour

______
(1) Voyez page 59.

vous mettre au courant de l'action dramatique de cette pièce d'un nouveau genre.

Je viens de vous lire, Messieurs, des éphémérides musicales, travail ingrat s'il en fut jamais, parce que sa première qualité est la brièveté; or, cette qualité touche de si près à la sécheresse, qu'il m'était bien difficile de suivre mon chemin sans broncher.

En parcourant ces cinq cents pages de texte serré, de cette phraséologie à perte de vue, particulière à la langue allemande, j'ai encore lu autre chose que des nouvelles diverses : je veux parler de l'impression générale. Voici ce qui ressort incontestablement de cette lecture : le mouvement actuel de la musique en Allemagne se résume en une sorte d'antagonisme entre la mélodie et l'harmonie, ces deux sœurs presque jumelles, destinées à vivre éternellement sous le même toit; bref, ce sont deux camps se disputant le *génie*.

Que l'harmonie soit en progrès, je l'admets volontiers, car je ne considère pas notre génération comme un peuple d'écrevisses; mais je mets une immense parenthèse entre la bizarrerie, le parti pris, l'aberration harmonique et l'*inspiration*.

Cette dernière procède de la vérité avant tout, et je ne vois pas la nécessité d'une enfilade de septièmes de toute espèce et de cadences rompues *pour dire bonjour à un ami*.

Je voudrais savoir si les compositeurs qui se complaisent à n'être jamais dans aucun ton, je voudrais savoir, dis-je, si ces compositeurs produiraient une œuvre bien remarquable, n'ayant à leur disposition que l'accord parfait et son premier renversement? Eh bien, Messieurs, vous savez que c'étaient là les éléments avec lesquels Palestrina et tant d'illustres maîtres de l'ancienne école italienne se sont acquis un nom impérissable en écrivant des chefs-d'œuvre.

Je m'arrête tout court, car je n'ai nullement l'intention de traiter à fond cette question ; je rappellerai seulement, en terminant, que *la musique n'est point un enfant de l'harmonie :* c'est la mélodie qui lui a donné le jour; c'est elle, cette divine inspiration, qui a bercé son enfant dès la naissance du monde, qui lui donna des ailes sous le nom de fantaisie, et un *mentor* sous le nom d'harmonie.

Or, si cette harmonie est fille du ciel, comme disent les poètes, c'est que la mélodie est le ciel lui-même.

LECTURE ET EXPÉRIENCES SUR L'ÉTUDE OPTIQUE DES SONS

PAR M. LISSAJOUS.

La *Société des Compositeurs*, dans sa séance du 26 décembre, a bien voulu faire trêve à ses travaux habituels pour prendre connaissance d'une méthode nouvelle destinée à rendre possible l'étude des sons à l'aide de l'œil. L'attention bienveillante de la Société pour l'exposé d'un travail qui ne touche que de loin à la musique, nous a vivement touché. Nous y avons trouvé une fois de plus la preuve que l'art et la science ne sont point incompatibles, et que les intelligences d'élite ne se renferment pas systématiquement dans des spécialités restreintes. L'art et la science n'ont qu'à gagner dans cette confraternité courtoise, et si elle pouvait se développer sous le patronage de la *Société des Compositeurs*, bien des difficultés qui sont aujourd'hui pendantes pourraient s'aplanir, ce qui ne serait pas sans intérêt pour l'enseignement scientifique et pour l'enseignement musical. Sans insister davantage sur ce point, nous entrons en matière.

Les sons ont leur origine dans un mouvement particulier des corps élastiques, le mouvement vibratoire. Ce principe peut se démontrer d'une foule de manières ; un des moyens les plus simples est le suivant : Prenons un diapason et fixons à l'une de ses branches une petite lame de métal mince taillée en pointe, ou même un fragment aigu découpé dans une plume, et faisons sonner le diapason ; puis appuyons la pointe sur une lame de zinc enduite de noir de fumée, et tirons vivement à nous le diapason de façon qu'il se meuve dans une direction qui soit parallèle à la longueur des branches : nous verrons que la pointe a laissé sur la lame une trace sinueuse ou une espèce de dentelure analogue à celle d'un feston de broderie. Cette dentelure n'a pu se produire que par un mouvement d'oscillation de la branche, pendant le mouvement de progression du diapason.

Toutes les fois que le diapason résonne, on voit cette dentelure se former ; elle est d'autant plus ample que le son est plus intense, d'autant plus restreinte dans son amplitude que le son est plus affaibli. Elle indique donc que le son ne peut se produire sans que les branches du diapason oscillent de part et d'autre de leur position d'équilibre. C'est aussi à cette oscillation même que le son est dû.

L'étude du mouvement oscillatoire présente un vif intérêt, car toutes les particularités de ce mouvement donnent lieu à des impressions correspondantes sur l'organe auditif ; et en remontant à la cause même des sensations que l'oreille perçoit, nous devons nous éclairer sur la fidélité que cet organe présente dans ses appréciations.

Le son, étant un mouvement, doit pouvoir être étudié à l'aide de l'œil ; malheureusement ce mouvement est tellement rapide qu'il ne produit sur l'œil qu'une impression confuse. Heureusement certains artifices permettent de changer cette perception confuse et fugitive en une impression nette et persistante, et, par un heureux hasard, c'est précisément dans la comparaison des sons présentant les intervalles fondamentaux de la musique que cet effet se produit avec le plus de netteté.

L'appareil le plus commode pour ce genre d'expérience est le diapason. Tout l'artifice nécessaire pour rendre les sons en quelque sorte visibles consiste à coller sur l'une des branches, vers l'extrémité de la face convexe, un miroir plan ; pour que ce miroir ne gêne pas la vibration, on l'équilibre à l'aide d'un contre-poids placé sur l'autre branche.

Le diapason ainsi disposé peut facilement servir à mettre en évidence la cause première du mouvement vibratoire. A cet effet, on prend une source puissante de lumière (soleil ou lumière électrique), on fait passer un faisceau éteint par une ouverture, et on le dirige sur le miroir ; le diapason étant tenu dans la position verticale, on rejette ensuite le rayon sur un miroir tenu à la main, et de là on le renvoie sur un écran de papier blanc placé à plusieurs mètres de distance. Pour empêcher le faisceau de diverger et concentrer en un point la trace qu'il donne sur l'écran, on a soin de placer entre le diapason et le corps éclairant une lentille convergente d'un foyer convenable. Dès qu'on fait vibrer le diapason, le point lumineux se convertit en une ligne lumineuse verticale, dont la longueur croît avec l'intensité du son. Cet effet est facile à expliquer : Lorsque le diapason vibre, le miroir oscille et s'incline tantôt en avant, tantôt en arrière ; le rayon réfléchi éprouve le même mouvement et vient frapper l'écran, tantôt plus haut, tantôt plus bas ; seulement ce mouvement d'oscillation s'effectue avec une telle rapidité que l'œil, au lieu de voir le point lumineux monter et descendre sur l'écran, le voit à la fois dans toutes les positions qu'il occupe successivement. C'est en effet un fait bien connu que les impressions visuelles ne cessent pas immédiatement après leur production. Il s'écoule environ un quinzième de seconde entre le moment où l'œil est frappé par la lumière et le moment où l'impression s'éteint. Par conséquent, il suffit que le diapason effectue plus de quinze oscillations complètes, aller et retour, dans une seconde, pour que le trajet parcouru par le point lumineux reste éclairé dans toute son étendue.

Si l'on profite du moment où le diapason vibre, pour déplacer le rayon réfléchi dans le sens horizontal en faisant tourner le deuxième miroir, alors la pointe du faisceau lumineux, au lieu d'osciller au même point de l'écran, oscille dans des régions de plus en plus éloignées du point

de départ, et décrit une succession de sinuosités que l'œil voit illumi-
nées simultanément. Cette expérience démontre donc de la façon la plus
nette la cause première du son, c'est-à-dire le mouvement oscillatoire
du corps sonore.

Pour comparer les sons entre eux, l'expérience se dispose autrement.
On place les deux diapasons à comparer l'un vis-à-vis de l'autre, de façon que leurs miroirs soient en regard ; seulement, le plan des branches
pour l'un des diapasons est vertical, il est horizontal pour l'autre.

Un faisceau de lumière parti de la lampe électrique tombe sur le
premier miroir, et de là sur l'écran ; une lentille placée sur le trajet du
faisceau en concentre les rayons de manière à donner sur l'écran une
image circulaire, nette et brillante. Si l'on fait vibrer le diapason vertical
seulement, on obtient sur l'écran une ligne lumineuse verticale produite
par l'oscillation rapide du faisceau de lumière dans le sens vertical ; si
l'on fait vibrer le diapason horizontal seulement, il se produit une
ligne horizontale ; si l'on fait vibrer les deux diapasons à la fois, l'image
se meut sur l'écran dans le sens horizontal et dans le sens vertical à
la fois, et devient dans son mouvement une courbe fermée dont la forme
dépend du rapport des deux sens. Cette courbe apparaît en traits de feu
sur l'écran.

Si les diapasons sont à l'unisson, ils exécutent le même nombre de
vibrations dans le même temps : la figure obtenue est alors une ligne
droite ou une ellipse, qui peut parfois devenir un cercle parfait. Les
diverses figures données par des diapasons à l'unisson sont représentées
dans la planche A. Dans le cas où l'unisson est parfaitement rigoureux,
celle des figures obtenue au début se maintient pendant toute la durée de la vibration, en éprouvant dans ses dimensions une diminution
progressive en rapport avec la diminution d'amplitude des vibrations
elles-mêmes.

Si l'accord des deux diapasons n'est pas rigoureux, la figure se transforme progressivement, et passe par toutes les formes successives
indiquées au tableau. Cette transformation est d'autant plus rapide que
le désaccord est plus grand, et elle fournit la mesure exacte du désaccord. En effet, chaque fois que la figure, après avoir passé par le cycle
complet de ses transformations, reprend sa forme primitive, on est sûr
que l'un des diapasons a exécuté une vibration complète de plus que
l'autre. Ainsi, s'il faut 60" pour que la figure primitive se reproduise,
l'un des diapasons fait dans 60" une vibration double de plus que
l'autre. Si l'on opère par exemple sur des diapasons dont l'un donne le
la normal de 870 vibrations simples, ou 435 vibrations doubles par
seconde, il y a donc un désaccord entre ces deux diapasons égal à

Étude optique des mouvements vibratoires; par M. Lissajous.

Courbes obtenues par la composition optique de deux mouvements vibratoires de directions rectangulaires (fig. 11.)

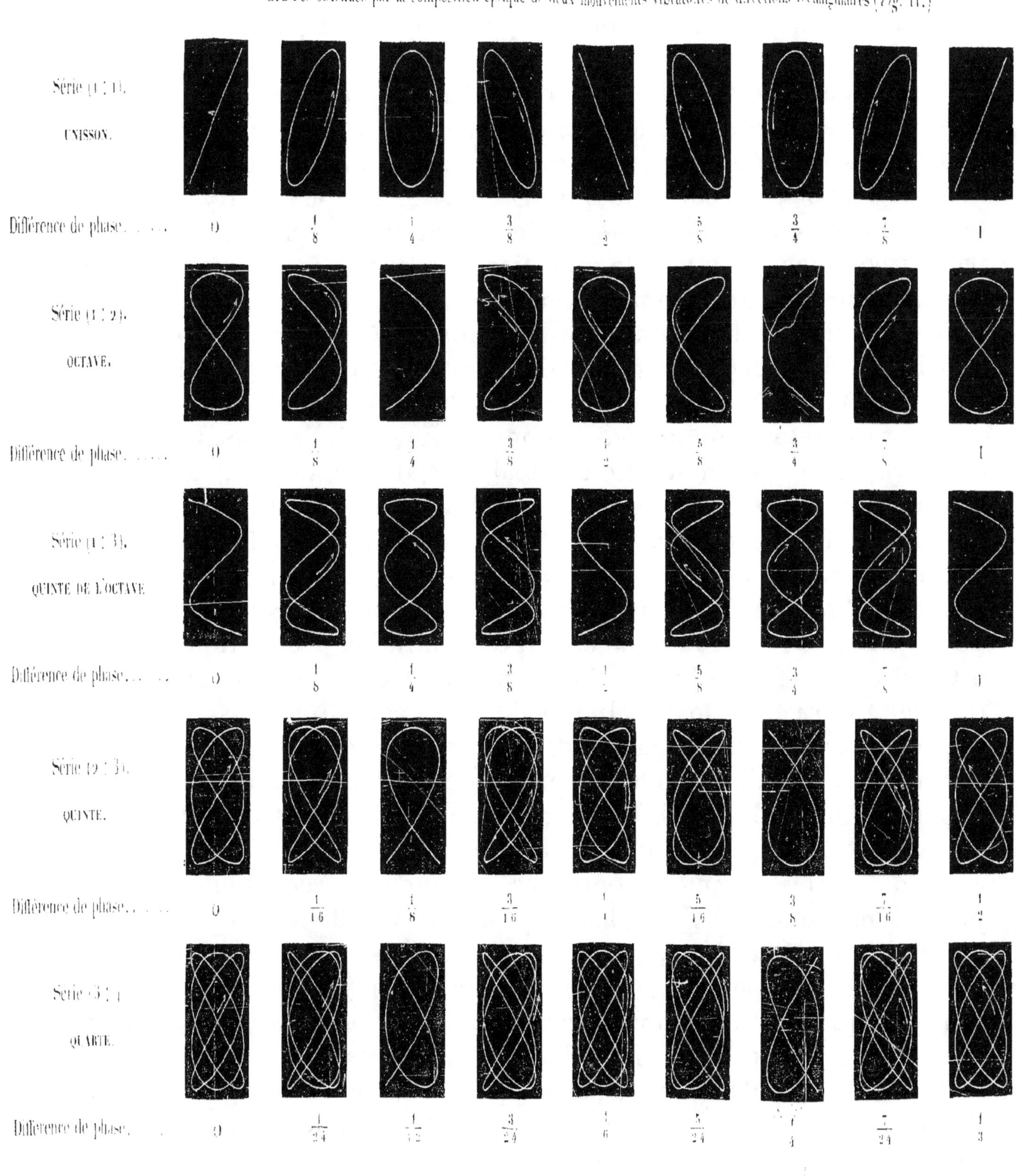

Série (1 : 1).
UNISSON.

Différence de phase. . . . . . 0 | $\frac{1}{8}$ | $\frac{1}{4}$ | $\frac{3}{8}$ | $\frac{1}{2}$ | $\frac{5}{8}$ | $\frac{3}{4}$ | $\frac{7}{8}$ | 1

Série (1 : 2).
OCTAVE.

Différence de phase. . . . . . 0 | $\frac{1}{8}$ | $\frac{1}{4}$ | $\frac{3}{8}$ | $\frac{1}{2}$ | $\frac{5}{8}$ | $\frac{3}{4}$ | $\frac{7}{8}$ | 1

Série (1 : 3).
QUINTE DE L'OCTAVE.

Différence de phase. . . . . . 0 | $\frac{1}{8}$ | $\frac{1}{4}$ | $\frac{3}{8}$ | $\frac{1}{2}$ | $\frac{5}{8}$ | $\frac{3}{4}$ | $\frac{7}{8}$ | 1

Série (2 : 3).
QUINTE.

Différence de phase. . . . . . 0 | $\frac{1}{16}$ | $\frac{1}{8}$ | $\frac{3}{16}$ | $\frac{1}{4}$ | $\frac{5}{16}$ | $\frac{3}{8}$ | $\frac{7}{16}$ | $\frac{1}{2}$

Série (3 : 4).
QUARTE.

Différence de phase. 0 | $\frac{1}{24}$ | $\frac{1}{12}$ | $\frac{3}{24}$ | $\frac{1}{6}$ | $\frac{5}{24}$ | $\frac{1}{4}$ | $\frac{7}{24}$ | $\frac{1}{3}$

1 vibration sur 435×60 ou $\frac{1}{26,100}$. Ces nombres donnent une idée de la sensibilité de la méthode.

Dans le système d'expériences que nous décrivons, chaque intervalle musical a sa représentation optique ; le Tableau nous montre les figures de l'octave, de la quinte, de la tierce majeure ; et dans chacun de ces cas, comme dans celui de l'unisson, le désaccord se manifeste par une transformation progressive de la figure, l'accord par la persistance de la figure initiale.

Il peut paraître singulier au premier abord qu'à un seul et même intervalle musical correspondent plusieurs figures. Cet effet est dû à ce que deux corps vibrants peuvent être rigoureusement d'accord, soit à l'unisson, soit à l'octave, soit à la quinte, etc..., et cependant vibrer de telle façon que le commencement de la vibration de l'un corresponde non pas au commencement de la vibration de l'autre, mais à un point intermédiaire éloigné du commencement d'une quantité égale à une fraction plus ou moins grande de la vibration totale. Cette fraction est ce qu'on appelle la différence de phase des deux mouvements vibratoires, et c'est elle qui détermine la forme particulière de la figure.

Il est utile de reconnaître, indépendamment de la sensation produite sur l'oreille, à quel intervalle musical on a affaire, car, par une heureuse circonstance, on trouve inscrits dans la figure les deux nombres qui caractérisent le rapport numérique des sons soumis à l'expérience. Par exemple, si le rapport est celui de 2 à 3 (quinte), et si le diapason vertical fait 2 vibrations pendant que le diapason horizontal en fait 3, le point lumineux dont le mouvement détermine la production de la figure atteindra deux fois la limite de son excursion dans le sens vertical, tandis qu'il atteindra trois fois la limite de son excursion dans le sens horizontal. Cette figure présentera donc deux sommets arrondis à sa partie supérieure, tandis qu'elle en présentera trois à sa partie droite ou gauche. Ainsi, les nombres caractérisant le rapport des sons seront en quelque sorte inscrits dans la figure.

Tels sont les caractères optiques auxquels se reconnaissent les rapports numériques des sons ; les diapasons armés de miroirs ne sont qu'un moyen particulier de réaliser les expériences sur une grande échelle. Mais la méthode peut se généraliser par un moyen simple que nous allons indiquer. Pour comparer en effet deux sons entre eux, il suffit de les comparer à un troisième arbitrairement choisi, et ce troisième son est obtenu à l'aide d'un diapason qui porte à l'une de ses extrémités l'objectif d'un microscope ; ce diapason est fixé sur un support qui soutient l'oculaire du même microscope. Les deux verres sont placés en regard l'un de l'autre dans la position qu'ils occuperaient si le microscope était monté à la manière ordinaire, et le tuyau même qui porte l'oculaire se prolonge jusqu'à quelques millimètres de l'objectif, mais sans le toucher. C'est à l'aide de cet appareil qu'on regarde le corps vibrant que l'on veut étudier, et on a eu soin préalablement de produire sur la surface quelque éraillure que l'on éclaire de façon à lui donner dans le champ du microscope l'apparence d'un point brillant. Si l'on fait vibrer le diapason, l'objectif qu'il porte vibre aussi, et le point brillant se convertit dans le microscope en une ligne lumineuse perpendiculaire aux branches du diapason. Si au contraire on fait vibrer le corps sonore seulement, on a une ligne lumineuse, et l'on peut, en déplaçant le microscope, amener cette ligne à avoir une direction perpendiculaire à l'autre. Faisons maintenant vibrer à la fois le corps et le diapason, et nous aurons la courbe lumineuse produite par la combinaison des deux mouvements, courbe caractéristique de l'intervalle duquel on s'occupe. On peut ainsi comparer au diapason du microscope tels corps sonores que l'on voudra, cadres, timbres, plaques membranes; et de cette comparaison on déduira le rapport que les sons de ces corps ont entre eux.

C'est par ce moyen que sont comparés au diapason type déposé au Conservatoire impérial de Musique tous les diapasons qui sont livrés au commerce avec le poinçon officiel.

Parmi les phénomènes qui se présentent dans l'étude des sons, il en est un qui est bien connu des musiciens : c'est le phénomène du battement. Il est dû à la concordance et à la discordance périodiques des mouvements vibratoires communiqués à l'air par deux corps sonores dont l'accord est légèrement altéré.

Ce phénomène a dans la méthode optique d'étude des sons une représentation curieuse. Supposons, en effet, qu'on opère avec deux diapasons à miroir, et qu'au lieu de les placer rectangulairement, on les dispose tous deux dans la direction verticale, en les faisant vibrer on aura sur l'écran une ligne lumineuse dans laquelle les deux mouvements oscillatoires se composeront, et, si l'accord n'est pas irréprochable, on verra la ligne éprouver des allongements et raccourcissements alternatifs dans lesquels chaque pulsation complète correspondra à un battement.

Cette méthode peut également servir à contrôler le jugement de l'oreille; elle donne en effet le moyen de comparer avec certitude les mouvements vibratoires des corps sonores, et à reconnaître par cela même dans quelles circonstances l'oreille même la plus exercée est induite en erreur, dans quelles conditions au contraire l'oreille même la moins musicale peut être fidèle et sensible.　　　J. Lissajous.

—————

SÉANCE ANNUELLE (7° *bis*).

30 JANVIER 1864.

SOMMAIRE :

1. Rapport sur l'état de la Société, par M. Eugène Ortolan, secrétaire adjoint.
2. Tirage au sort (conformément à l'article 18 des Statuts) des cinq membres sortants (du Comité).
3. Election de cinq membres du Comité.

RAPPORT

Fait à l'Assemblée générale de la Société des Compositeurs de musique, le samedi 30 janvier 1864, au nom du Comité

PAR M. EUGÈNE ORTOLAN, SECRÉTAIRE-ADJOINT.

MESSIEURS ET CHERS CONFRÈRES,

Au moment où va se terminer la première année depuis la fondation de la *Société des Compositeurs de musique*, et où vous êtes appelés, conformément à nos règlements, à renouveler en partie les membres du Comité d'administration, vos délégués vous doivent compte de l'accomplissement du mandat que vous leur avez donné. Mes collègues m'ont confié le soin de vous présenter un rapport sur les travaux de l'année, et je vais, en leur nom, m'acquitter de cette tâche, que votre bienveillance voudra sans doute me rendre plus facile.

Mais, avant de vous dire ce que nous avons fait, permettez-moi de vous rappeler brièvement l'origine de notre association, et le but qu'elle se propose.

Depuis longtemps déjà, bien avant la formation de notre Société, la plupart d'entre nous éprouvaient le désir de se créer un point de réunion où il fût toujours possible de se retrouver. Ceux qui, à peu près du même âge, s'étaient connus dans la communauté de leurs premières études, s'étaient souvent perdus de vue ; depuis ce moment, entraînés de côtés différents par leurs occupations, ils ne se rencontraient plus guère qu'à des intervalles éloignés, par hasard. Quant à leurs aînés dans la carrière de l'art, et à ceux qui les avaient suivis, ils n'avaient pas avec eux de lien nécessaire.

Préoccupés de cette idée, quelques-uns des membres actuels de la

Société se réunirent, vers le milieu de l'année 1862, dans l'un des salons du café Grétry, un nom de bon augure, pour aviser aux moyens de réaliser une association des compositeurs de musique. Après s'être communiqué leurs sentiments à ce sujet et avoir posé les bases de l'association, ils se séparèrent au moment des vacances, en convenant de se revoir à la rentrée, augmentés de tous les adhérents que chacun chercherait de son côté.

Un projet de règlement fut discuté entre les nouveaux associés, puis définitivement adopté; et enfin, le 6 décembre 1862, un Comité d'administration fut élu. Telle est l'origine de la *Société des Compositeurs de musique*, qui comptait alors 49 membres.

L'objet de cette Société n'est pas le même que celui de l'association des auteurs dramatiques. Celle-ci se propose principalement de régler de justes conditions rémunératoires entre les auteurs et les directeurs de théâtre, et elle se charge d'effectuer les perceptions; elle n'admet donc dans son sein que les compositeurs d'ouvrages lyriques : tous ceux d'entre nous qui écrivent pour le théâtre appartiennent à cette association, et ils ont toujours trouvé auprès de leurs confrères des lettres un accueil sympathique, non moins qu'un concours actif pour le maintien de leurs droits. C'est surtout au moment où un nouveau régime des théâtres est appelé à multiplier les rapports des directeurs et des auteurs dramatiques, qu'il appartient à ceux-ci, tant littérateurs que compositeurs, de conserver l'union nécessaire à la protection réciproque de leurs intérêts légitimes.

Quant à la *Société des Compositeurs de musique*, elle appelle tous ceux qui cultivent une branche quelconque de la composition musicale, sans aucune distinction; elle comprend tous les genres : composition religieuse, symphonique ou lyrique; musique instrumentale et vocale; musique de chambre; compositions pour des instruments traités en solo; musique chorale; plain-chant; études didactiques; archéologie et littérature musicales; en un mot, tout ce qui peut contribuer au développement de l'art si complexe du compositeur.

Le but de la Société est résumé dans l'article 1er de nos statuts :

« Fonder un centre permanent de réunion pour établir et maintenir entre les compositeurs de musique des relations sympathiques et suivies; — sauvegarder, par une entente cordiale, tous les intérêts artistiques des sociétaires; — donner, enfin, une impulsion puissante et féconde à l'art musical. »

Je ne saurais mieux dire que de répéter ici quelques-unes des paroles que nous a adressées, à ce sujet, notre président, dans la première de nos réunions. Après avoir examiné successivement les avantages de l'association, au point de vue des intérêts matériels comme à celui des intérêts les plus élevés de l'art, M. Ambroise Thomas ajoutait :

« Il est une autre considération qui, je l'avoue, me touche peut-être plus encore : c'est la bonne confraternité qui doit naître de nos rapports assidus. Quelques-uns de nous étaient liés déjà par d'anciennes et amicales relations ; d'autres s'appréciaient, s'estimaient sans se connaître. En nous réunissant, en nous voyant souvent, nous apprendrons tous à nous connaître mieux, à nous aimer davantage. Un groupe bienveillant sera toujours prêt à applaudir à nos succès, prêt à nous consoler dans nos défaites. — Non, Messieurs, ce n'est point à une assemblée comme la nôtre que l'on pourra donner le nom de coterie. Une coterie est un faisceau de préjugés et d'ambitions mesquines. Notre association, c'est la réunion des amis du grand art, cherchant à aplanir les difficultés pour ceux qui entrent dans la carrière, et à soutenir le courage de ceux qui ont déjà lutté beaucoup, et qui auront à lutter encore. »

La première démarche de votre Comité, qui n'a fait, en cela, que se rendre l'interprète des sentiments de tous, a été de réclamer pour l'association le patronage du compositeur éminent que l'école française s'honore d'avoir pour chef. M. Auber a gracieusement accepté le titre de président d'honneur de la Société. Parmi les membres du Comité, M. Ambroise Thomas a bien voulu se charger de la présidence active, qui lui a été unanimement offerte ; M. le prince Poniatowski et M. Bazin ont été nommés vice-présidents ; les diverses fonctions du bureau ont été réparties entre les autres délégués.

Le Comité a dû s'occuper ensuite du soin de solliciter la reconnaissance légale de la Société. Les formalités relatives à ce point important ont nécessité quelques délais, et ce n'est que le 4 avril que nous avons reçu l'autorisation administrative de nous constituer. Cette autorisation, qui nous donne désormais une existence régulière, nous a été accordée d'après une décision concertée entre LL. EExc. M. le ministre d'Etat et M. le ministre de l'instruction publique et des cultes. Il est utile de remarquer, à ce sujet, qu'en approuvant nos statuts, l'arrêté qui nous autorise nous interdit d'y rien changer sans requérir une nouvelle approbation. Cette disposition doit nous engager à ne pas faire légèrement appel à l'article 43 de notre acte de société, en vertu duquel les statuts peuvent toujours être révisés du consentement des deux tiers des membres effectifs, présents en assemblée générale convoquée à cet effet. Mais enfin, et c'est là le fait essentiel, notre Société est actuellement reconnue et autorisée par l'administration, sur l'avis conforme des ministres compétents.

Tandis que nous étions en instance pour obtenir notre autorisation, nous organisions les séances mensuelles et hebdomadaires, ainsi que la bibliothèque de la Société, dont il est fait mention dans nos statuts.

En ce qui concerne les séances mensuelles, le Comité a pensé que des lectures sur des sujets relatifs aux diverses parties de l'art musical présenteraient pour nous tous un attrait plus réel que l'audition d'œuvres instrumentales ou vocales. Nous avons donc accordé une part beaucoup plus restreinte à ces dernières, et nous avons cru ne devoir les admettre qu'autant que, par leur nature, elles pourraient nous offrir un but sérieux. Le Comité a, d'ailleurs, fait tous ses efforts pour rendre le programme des séances aussi intéressant et aussi varié que possible, et il doit adresser ici, en votre nom, des remerciements aux hommes de talent qui ont bien voulu lui prêter leur concours.

Quant aux séances hebdomadaires, que nous appelons nos samedis intimes, elles sont destinées, comme vous le savez, à nous offrir une occasion de réunion qui nous permette de nous connaître, d'échanger nos idées, de nous communiquer nos impressions, de nous entretenir de nos intérêts, et surtout de nous encourager mutuellement en nous faisant part de nos travaux et de nos productions. On a exécuté en tout onze morceaux, répartis entre trente samedis environ (1).

Je ne sais, Messieurs, si vous partagerez sur ce point le sentiment du Comité ; mais, dans son opinion, il est regrettable que nos séances hebdomadaires réunissent quelquefois un trop petit nombre de confrères, et ne leur aient fait connaître que si peu d'œuvres nouvelles. Cependant ces réunions intimes sont, en quelque sorte, l'âme de la Société ; plus que les séances mensuelles, elles peuvent contribuer à développer des relations amicales et artistiques entre les membres de l'association, précisément par cela même qu'elles sont moins solennelles : si elles n'offrent pas un public très-nombreux, elles donnent toujours à l'auteur la certitude d'être apprécié par des auditeurs spécialement compétents et dont la sympathie comme les encouragements et les bons conseils lui sont acquis d'avance.

Il est donc très-désirable de voir nos samedis ordinaires plus généralement suivis par chacun de nous, et occupés par des auditions musicales plus fréquentes. Nous vous convions tous à y participer le plus possible, tour à tour, en qualité d'auteurs et d'exécutants ; mais c'est là un vœu que le Comité ne peut que vous soumettre, et qu'il n'appartient qu'à vous de réaliser.

Le chapitre 6 de nos statuts est relatif à la formation d'une bibliothèque.

(1) Voir les deux premiers numéros de nos *Bulletins*

Le choix du bibliothécaire nous était indiqué d'avance : cette fonction revenait de droit à notre collègue Wekerlin, dont les travaux bibliographiques sont connus de chacun de vous.

Le fonds de la bibliothèque doit être formé, dit l'article 39, par des dons volontaires, par le dépôt des œuvres des sociétaires, et enfin par des acquisitions aux frais de la Société.

Votre bibliothèque a reçu, cette année, les dons suivants :

OUVRAGES DIVERS.

Essais sur la musique, par Grétry ; 3 vol. donnés par M. Wolff.

Voyage d'un mélomane à travers l'Exposition universelle de Londres, par M. le comte Ad. de Pontécoulant ; offert par l'auteur.

Histoire de la musique et *Histoire des musiciens de la Bourgogne*, par M. Ch. Poisot ; offerts par l'auteur.

Histoire de la musique religieuse et *Traité de plain-chant*, par M. Félix Clément ; offerts par l'auteur.

Histoire de la Société des concerts, par M. Elwart ; offert par l'auteur.

Technie, ou Lois générales du système harmonique, par M. le comte Durutte ; offert par l'auteur.

PARTITIONS RÉDUITES AU PIANO, OFFERTES PAR DIFFÉRENTS ÉDITEURS DE MUSIQUE.

Les Saisons, de Haydn ; donné par M. Heugel.

La Servante-maîtresse, de Pergolèse, et *Zémir et Azor*, de Grétry, donnés par M. Girod.

Les Troyens, de M. Berlioz ; donné par M. Choudens.

Le Tannhauser, de Wagner ; donné par M. Flaxland.

Le Maître de chapelle, de Paër ; donné par M. Colombier.

PARTITIONS D'ORCHESTRE.

Le Château de la Barbe-Bleue, opéra-comique en trois actes, par M. Limnander ; offert par l'auteur.

Symphonie en si bémol et *Concerto* avec orchestre, par M. L. Kreutzer, offerts par l'auteur.

Les ouvrages déposés par les sociétaires s'élèvent à un peu plus de soixante, parmi lesquels il n'y a pas une seule grande partition.

On trouvera peut-être ce chiffre bien minime, si l'on se rappelle les dispositions de l'article 40 de nos statuts, d'après lequel les membres actifs doivent remettre à la bibliothèque un exemplaire des ouvrages qu'ils auront publiés depuis leur admission, et principalement les partitions d'orchestre. C'est que cette obligation n'a pas été exactement remplie par tous les associés, malgré les avis réitérés de votre bliothécaire. L'utilité de ce dépôt n'a sans doute pas été généralement saisie. Il ne s'agit pas d'entasser sans but des volumes dans une armoire : la Société s'était proposé d'avoir à proximité une collection dans laquelle chacun de nous pût toujours consulter telle ou telle œuvre, soit pour l'exécuter à nos samedis intimes, en tout ou par fragments, soit pour y étudier personnellement quelque tour mélodique piquant, une harmonie nouvelle, des coupes originales et peu employées. Ce dépôt, régulièrement accompli, présenterait, au bout d'un certain laps de temps, le résumé complet du mouvement musical en France. J'ajouterai, de plus, qu'il pourrait fournir des pièces de conviction, en cas de contrefaçon, car toutes les œuvres sont exactement datées et soigneusement inscrites sur un registre spécial, tenu par M. Wekerlin. Nous ne saurions donc trop vous engager, Messieurs, à hâter la remise de vos œuvres à la bibliothèque.

Le Comité a décidé qu'une somme de 100 fr. serait mise à la disposition du bibliothécaire pour achats d'ouvrages, reliures et aménagements divers.

Sur cette somme, 20 fr. ont été consacrés à l'acquisition de la grande partition du *Pré-aux-Clercs*, dans une vente qui a eu lieu dernièrement à Strasbourg ;

5 fr. pour l'*Euridice* de Jacopo Peri, ce premier essai de la musique dramatique, fait en 1600, dont vous a entretenus M. Gevaërt dans son *Étude sur l'origine et la forme de l'air* pendant la première période de l'opéra italien ;

4 fr. pour 3 volumes intitulés *Parodies bachiques*, publiés par Ballard (1700 à 1702).

Quant aux journaux, nous ne recevons, jusqu'à présent, que *les Signale* de Leipsig, qui nous parvient régulièrement. Mais votre bibliothécaire se propose de faire des démarches pour obtenir, de plus, un journal italien et un journal anglais.

En résumé, messieurs, la bibliothèque se compose de 83 numéros, et nous avons tout lieu d'espérer un prompt accroissement de ce nombre, si vous voulez bien donner toutes vos œuvres.

Le compte rendu des opérations de la Société me conduit à vous entretenir de la question financière. A ces mots de *question financière*, vous éprouvez peut-être quelque appréhension ; vous vous imaginez que le rapporteur va sortir de sa poche une longue liste de dépenses, et la déployer à vos yeux comme Leporello déroule devant dona Elvira le catalogue interminable des succès de Don Juan ; vous croyez voir l'orateur embarrassé faisant des efforts pour justifier devant l'assemblée la nécessité de chaque emprunt fait au fonds social ; vous craignez qu'après mainte précaution oratoire , il n'arrive à exposer une situation difficile , et à conclure enfin par un nouvel appel de fonds? J'ai hâte de vous rassurer, Messieurs , il n'en est heureusement rien.

Si nous avons trouvé un bibliothécaire des plus zélés , nous avons su rencontrer un trésorier modèle ; je serais plus exact de dire un *donateur perpétuel*. Je cherche en vain , sur le compte de M. Wolff, le chiffre des dépenses indiquées à l'article 37 de nos statuts : frais de loyer, éclairage et chauffage du local, frais de service, frais de bureau. Je cherche, et je ne trouve que des zéros dans la colonne. C'est le trésorier qui a pourvu à tout.

De cette manière , l'exposé de notre budget devient facile.

Les recettes se composent de 136 cotisations à 10 fr. chaque , soit. . . . . 1.360 fr. »

plus une somme de. . . . . 88 fr. »

payée par les divers membres du Comité, à titre d'amendes, les jours assez rares, comme vous le voyez, de leurs inexactitudes. En tout . . . . 1.448 fr. »

Les dépenses se sont élevées au chiffre de. . . . . . 627 fr. 80

dont 491 fr. pour impression des bulletins de la Société, lettres et circulaires ; 53 fr. pour timbres et affranchissements ; 35 fr. pour la gravure d'un timbre, et 48 fr. 80 cent. pour frais divers.

Il reste donc en caisse. 820 fr. 20

sans compter le prix des cotisations de l'année courante, qui ne se trouve pas compris dans cette somme.

Heureux budget, qui ne se solde que par un excédant de recettes ! Messieurs, si vous êtes satisfaits de votre trésorier, je vous laisse le soin d'approuver ses comptes.

J'ai dit, au commencement de ce rapport, qu'aux élections dernières la Société se composait de 49 membres. En jetant les yeux sur cette réunion , il est facile de voir que le nombre des sociétaires s'est beaucoup augmenté.

Le Comité, Messieurs, s'est conformé à l'esprit de l'association en recherchant la coopération de tous ceux qui appartiennent à l'art de la composition musicale, sans faire aucune différence de genre, d'école ni de système. S'il est, cependant, quelques compositeurs dont votre association attende encore l'adhésion , veuillez croire que ces absences

regrettables ne sauraient être imputées à la négligence de vos délégués.
La plupart, du reste, se sont empressés de répondre à notre appel; au
lieu de 49 sociétaires, nous en comptons aujourd'hui 139, soit 90
membres de plus que l'année dernière : ainsi le nombre des associés a
été presque triplé dans l'espace d'un an.

Mais, si la Société s'est rapidement accrue par d'heureuses adjonctions, la mort nous a déjà fait subir, dans une période si courte, de
pénibles retranchements.

Nous avons eu le regret de perdre M. Dufresne, compositeur distingué, et le célèbre pianiste Emile Prudent. Les notices nécrologiques
qui vous ont été lues sur ces deux confrères par M. Poisot me dispen-
sent de vous donner ici un résumé de leurs travaux.

Un autre sociétaire, M. Beaulieu, nous a encore été enlevé.

M. Martin Beaulieu, né le 11 avril 1791, avait étudié la composition sous la direction de Mehul. Dès son premier concours, en 1810,
il obtint le grand prix de Rome. Retiré depuis à Niort, il avait fondé
l'Association musicale de l'Ouest, qui réunit les départements des Deux-
Sèvres, de la Vienne, de la Charente, de la Haute-Vienne et de la
Vendée. Plus tard, M. Beaulieu avait été nommé correspondant de
l'Académie des beaux-arts. Enfin, dans les dernières années de sa vie,
il s'était presque exclusivement consacré à l'organisation d'une autre
Société musicale, la Société des Concerts annuels de musique classique.

J'ai encore à vous parler, Messieurs, d'une question des plus intéressantes pour chacun de vous, de la plus vitale, de celle à l'étude de laquelle nous nous sommes principalement appliqués cette année : je veux
dire la question de la libre exploitation des théâtres.

Vous savez qu'un peu avant la fondation de la Société, M. Vogel était
le *dépositaire* et le promoteur d'une pétition qui avait pour but de demander la liberté des théâtres, non pas, il est vrai, d'une manière complète, mais applicable, du moins, aux théâtres de musique. Cette pétition avait été rédigée par M. Halévy, enlevé trop tôt à l'art, dont il est
une des plus grandes gloires, et qui savait unir à un talent si élevé les
plus véritables sympathies pour les jeunes auteurs. Plus d'une fois,
M. Halévy avait essayé de faciliter l'accès de la scène à ses disciples,
et le résultat de ses efforts avait été de le convaincre que le meilleur de
tous les protecteurs serait *la liberté*.

Appelé par vos suffrages à faire partie de votre Comité, M. Vogel n'a
pas cru qu'il lui fût permis de procéder par une action isolée. Il a pensé
qu'une fois la *Société des Compositeurs de musique* constituée, c'est à
elle qu'appartient désormais le droit de se rendre spécialement l'inter-

prête des vœux des compositeurs, et il a déposé sur le bureau la pétition de M. Halévy, déjà couverte de nombreuses adhésions.

Le principe de la liberté a été admis à l'unanimité, avec le même empressement de la part des membres du Comité dont les ouvrages n'ont
pu se produire que peu souvent sur les scènes privilégiées, que de la
part de ceux qui, par leur position acquise, pouvaient être considérés
comme beaucoup plus désintéressés dans l'adoption de cette mesure. La
question a été mise immédiatement à l'étude et a occupé plusieurs
séances du Comité.

L'examen sérieux dont elle a été l'objet nous a tous convaincus que,
si le principe est incontestable. les meilleurs esprits pouvaient se trouver
très-divisés d'opinion sur le choix des moyens pratiques d'en obtenir la
réalisation. Dans la poursuite d'un intérêt aussi grave, nous avons craint
de prendre des déterminations qui n'obtinssent pas votre entier assenti-
ment. Il avait donc été décidé qu'avant d'adopter aucune résolution définitive, l'assemblé générale serait consultée. Une sous-commission avait
été chargée de préparer un mémoire détaillé, tant sur les difficultés de
la question que sur les diverses solutions dont elle paraissait susceptible.
Ce mémoire devait vous être soumis, et, après votre décision, nous aurions
pu marcher résolûment dans le sens que vous nous auriez désigné.

Mais, près du moment de vous réunir, la lecture du discours adressé
par l'Empereur aux grands corps de l'État, le 5 novembre dernier, nous
a appris que la suppression des priviléges exclusifs des théâtres était
définitivement entrée dans les vues du Gouvernement. Dès lors, au lieu
d'un mémoire consultatif, nous n'avons plus eu qu'à vous présenter une
lettre de remercîments à l'Empereur, lettre que vous avez tous signée,
qui a été envoyée à Sa Majesté, et que vous avez pu voir reproduite par
le *Moniteur* de l'Empire et par les principaux journaux.

Depuis, le décret du 6 janvier a organisé la liberté des théâtres sur
les bases les plus larges.

Aux termes de ce décret, les priviléges exclusifs sont supprimés;
toute personne peut faire construire et exploiter un théâtre; le principe
de la libre exploitation est appliqué à la ville de Paris comme aux plus
petites villes de France. Et cette dernière concession ne laisse pas d'être
plus utile qu'on ne saurait le croire au premier abord; car, si les villes
des départements ne sont peut-être pas appelées de longtemps encore
à créer isolément des ouvrages nouveaux, la possibilité d'y donner des
représentations, indépendamment de tout privilége, facilitera la formation, à Paris, de troupes théâtrales, qui monteront, pour aller les jouer
successivement dans plusieurs villes, non-seulement des pièces du répertoire, mais très-probablement aussi des opéras inédits.

De plus, la spécialité des genres est également abolie : les théâtres pourront représenter des ouvrages dramatiques de toute nature. Et, remarquez-le bien, Messieurs, cette disposition est, pour nous, la plus importante du décret. En effet, le goût de la musique est de plus en plus répandu ; il y avait une disproportion notoire, au point de vue des tendances du public, entre le nombre des théâtres purement littéraires et celui des théâtres consacrés à la musique, disproportion que le principe de la libre concurrence me paraît destiné à faire nécessairement disparaître. Construira-t-on beaucoup plus de salles nouvelles qu'il n'en a été récemment abattu, de manière à augmenter l'ensemble des théâtres de Paris ? C'est une question très-discutée ; mais ce qui peut se prévoir facilement, c'est que, parmi les théâtres qui ne réussiront pas dans leur exploitation, plusieurs chercheront à se relever en appelant la musique à leur secours, de sorte que le nombre des théâtres lyriques sera réellement accru. En outre, il y a des entreprises qui, sans renoncer à la représentation des pièces littéraires, pourront faire quelquefois, dans le domaine musical, des incursions plus ou moins étendues, dont seront appelés à profiter les jeunes compositeurs. Pour citer un exemple qui s'est produit autrefois dans ce genre sur un théâtre mixte, je rappellerai *le Siége de Missolonghi*, pièce hellénique, qui obtint du succès à l'Odéon dans le temps de la guerre de l'indépendance de la Grèce, et qui fournit à Hérold l'occasion de faire entendre quelques morceaux très-appréciés. Ainsi, nous pouvons dire que nous avons le droit d'être admis à faire représenter nos œuvres sur toutes les scènes théâtrales.

Cependant les subventions accordées aux théâtres lyriques existant déjà ne sont pas supprimées. Le régime de la libre exploitation se concilie avec un système d'encouragements pour des scènes destinées à maintenir le niveau de l'art, et il ressort clairement de l'art. 7 du décret que les obligations résultant des cahiers des charges imposés aux théâtres subventionnés sont intégralement maintenues.

L'art. 6 établit une différence marquée entre les entreprises artistiques et les cafés concerts ou cafés chantants : ces derniers sont considérés comme des exploitations industrielles d'un genre spécial et restent soumis à l'obtention de l'autorisation administrative.

Enfin, les théâtres peuvent représenter indifféremment tous les ouvrages, français ou étrangers, appartenant au domaine public. Je le sais, Messieurs, les opinions sont très-partagées, parmi vous, sur les effets de cette disposition. Quelques-uns craignent que le domaine public et la traduction, auxquels nos premières scènes lyriques font déjà de si larges emprunts, ne viennent encore absorber les scènes nouvelles qui pourront s'élever à la faveur de la liberté. Néanmoins, d'autres pensent que cette appréhension est exagérée. Il faut considérer, en effet, que ceux des ouvrages anciens qui, par un mérite intrinsèque, supérieur aux variations de la forme, offrent les chances d'une reprise fructueuse, sont, en somme, très-peu nombreux. Ce sont presque toujours les mêmes œuvres que l'on voit reparaître tour à tour comme par une sorte de roulement, et c'est surtout au nombre restreint de nos scènes lyriques qu'il faut attribuer le plus souvent le juste empressement du public pour l'audition d'œuvres remarquables, inconnues quelquefois de toute une génération. Mais lorsque, les théâtres s'étant multipliés, les chefs-d'œuvre n'auront pas été tenus longtemps éloignés de l'affiche, ils exerceront avec continuité une haute action sur les progrès de l'art, sans offrir cependant l'attrait factice d'une nouveauté relative; et, perdant en partie leur influence, au point de vue de la recette, à cause de leurs succès même sur les plus petites scènes, ils cesseront de produire des bénéfices aussi avantageux dans les théâtres de premier ordre. Les directeurs des grandes entreprises seront donc conduits, par là, à chercher plus fréquemment, à côté des ouvrages des maîtres, des ressources dans la création de pièces nouvelles.

Quoi qu'il en soit, la libre exploitation du domaine public est consacrée par la législation actuelle ; et il faut bien reconnaître qu'en accordant aux théâtres la faculté de jouer des pièces de tous les genres, il eût été peu conséquent de les priver précisément du droit de représenter celles du domaine public, qui est la propriété immatérielle de tous.

Ici, Messieurs, se termine l'exposé que le Comité avait bien voulu me charger de vous présenter.

Il en résulte que notre Société est constituée ; elle fonctionne conformément à ses statuts et à son esprit ;

Elle est reconnue et autorisée par le Gouvernement ;

Elle s'est élevée du nombre de 49 membres à celui de 139 ;

Enfin, nous avons la satisfaction de voir la première année de notre existence inaugurée par la concession spontanée de la liberté des théâtres.

Le dernier devoir du Comité est de faire procéder à l'élection régulière de cinq membres en remplacement de ceux que le sort va désigner comme membres sortants ;

Et quant à moi, il ne me reste plus, Messieurs et chers Confrères, qu'à vous remercier de l'indulgente attention que vous avez bien voulu prêter si longtemps à votre rapporteur.

8ᵉ SÉANCE.

27 FÉVRIER 1864.

SOMMAIRE :

1º (*A*) Examen analytique de la division de l'*échelle musicale* dans les systèmes attribués aux Grecs, aux Arabes, aux Hindous, etc.

   (*B*) Expériences sur le sonomètre à huit cordes, par M. Barbereau.

2º Morceaux de piano, de F. Chopin, exécutés par M. Georges Mathias.

   (*A*) Nocturne (de l'op. 15).

   (*B*) Mazurka (de l'op. 6).

   (*C*) Polonaise (de l'op. 26).

   (*D*) Mazurka (de l'op. 7).

   (*E*) Fantaisie-Impromptu. (Œuvre posthume.)

Examen analytique de la division de l'*échelle musicale* dans les systèmes attribués aux Grecs, aux Arabes, aux Hindous, etc.

PAR M. BARBEREAU (1).

Jusqu'ici, les commentateurs qui ont interprété les traités spéciaux recueillis dans les contrées mêmes dont ils observaient l'échelle musicale, paraissent avoir été dominés par l'idée d'une analogie ou dépendance nécessaire entre la gamme d'un peuple et les diverses conditions ethnographiques auxquelles il est soumis. Cette analogie résultait pour eux de certaines relations numériques, dont ils n'ont point cherché à vérifier les conséquences pratiques.

En effet, au premier abord, ces relations semblent impliquer, par la ifférence de l'unité de division (approximativement le tiers ou le quart de notre ton), une différence correspondante entre les échelles arabe et hindoue d'une part, et l'échelle européenne.

M. Barbereau, en opposant les nombres aux nombres, et l'expérimentation auriculaire à une interprétation acceptée jusqu'ici sans examen, arrive à une conclusion toute contraire aux inductions de la plupart des écrivains qui ont traité cette partie de l'histoire de la musique (2).

---

(1) On a réuni en un seul article les deux conférences de M. Barbereau (27 février et 30 avril).

(2) Voir entre autres :

Ginguené, *Encyclopédie méthodique*, 1ᵉʳ vol., page 92, 1ʳᵉ colonne; Villoteau, *Description de l'Egypte*, tome XIV, édition Panckoucke; *Résumé philosophique de l'histoire de la musique*, en tête du 1ᵉʳ volume de la *Biographie universelle des Musiciens*, 1ʳᵉ édition, par M. Fétis.

Cette conclusion est absolument négative, non-seulement sur l'admissibilité théorique, mais sur le fait même de l'existence pratique d'échelles ayant pour unité de division une amplitude fonctionnelle autre que notre demi-ton moyen. Celui-ci reste invariablement l'élément de formation de tous les intervalles compris dans nos deux gammes diatoniques majeure et mineure; mais, de plus, ajouté successivement à lui-même en quantité quelconque, depuis 1 jusqu'à 12, chacune de ses adjonctions forme une fonction distincte de notre gamme chromatique. Dans les systèmes arabe et hindou, cette seconde propriété est déniée, dans les textes originaux, à l'intervalle élémentaire. Ces systèmes n'ont point de gamme chromatique, dans le sens attribué à ce mot dans la musique européenne, et leur échelle unique correspond à notre gamme diatonique. Elle peut, comme celle-ci, donner lieu à plusieurs compositions ou espèces d'octave, selon l'ordre observé entre les grands et les petits intervalles (nos tons et nos demi-tons), mais l'intervalle unité n'y entre que selon des nombres qui répondent très-approximativement, et d'une manière absolument et entièrement acceptable, aux sept degrés de notre échelle.

Le tableau suivant, qui traduit selon notre gamme majeure, dite tempérée, les systèmes arabe et hindou, donne la preuve numérique, complétement confirmée sur le sonomètre à huit cordes de M. Barbereau, de l'identité *fonctionnelle* de ces systèmes avec celui auquel se rapporte notre alphabet musical.

		do	re	mi	fa	sol	la	si	do
Système usuel tempéré.	Nombre d'intervalles unités entre deux degrés successifs		2	2	1	2	2	2	1
	Valeur de chaque degré	0	2.00	4.00	5.00	7.00	9.00	11.00	12
	NOMS (alphabétiques) :	*alif*	*be*	*gim*	*dal*	*he*	*wau*	*zaïn*	*alif*
Système Arabe.	Nombre d'unités entre les degrés		3	3	1	3	3	3	1
17 unités.	Nombre d'unités affecté à chaque degré.	0	3	6	7	10	13	16	17
Chacune vaut 0^d.706	Valeur en demi-tons tempérés	0	2.12	4.24	4.95	7.06	9.18	11.30	12
	NOMS :	*sa*	*ri*	*ga*	*ma*	*pa*	*dha*	*ni*	*sa*
Système Hindou.	Unités entre les degrés		4	3	2	4	4	3	2
22 unités.	Nombre d'unités pour chaque degré . . .	0	4	7	9	13	17	20	22
	Valeur en demi-tons tempérés	0	2,18	3.82	4.91	7.09	9.27	10,91	12
Chacune vaut 0^d.545	Autre disposition donnant une seconde valeur du 6e degré (*dha*)					3 / 7.09	4 / 8.73	10.91	

Ainsi qu'on le voit, les plus fortes déviations de ces deux systèmes sont 30 centièmes ou 3 dixièmes de demi-ton en excès pour le *si* de l'échelle arabe (le point de départ étant *do*), et 27 centièmes ou 1 quart fort de demi-ton en excès pour le *la* de l'échelle hindoue. Ces différences n'atteignent donc pas un tiers de demi-ton.

M. Barbereau a démontré par plusieurs expériences , dont nous ne pouvons ici réproduire l'analyse, que le tiers du demi-ton est la limite maximum de déviation que l'oreille peut regarder comme plus ou moins acceptable, sans que l'intervalle altéré perde sa détermination fonctionnelle absolue. Or, dans cette détermination seule réside l'appréciation correspondant à la sensation harmonique ou mélodique, c'est-à-dire à la mise en rapport simultanée ou successive des sons. La déviation, limitée à 0.33 de demi-ton, peut parcourir tous les degrés intermédiaires, *selon la nature des accords et le nombre des sons dont ils sont formés*, sans qu'il en résulte une sensation musicale *sui generis*, en exceptant, bien entendu, l'unisson et les multiples les plus rapprochés de l'octave (1). Nous avons donc, dans notre Occident, la faculté d'apprécier les diverses amplitudes dont un même intervalle est susceptible, sans recourir à des systèmes musicaux qui ne sont, après tout, que des modes de numération sans influence sur la constitution de l'échelle. Et ce qui achève d'enlever à ces systèmes leur autonomie supposée, c'est que, malgré la différence d'amplitude de leur intervalle élémentaire, leur échelle comporte comme la nôtre huit degrés, formant dans leur succession ascendante et graduelle sept intervalles, dont deux sont plus petits que les cinq autres et partagent ceux-ci en deux groupes, l'un de deux et l'autre de trois.

M. Barbereau , après cet exposé analytique , est entré dans quelques considérations théoriques et pratiques sur le quart de ton. L'année dernière, M. Populus, artiste distingué, organiste à Paris, a fait aussi, dans l'une de nos séances, plusieurs essais d'application pratique de cet intervalle à l'harmonie moderne. Les deux thèses sont entièrement opposées, puisque les déductions de M. Barbereau tendent à démontrer l'impossibilité de cette adoption comme élément constitutif de l'échelle ou comme modification déterminée , c'est-à-dire existant par elle-même, des rapports des sons dans les accords et dans leur succession.

Nous espérons que des communications ultérieures permettront de décider une question qui, soit qu'on affirme ou qu'on nie, ne peut manquer de fournir à la philosophie musicale des éléments pleins d'intérêt.

(1) A partir d'une certaine distance entre les sons de même nom frappés simultanément, par exemple de la quatrième à la cinquième octave, la déviation est encore appréciée intellectuellement. Mais la répulsion de l'oreille s'affaiblit graduellement ; on peut vérifier ce résultat sur un piano dont l'accord a été altéré non également, mais *uniformement*, par la température ou toute autre cause.

9ᵉ SÉANCE.

26 MARS 1864.

SOMMAIRE :

A. Entretien sur l'art, par M. Delsarte (1).
B. Concerto pour violon (Mendelssohn), exécuté par M. Hammer.
C. Air de l'opéra de *Rolland*, musique de Lulli (1685), chanté par Mlle Wertheimber.
D. Lecture sur la musique arabe, par M. Wekerlin.
D bis. Airs arabes, chantés par Mlle Wertheimber.

NOTE SUR L'AIR DE LULLI.

L'air chanté par Mlle Wertheimber est tiré de la sixième scène du quatrième acte de *Roland*, de Lulli, paroles de Quinault. Cet ouvrage fut représenté pour la première fois à Versailles le 8 janvier 1685. Nous avons choisi cette scène (non transcrite avec piano jusqu'ici) parce qu'elle est un curieux spécimen de la manière dont Lulli traitait les situations dramatiques. Or, en est-il une qui le soit davantage que cet air de *Roland* devenu furieux, car il vient d'apprendre qu'Angélique le trahissait? Après les huit premiers vers (ici nous citons le livret du temps) *Roland brise les inscriptions, et arrache des branches d'arbres et des morceaux de rochers.* Quatre vers plus loin, *Roland jette ses armes et se met dans un grand désordre;* puis, plus loin, *il croit voir une furie, il lui parle et s'imagine qu'elle lui répond.*

Le rôle de *Roland* fut écrit pour Laforêt, qui possédait une voix de basse admirable; mais malgré les leçons de Lulli, Laforêt demeura (d'après Freneuse) *rustre et mal façonné,* si bien que Lulli, qui lui destinait d'autres rôles, le congédia après les représentations de *Roland.*

On remarquera combien, à cette époque, le rôle de l'orchestre était infime, même dans les scènes les plus dramatiques : c'est un éternel contre-point joué par les basses. L'orchestre naissait alors en France, et l'examen de ces partitions nous donne une idée assez juste de la force des instrumentistes du temps de Lulli.

(1) Les notes de M. Delsarte nous étant parvenues trop tard, et cet entretien devant avoir une suite, les deux conférences seront réunies en un seul article au prochain bulletin. (*Note de la Rédaction.*)

LECTURE SUR LA MUSIQUE DES ARABES

PAR J.-B. WEKERLIN.

Messieurs,

Mon intention était de vous entretenir, à l'une de vos séances, d'une brochure sur la *Musique arabe*, publiée par l'un de nos futurs confrères, M. Salvador Daniel. Je ne me proposais pas de faire cette lecture aujourd'hui, et il n'y avait rien de prêt, lorsque avant-hier seulement on m'a averti que M. Sivori ne pouvait tenir la promesse qu'il nous avait faite de jouer quelques pièces de violon.

C'est donc un travail d'hier que je vais vous lire, et même, sans le bienveillant concours de Mlle Wertheimber, je me serais totalement dipensé de vous parler aujourd'hui des airs arabes.

M. Salvador Daniel est connu de beaucoup d'entre vous. Il a fait ses études à Paris. Violon distingué, musicien consciencieux, ses efforts l'avaient conduit à quoi? A faire partie de l'orchestre du Théâtre-Lyrique. Un beau jour donc, le découragement le prit, et il alla, comme dans *la Favorite, chercher le bonheur dans une autre patrie*, je veux parler de l'Algérie.

Voici, d'après son avant-propos, sa première rencontre avec la musique arabe :

« Dès l'abord, je n'y reconnus, comme tout le monde, qu'un affreux charivari dénué de mélodie et de mesure. Pourtant, par l'habitude, ou, si l'on aime mieux, par une sorte d'éducation de l'oreille, il vint un jour où je distinguai quelque chose qui ressemblait à un air. J'essayai de le noter, mais je ne pus y réussir; la tonalité et la mesure m'échappaient toujours; il m'était impossible de leur assigner un point de départ, une tonique.

« D'un autre côté, si je portais mon attention sur les tambours qui forment le seul accompagnement de la musique des Arabes, là encore je distinguais bien une sorte de rhythme, mais ce rhythme ne me paraissait avoir aucun rapport avec celui de l'air qu'on jouait. »

Notre auteur ne se laissa pas décourager pour cela; il se lia avec les musiciens indigènes, se familiarisa avec leurs modes, et finit par se livrer avec passion à l'exécution de la musique arabe, comme il le déclare lui-même.

Vous n'êtes pas, Messieurs, sans avoir entendu parler des quarts de ton des Arabes. Villoteau, dans sa *Relation sur la musique en Égypte*, y croit si bien, qu'il attribue ces petits intervalles à une véritable corruption ou décadence de l'ancienne musique grecque, dont la musique arabe tire son origine. Aristoxène et Euclide, ces musiciens philosophes ou plutôt philosophes musiciens, consignèrent dans leurs traités l'usage des tiers, des quarts, des sixièmes, des demi-quarts et des douzièmes de ton. Ptolémée, à l'imitation d'Aristoxène, composa son *Traité des Harmoniques*, et comme il était natif de Péluse, en Egypte, sur les confins de l'Arabie, ses ouvrages furent nécessairement connus des Arabes, qui écrivirent les leurs sur ce type.

Eh bien ! malgré ces différentes affirmations de Villoteau, je doutais toujours, non-seulement des douzièmes, mais des quarts de ton, convaincu que la manière de chanter, nasillarde et traînante, des Orientaux, pouvait être la cause de ces petits intervalles plus ou moins réels. Je vois M. S. Daniel confirmer cette supposition en disant : « Jamais je n'ai pu distinguer dans leur musique ces intervalles de tiers et de quart de ton que d'autres ont prétendu y trouver. Et plus loin encore : « Je déclare cette opinion entièrement erronée, et due sans doute aux gammes traînées. »

L'auteur accorde aux Arabes quatorze modes ou gammes, dans lesquels la position des demi-tons varie de manière à former quatorze modalités différentes. Villoteau adopte également quatorze modalités radicales pour la musique des Arabes, tout en observant que ces derniers comptent dans leur musique plus de cent tons ou modes différents.

En acceptant tout cela comme établi, j'avoue néanmoins qu'il me reste un petit scrupule, provenant sans doute de mon ignorance. Ainsi, je lis dans la brochure que les gammes arabes partent indistinctement des sept notes de notre gamme, mais en conservant intacte la position des demi-tons. Prenant par exemple le *ré* comme note de départ, nous aurons :

Voilà une gamme arabe.

Inutile d'ajouter que la note sensible n'existe pas dans la musique arabe.

Vous remarquerez, Messieurs, qu'un des passages les plus caractéristiques de la chanson *Ma Gazelle*, que vous allez entendre, est la seconde augmentée *si bémol-do dièze*. Dans quel mode arabe allons-nous classer cela ? La définition précédente ne donne pas de solution, la seconde augmentée ne se trouvant dans aucune des gammes. M. Maillard, dans son opéra de *Lara*, a fait un usage très-heureux de cette même seconde augmentée dans la chanson arabe dite par le page.

M. Salvador Daniel a été constater en Espagne les restes ou plutôt les traces de la musique arabe et mauresque. Son enthousiasme l'emporte peut-être un peu loin quand il dit : « Ecoutez ce bruit qu'on entend dans les quartiers populaires de Madrid. Deux enfants parcourent les rues en chantant: leurs voix alternent avec les batteries du tambour. Ils chantent un cantique de Noël, un *villancico*, empreint de ce caractère triste et passionné tout à la fois, qui est le propre des chants primitifs. Est-ce là le chant que les rois mages faisaient entendre lorsqu'ils allaient adorer le divin berceau? Et pourquoi non? N'avons-nous pas dans la liturgie romaine des chants du même genre et qui doivent avoir la même origine? »

Vous pensez bien, Messieurs, que je n'engagerai pas de discussion sur ce terrain. Je continuerai à croire, avec beaucoup d'entre vous, que les chants des Mages sont aussi bien perdus pour nous que les chansons à boire de notre vénérable ancêtre Noé.

Aux chansons arabes que vous allez entendre, nous joindrons l'orchestre, c'est-à-dire le tambour, car notre auteur nous dit que les musiciens jouent à l'unisson, et qu'il n'y a d'autre harmonie que celle des tambours de différentes grosseurs, qui constituent ce qu'il appelle l'*harmonie rhythmique*. La composition du corps de musique du bey de Tunis vient confirmer cette assertion. Cette bande est formée d'une trentaine d'instruments de cuivre fabriqués en Europe, tels que pistons, cors, trompettes, trombones, ophicléides ; enfin, tout ce qui compose une fanfare militaire. Tous ces instruments *jouent à l'unisson*, sans autre accompagnement que le rhythme marqué par une grosse caisse et deux tambours ou caisses roulantes.

En résumé, l'harmonie pour les Arabes, si l'on peut appeler cela harmonie, n'existe que dans l'accompagnement rhythmique des instruments à percussion.

L'un des principaux mérites du chanteur arabe consiste dans les variantes improvisées dont il orne la mélodie, que les instruments accompagnateurs continuent toujours de répéter simplement durant les improvisations. Nous ne pourrons pas vous donner ce spectacle, n'étant pas assez Arabes pour cela, et vraiment je le regrette, car à mesure que les couplets augmentent, les variantes augmentent aussi, à ce que nous dit M. Daniel. Le tambour a été indispensable, pour l'honneur même de la cantatrice, car nous lisons qu'un musicien arabe qui se respecte ne joue pas plus sans son accompagnement de tambour que chez nous un artiste européen ne chante sans piano.

La guitare, sous le nom de *kouitra*, existe chez les Arabes, mais ils ne s'en servent pas pour en obtenir des accords, comme instrument d'accompagnement ; la guitare joue le thème, en lui adjoignant quelquefois des variantes, en guise de ritournelle, pour lier deux couplets.

Qu'il me soit permis de faire ici une petite observation : M. S. Daniel, en parlant des deux dernières cordes ajoutées à la guitare, qui auparavant n'en avait que quatre, accordées en quartes, tandis que les deux nouvelles sont disposées en tierce et en quarte, *mi, la, ré, sol, si, mi*, suppose que cette anomalie provient d'une concession du tétracorde à l'hexacorde. Je ne suis pas de cet avis, tout en admettant que le *si* et le *mi* n'ont été ajoutés que du temps ou après Gui d'Arezzo.

On remarque que pour faire une gamme sans accidents sur la guitare, en partant de la corde la plus grave (*mi*) jusqu'à la plus haute (*mi* double-octave), les sillets sont disposés de façon que l'annulaire presse toujours la dernière note qui précède la nouvelle corde vide ; ce n'est pas sans raison, car l'annulaire a beaucoup plus de force que le petit doigt. Sur la corde grave de *mi*, l'annulaire presse le *sol* naturel ; sur la corde de *la*, il presse l'*ut* naturel ; sur la corde de *ré*, le *fa* naturel ; mais sur la corde de *sol*, le sillet du *si* naturel étant placé sous le petit doigt, qui n'a qu'une pression faible, on a préféré rapprocher la corde vide suivante, et la mettre à distance de tierce ; je suis convaincu que c'est cette simple facilité d'exécution qui aura fait admettre la disposition irrégulière de la cinquième corde de la guitare.

J'avoue que j'ai aussi quelque peine à adopter une idée que M. S. Daniel formule, à mon avis, d'une manière trop positive, quand il dit que *la musique arabe actuelle n'est rien autre chose que le chant des trouvères et des ménestrels.*

Une grande quantité de chansons des trouvères nous sont restées en manuscrits du temps, et se trouvent à la Bibliothèque impériale avec les airs notés : on peut donc faire des comparaisons. Vous-mêmes, Messieurs, vous avez entendu un spécimen des chansons du châtelain de Coucy, à l'une de nos séances de l'année dernière, et comme vous allez entendre des airs arabes, vous pourrez juger. D'ailleurs, si vous le trouvez nécessaire, on peut vous redire une chanson de troubadour.

L'instrument que vous voyez ici s'appelle *Rebab* (*Rebeb* ou *Rebec*) ; il joue un rôle important dans la musique arabe. Ses deux cordes, accordées en quinte, sont mises en vibration à l'aide d'un très-petit archet de fer arrondi en arc. Le musicien, étant assis, tient l'instrument de la main gauche, en faisant reposer l'extrémité de la table d'harmonie sur son genou ; l'archet, tenu de la main droite, passe sur les cordes comme celui de notre violoncelle, mais la position de la main est en sens inverse, le poignet en dessous de la baguette, et l'extrémité des doigts en l'air (1). C'est à cette position de la main que M. Salvador attribue certaine pression sur la corde, tout à fait spéciale aux artistes indigènes.

Le mouvement de va-et-vient est toujours dans la même ligne ; une manœuvre de la main gauche fait tourner l'instrument pour amener sous les crins la corde qui doit vibrer.

J'en reste là, Messieurs, de cet aperçu fait à la hâte, et pour lequel je réclame votre indulgence. J'aurais voulu vous donner une idée plus complète du travail de M. Salvador Daniel, travail pour lequel il a fallu une grande persévérance, unie à une grande perspicacité ; car pour transcrire des airs arabes il ne suffit pas d'être bon musicien, comme nous l'entendons, il faut une certaine intuition pour deviner beaucoup de choses. Ceci ne vous étonnera pas, Messieurs, quand je vous rappellerai que la musique arabe n'existe que dans la tradition orale, et n'a pas été consignée dans les livres comme nos anciens traités. Il est une autre difficulté pour nous autres Français, à part la langue : cette difficulté consiste à démêler le positif, le réel, le principe enfin, dans cette prolixité poétique des imaginations orientales.

MORCEAUX CHANTÉS :

Ma Gazelle, chanson mauresque d'Alger, sur l'air *Makhlas-Zeïdan*.
Les paroles sont imitées d'une kacidah arabe.
Stamboul, chanson kabyle, par *Si-Mohammed-Saïd-Ben-Ali, chérif-aga des Illoulen-ou-Sammer et des Beni-Aïdel*, sur le mode *L'Hsaïn*.
Zohra, chanson kabyle, sur le mode *L'Hsaïn* (2).

(1) C'est du reste ainsi qu'autrefois on tenait les archets de viole ou de basse de viole.

(2) Ce mode correspond au *hyper-dorien* des Grecs, et au *deuxième ton* du plain-chant, ayant pour base le *la*. C'est sur ce mode que les Kabyles chantent la chanson de *Constantinople*, qu'ils appellent *Stamboul*. Ce mode, empreint d'une certaine gravité religieuse, n'a rien de guerrier, comme cette chanson le confirmera. C'est la plainte d'un jeune guerrier que l'amour empêche d'aller défendre l'étendard du Prophète. Ce mode serait la reproduction de notre gamme mineure, s'il y avait une note sensible ; mais le chant arabe ramène obstinément le *sol* naturel dans le mode *L'Hsaïn*.

SÉANCE D'AUDITIONS.

16 AVRIL 1864.

PROGRAMME :

1. *Quatuor en mi bémol,* pour piano, violon, alto et violoncelle . . . . L. Gastinel.
Exécutants : MM. Poisot, A. Marx, M*** et l'auteur.

2. *La Louange de Sylvie,* mélodie . . . . Emile Durand.
Chantée par M. Archaimbaud.

3. *À qui mieux mieux,* caprice à quatre mains . . . . Lefébure-Wély.
Presto (École concertante du piano), à quatre mains . . . . Id.
Morceaux exécutés par Mlles Lefébure-Wély.

4. *Idyle chaldéenne.* . . . . Emile Durand.
Chantée par M. Archaimbaud.

5. *Etude en ut dièze mineur.* . . . . Lefébure-Wély.
Etude en sol bémol. . . . . Chopin.
Morceaux écutés par Mlle Emilie Lefébure-Wély.

6. *Les Harmonies champêtres,* chanson à vocalises, avec piano, violon, flûte et
hautbois . . . . Emile Durand.
Chantée par Mme Peudefer.

7. *Berceuse.* . . . . Chopin.
Pensée musicale . . . . Schubert.
La Fileuse . . . . Mendelssohn.
Morceaux exécutés par Mlle Marie Lefébure-Wély.

8. Première lecture de :
Le Ménétrier de Bretagne, opéra en un acte et à deux personnages. . . . J.-B. Wekerlin.
Madelon : Mme Barthe Banderali. — *Kerdeck :* M. Félix Lévy.

La partie de hautbois exécutée par M. Barthélemy.

10e SÉANCE.

30 AVRIL 1864.

SOMMAIRE :

1º (A) Continuation de l'examen analytique des *échelles musicales*, attribuées aux Grecs, aux Arabes, aux Hindous, etc.
   (B) Limite de tolérance de l'oreille dans l'appréciation de la justesse des intervalles.
   (C) Expériences sur le sonomètre à huit cordes, par M. Barbereau (1).

2. Concerto pour deux clavecins, de J.-S. Bach.
      Exécuté par MM. S. Saëns et Th. Ritter.
      Quintette d'accompagnement, par MM. Magnin, Vogel, Blanc, Nathan et Gouffé.

(1) Voir à la page 91.

SÉANCE D'AUDITIONS.

28 MAI 1864.

PROGRAMME :

1. Huitième quatuor pour instruments à cordes. . . . .   Ch. Dancla.
      Exécuté par l'auteur et MM. L. Dancla, E. Altès et Sébastien Lee.
   A. Moderato grazioso.
   B. Andante cantabile.
   C. Minuetto.
   D. Finale.
2. Chant.
3. Sonate à deux pianos . . . .   Mozart.
      Exécutée par M. Duvernoy et Mlle Caroline Rémaury.
4. A. *Solitude.*
   B. *Retraite du Guet.*
      Morceaux exécutés sur l'orgue expressif par l'auteur . . . .   Aug. Durand.
5. Chant.

6.   *A. Romance sans paroles* . . . . Mendelssohn.
    B. Chanson slave . . . . Schulhoff.
    C. La Chasse . . . . Stéph. Heller.
       Exécutées par Mlle Caroline Rémaury.
7º   *A.* Prière.
    B. Villanelle.
       Composées et exécutées par . . . . A. Durand.

M. Théodore Ritter, sur l'invitation de M. Ambroise Thomas, président, s'est mis au piano pour exécuter plusieurs morceaux de Beethoven, ainsi que d'autres de sa propre composition.

Paris, imprimerie de Jouaust et fils, 338, rue S.-Honoré.

BULLETINS DE LA SOCIÉTÉ

DES

COMPOSITEURS DE MUSIQUE

—

3ᵉ ANNÉE

(4ᵉ LIVRAISON.)

PARIS

AU SIÉGE DE LA SOCIÉTÉ, 95, RUE RICHELIEU

—

1865

11ᵉ SÉANCE.

26 NOVEMBRE 1864.

SOMMAIRE :

1. Détails sur l'organisation et le but du Grand-Concert, par M. Magnus.
2. De l'accompagnement du plain-chant, par M. Félix Clément.
3. Fragments de l'Histoire de la Musique (ouvrage de M. Gustave Chouquet, couronné par l'Institut), lus par M. Ambroise Thomas, président de la Société.
   A. Air de Caron, tiré de l'*Alceste* de Lulli.
   B. Ouverture des *Fêtes d'Hébé*, de Rameau, exécutée par MM. Delioux et Poisot.
   C. Air de Gluck, chanté par Mlle Bloch.

Détails sur l'organisation et le but du Grand-Concert

PAR M. MAGNUS.

Comme l'un des fondateurs de la *Société du Grand-Concert*, je viens en peu de mots fixer votre attention sur le point artistique de notre entreprise et vous demander un concours moral de propagande.

Nous fondons une œuvre de progrès, œuvre civilisatrice, en un mot une institution LIBÉRALE en musique, si je puis m'exprimer ainsi.

Cette institution est devenue nécessaire par suite du développement du goût musical dans toutes les classes de la société.

Jusqu'à présent, dans tous les établissements de ce genre, un *très*-petit coin était réservé aux vivants, et la masse du public ne se trouvait pas en communication directe avec eux.

En appelant les maîtres modernes à venir diriger *en personne* leurs ouvrages, nous leur donnons une satisfaction réservée jusqu'à ce jour aux virtuoses seulement; ils animeront l'orchestre et les chanteurs, en leur communiquant la chaleur de leurs conceptions.

Les virtuoses trouveront un orchestre qui leur permettra de faire entendre les œuvres des grands maîtres avec toute la perfection désirable, résultant de sérieuses et nombreuses répétitions.

Il en sera de même pour l'exécution de leurs propres œuvres, telles que concertos, fantaisies avec orchestre, etc.

Enfin les jeunes compositeurs auront un appui éclairé, sans parti pris, et qui leur aplanira les difficultés insurmontables contre lesquelles se sont heurtés tant de talents ignorés.

Le directeur de la *Société du Grand-Concert*, notre maître et collègue M. Félicien David, en est la preuve évidente.

Je pourrais entrer dans une foule de détails sur la nécessité et l'utilité de cette nouvelle entreprise artistique, mais je n'ai tenu aujourd'hui qu'à la signaler à votre attention, parce qu'elle se rattache *étroitement* à la *Société des Compositeurs*.

A ce titre, je viens, tant en mon nom qu'en celui de M. Félicien David (retenu chez lui par une indisposition), vous prier de prendre le *Grand-Concert* sous votre patronage, et d'inviter à se joindre à nous tous ceux de vos amis que leur position de fortune met à même de s'intéresser à notre œuvre si éminemment utile.

J'ai, pour terminer, et rentrant dans un ordre d'idées abordé au sein de notre Société par notre collègue M. Ernest Lepine, la satisfaction de vous annoncer que nous comptons fonder un prix annuel pour la meilleure œuvre instrumentale, soit symphonie ou ode-symphonie.

DE L'ACCOMPAGNEMENT DU PLAIN-CHANT

PAR M. FÉLIX CLÉMENT.

Messieurs,

Votre Comité a pensé qu'il pourrait être intéressant de vous entretenir d'une question fort spéciale, mais qui se rattache étroitement à la science qui vous est à tous si familière. Cette question, c'est celle de l'accompagnement du plain-chant. Sa confiance bienveillante a triomphé de mes hésitations. D'ailleurs, vous le savez, messieurs et chers collègues, j'ai consacré beaucoup de temps à étudier les origines de cet art de la musique auquel nous nous sommes voués, et vous savez aussi que le plain-chant n'est pas seulement resté à l'état de ruine auguste, mais que les fragments qui ont traversé les âges frappent encore nos oreilles dans les temples, survivent à toutes les vicissitudes des écoles, parce qu'ils participent à la perpétuité de la foi chrétienne. Je me suis donc rendu au désir de votre Comité avec d'autant plus d'empressement que la conservation du chant liturgique dépend en grande partie de la manière dont il est exécuté dans les églises, et qu'il subit en ce moment une crise inquiétante, par suite des fausses théories qui se sont produites depuis quelques années et de la pratique erronée qui en découle. Pour ne pas grossir la question, je ne m'occuperai que de l'accompagnement du plain-chant. Je n'ai pu me dispenser d'employer çà et là quelques mots techniques. Je ne réclame pour ce fait aucune excuse, car je ne m'adresse ici qu'à des musiciens qui veulent se rendre compte des choses dont je traite.

Cette question si simple a subi l'influence des ténèbres accumulées comme à plaisir dans ces derniers temps sur la nature du chant grégorien, sur sa constitution tonale, sur son mode d'exécution. Les investigations de l'archéologie, l'interprétation des neumes, la révision des livres de chant d'après différents systèmes dont je n'examine point ici la valeur théorique, historique et pratique, portent sur des époques tellement antérieures à la formation de l'harmonie envisagée comme science de la simultanéité des sons, qu'on ne devait pas rendre celle-ci solidaire de celles-là. Les plains-chants de nos graduels et de nos antiphonaires n'ont pas été composés à l'origine pour recevoir une harmonie, pas plus celle de Palestrina que celles de Perne et de Choron; MM. Danjou, Dietsch, Savart, Moncouteau, n'ont pas eu plus que moi la prétention de restituer l'harmonie du VIIIe siècle. M. de Coussemaker a écrit l'histoire de l'harmonie au moyen âge, ouvrage d'une haute érudition dont notre collègue M. Wekerlin a eu la bonne pensée de doter notre bibliothèque, sans annoncer nulle part que la *diaphonie* de Hucbald et le déchant de Jérôme de Moravie devaient être considérés comme des modèles d'accompagnement plus parfaits que l'harmonie plaquée ou figurée des temps postérieurs. Sa réserve est aussi complète en ce qui concerne l'application des tonalités, parce que chez cet érudit la sagese et la modération se joignent au vrai savoir. Il ne cherche pas à faire prévaloir l'accompagnement *unitonique* sur l'harmonie modulante dans la pratique de nos maîtrises et dans l'enseignement de nos écoles.

On a vu poindre chacun des éléments dont se compose la science harmonique actuelle, et des faits musicaux jusque-là inaperçus se sont produits successivement dans cet ordre d'idées. Il s'en faut donc bien que cet art de l'accompagnement doive être considéré comme ayant atteint son plus haut point de perfectionnement à une époque où il était à peine deviné, ni plus tard, lorsque Palestrina sacrifiait à la forme harmonique le chant même et le texte avec lui.

La théorie de l'accompagnement *unitonique*, qui a envahi un grand nombre de nos églises, est donc une hérésie musicale dont l'oreille et la raison finiront par triompher, mais qui fait en attendant, et de jour en jour, des ravages incessants, et cause au chant religieux, qu'il défigure, le plus grand dommage.

Plusieurs écrivains distingués ont donné à ce système l'appui de leur crédit et de leur plume. L'ancien directeur de l'école de musique religieuse à Paris, excellent compositeur, mais étranger aux usages catholiques, s'est attaché à cette théorie. Il a cru que chaque mélodie du plain-chant ne devait être accompagnée que par les notes appartenant à son échelle diatonique. Pour quelle raison? L'auteur du chant du *Te Deum*, ceux de la formule psalmodique des troisième et quatrième modes et même de tous les tons des psaumes dont la provenance est au moins grecque, si elle n'est pas hébraïque, les ont-ils composés pour recevoir une harmonie? Où la trouve-t-on? Quand a-t-elle existé? Cet accompagnement *unitonique* a-t-il pour lui l'autorité des maîtres du XVIᵉ siècle, de Palestrina en particulier? du Concile de Trente, des bulles des Souverains-Pontifes? Pas davantage. En ce qui concerne Palestrina, quel rapport existe-t-il entre l'harmonie en accords plaqués, en contre-point simple, suivant la mélopée note à note, soumise au rhythme du texte, et l'harmonie de Palestrina avec ses retards, ses prolongations, ses syncopes, ses anticipations et ses marches formant des périodes indépendantes du texte? D'ailleurs on ne peut comprendre que les inventeurs ou propagateurs de cette prétendue harmonie osent s'autoriser de Palestrina, puisque de tous les musiciens c'est celui qui s'est le moins soucié d'accompagner le plain-chant comme nous l'entendons, en vue de la célébration de l'office ordinaire de chaque dimanche, de chaque fête. Il a suivi l'exemple de ses prédécesseurs, en composant même une messe à cinq voix sur la fameuse chanson de *l'Homme armé*, dans laquelle il avait accumulé les énigmes musicales et les combinaisons dont ses contemporains raffolaient. Il n'abandonna ce système ridicule que peu à peu, écrivant ses messes sur des antiennes et des répons de la liturgie, jusqu'à ce qu'enfin, secouant les préjugés de l'école, il écrivît sous la dictée de son génie des œuvres immortelles dans lesquelles la science du contre-point a atteint le plus haut degré de perfection. Souvent même les effets harmoniques et les savantes imitations qu'elles renferment ont un caractère d'élévation et de grandeur qui produit dans l'âme des auditeurs des impressions profondément religieuses; mais la difficulté d'exécution et l'absence presque totale de mélodie rendront toujours cette musique impopulaire, en même temps que l'asservissement du texte aux exigences de la symphonie lui ôte tout caractère liturgique.

Invoquer les souvenirs de la renaissance pour faire prévaloir l'harmonie unitonique appliquée au plain-chant, c'est faire preuve d'une grande légèreté; car le mouvement qui entraînait les musiciens dans une voie nouvelle et les éloignait du chant liturgique était général au

XVIᵉ siècle. En Angleterre, William Bird, qu'on y a appelé le père de la musique ; en Allemagne, Jean Hasler, Gumpelzhaimer, Prætorius ; à Venise, André et Jean Gabrieli remplissaient les églises de leurs messes, de leurs motets et de leurs pièces d'orgue. Les théoriciens Zarlino et Vicentino cherchaient un système musical qui comportât des formes nouvelles de la mélodie et de l'harmonie. M. Vincent, membre de l'Institut, auteur d'un instrument à l'aide duquel on peut exécuter de la musique en quarts de tons, et que M. Populus a eu la complaisance de vous faire entendre l'année dernière, M. Vincent, dis-je, peut regarder Zarlino et Vicentino comme ses prédécesseurs dans les recherches et les tentatives ayant pour but de ressusciter le genre enharmonique des Grecs, si toutefois ce genre de musique a réellement existé, ce dont je crois que notre savant confrère M. Barbereau doute fort. Zarlino fit construire, en 1548, une épinette qui offrait deux touches par demi-ton, et Vicentino inventa un instrument analogue qu'il appela *arcicembalo*. Tous deux avaient pour adversaires les praticiens qui divisaient alors la gamme en douze demi-tons égaux, et il résulta de leurs querelles que l'accord des instruments à tons fixes fut réglé au moyen d'une méthode appelée *tempérament*, qui servait à répartir entre certains sons les inégalités naturelles des intervalles.

Les combinaisons des accords consonnants s'épuisaient. On avait beau multiplier les imitations et faire entendre simultanément plusieurs chœurs à quatre, cinq et six parties, on ne parvenait plus à produire des effets nouveaux. Ce fut alors que quelques compositeurs essayèrent timidement d'employer des passages chromatiques formant des dissonances diversement préparées. Marenzio, maître de chapelle du cardinal Aldobrandini vers 1590, eut le premier la hardiesse d'introduire le genre chromatique dans ses compositions, et c'est probablement à l'effet produit par l'emploi des demi-tons sur ses auditeurs qu'il a dû les surnoms de *il dolce cigno*, de *divino compositore*, que ses contemporains enthousiastes lui ont donnés. Son exemple fut suivi par le prince de Venouse, Charles Gesualdo, dans ses madrigaux à cinq voix.

La *modulation sensible* existait donc avant Claude Monteverde, le maître de chapelle de Saint-Marc de Venise. Il en groupa les faits isolés et employa dans ses ouvrages les dissonances naturelles sans préparation. Le concile de Trente et les bulles des papes n'ont nullement imposé l'emploi des notes de l'échelle du mode pour en former un concours de sons désagréable. Il entre dans l'esprit de l'Église de recommander et d'encourager la forme musicale la mieux appropriée aux textes liturgiques, la moins systématique, et de ne pas sacrifier, comme cela a été prouvé au XVIᵉ siècle, l'intérêt moral, le sens de la lettre sainte aux caprices et aux théories particulières. Or, cet accompagnement *unitonique* est-il favorable au chant, agréable à l'oreille? Aide-t-il à l'intelligence du texte? Loin d'accompagner la mélodie, il la brise, détruit ses périodes, ne prépare pas les finales, n'indique pas les repos ; au lieu de la soutenir, il l'abandonne et la trahit. Le chanteur expérimenté est gêné ; les modulations et les inflexions de sa voix ne correspondent presque jamais avec le jeu de l'organiste ; s'il est novice, il phrase mal ; il ne connaît ni cadence ni ponctuation. Que devient le texte, qu'un bon organiste et même tout bon accompagnateur ne doit pas négliger de suivre? Rien n'indique la phrase littéraire, ni même le mot, dans cette succession d'accords semblables, dépourvus de ces affinités tonales qui distinguent les périodes et séparent les groupes des syllabes et des sons ; en un mot, c'est du bruit, et pas autre chose. Sous l'empire d'idées *à priori*, sous une influence prétendue archaïque, le directeur de l'école de musique religieuse et ses collaborateurs ont cru rendre l'exécution du plain-chant plus austère, plus conforme à ses origines. Ils se sont trompés théoriquement, et dans la pratique ils ont amené dans nos églises une véritable cacophonie. Ce système a été enseigné depuis plusieurs années aux élèves de l'école de musique religieuse avec l'autorité qu'on attache aux écoles officielles. Un assez grand nombre de jeunes organistes sont sortis de cet établissement imbus de cette doctrine erronée, qui, par eux, s'est répandue dans un grand nombre d'églises. Ces jeunes artistes seraient peut-être un peu embarrassés de donner la raison du mode d'accompagnement qu'ils emploient ; toutefois, ceux que j'ai vus ne m'en ont pas moins paru attachés à leurs idées.

Le plain-chant ainsi accompagné, perdant ses qualités mélodiques, n'a plus de sens et fatigue l'auditoire. On a recours alors aux messes et aux motets en musique, et on ne chante plus en plain-chant que les introït, les graduels et les alleluia, qui sont la partie la moins lyrique et la moins populaire du chant liturgique. Pour que les fidèles mêlent leurs voix à celles du chœur, il faut qu'on leur fasse entendre souvent les mêmes chants et que l'harmonie dont on se sert pour les accompagner ne déroute pas les habitudes de leur oreille. Le mal existe, et nous croyons que le *Traité d'accompagnement du Plain-Chant* rédigé par M. Moncouteau et publié par MM. Adrien Le Clère contribuera à en atténuer les effets, sinon à le faire disparaître. L'auteur vous prie d'accepter le don qu'il fait à notre bibliothèque de son ouvrage ; c'est un beau volume in-4°. La doctrine qui y est enseignée n'est pas nouvelle. Ce n'est pas une de ces idées écloses d'hier et qui s'évanouiront demain. C'est la véritable méthode traditionnelle, si longtemps pratiquée par nos plus célèbres artistes et par une foule d'autres plus modestes. Un musicographe connu par ses nombreux ouvrages, M. Adrien de la Fage, a aussi publié un traité sur le même sujet, auquel il a donné le titre singulier de *Routine pour accompagner le Plain-Chant*. Le titre n'était pas juste, car il fallait connaître à fond le solfége et avoir étudié l'harmonie pour bien posséder cette routine. En outre, cette méthode a l'inconvénient de proscrire les accords de sixte, c'est-à-dire de priver l'accompagnement de variété et d'effets mélodiques. Le traité d'accompagnement de plain-chant de M. Moncouteau s'adresse de préférence aux instituteurs et aux personnes du monde qui veulent, pendant la belle saison, toucher l'orgue de leur village. Quand il n'y aurait que ce résultat d'obtenu, le Traité se recommanderait déjà suffisamment, car on entend souvent dans les églises de campagne et dans les petites villes de province des successions d'accords barbares et burlesques. Mieux vaudrait mille fois qu'on se contentât de l'unisson et que l'organiste n'eût qu'un doigt. Mais le Traité a un autre genre de mérite : il expose les véritables principes de l'accompagnement d'après les lois de l'harmonie la plus naturelle et la mieux appropriée au plain-chant. L'auteur dit dans la préface : « Je crois que pour accompagner le plain-chant il faut donner à chaque note l'harmonie qui lui est naturelle dans le ton où on l'a considérée, suivre les diverses modulations du chant, et mettre la note sensible à l'accompagnement toutes les fois qu'il n'y a pas d'inconvénient à le faire. Tels sont les principes d'après lesquels j'ai toujours entendu, à fort peu d'exceptions près, accompagner le plain-chant par les meilleurs organistes de Paris. Ainsi, quand un plain-chant du premier ou du second mode finit par les notes *ré*, *mi*, *ut*, *ré*, on ne fera pas l'*ut* dièze sur le *mi*, à cause de la proximité de l'*ut* naturel ; mais on trouve, surtout dans les plains-chants des deux premiers modes, une foule de phrases renfermées dans les cinq premières notes de la gamme *ré*, *mi*, *fa*, *sol*, *la*, et qui sont franchement en *fa* ou en *ré* mineur ; on doit dès lors mettre à l'accompagnement le *si* bémol et l'*ut* dièze, comme on le ferait si ces mélodies portaient un autre nom que celui de plain-chant. Nous croyons que l'erreur de ceux qui blâmeraient cette manière de voir serait de sacrifier le sentiment musical aux exigences d'une théorie arrêtée d'avance, mais dont la mise en pratique ne tarderait pas à faire sentir les inconvénients. »

Montrons par quelques exemples le résultat des deux systèmes. S'agit-il d'accompagner la terminaison du premier ton en J, qu'on n'accusera pas d'être moderne, *la*, *la*, *la*, *sol*, *fa*, *sol*, *sol*, *fa*, *mi*, *ré?* cette phrase finit franchement en *ré* mineur. Que le plain-chant soit à la basse ou à la partie supérieure, il n'en faut pas moins faire l'*ut* dièze à l'accompagnement sur le *mi* qui précède le *ré* final. Or, les partisans du système que je combats veulent que l'on fasse l'*ut* naturel, pour ne pas introduire de notes étrangères à la gamme du plain-chant, dont toutes les notes sont naturelles. Mais cette dernière harmonie ne sera jamais aussi douce que celle adoptée par tous les compositeurs.

Veut-on mettre à la basse la phrase suivante : *la, ré, ut, si, ut, ré, ut, si, la,* tirée de la séquence *Veni, Sancte Spiritus,* qui ne remonte pas moins haut que le XI siècle ? Il n'est aucun harmoniste qui ne fasse dans cette phrase le *sol* dièze pour moduler en *la* mineur. Les auteurs du système récent veulent au contraire que l'on fasse le *sol* naturel, qui produit une harmonie insupportable pour l'oreille. La plupart des plains-chants des troisième et quatrième modes finissent par *ré mi,* ou par *fa mi ;* lorsque le plain-chant est à la basse, il faut, si l'on ne veut pas faire des notes étrangères à la tonalité du plain-chant, finir par l'accord parfait du *mi* mineur, *mi sol si.* C'est là une harmonie tout à fait défectueuse, et en voici la raison : il n'y a que quatre tons dans lesquels le *fa* et le *mi* soient tous deux naturels, savoir : en *ut* majeur, en *la* mineur, en *fa* majeur et en *ré* mineur. Dans les autres tons, on aurait le *fa* dièze ou le *mi* bémol. Or, dans les quatre tons indiqués, le *mi* ne comporte pas l'accord parfait mineur ; en *ut* et en *fa,* le *mi* à la basse demande, comme troisième et septième note de ton, à être accompagné par l'accord de sixte *mi sol ut ;* en *ré* mineur, le *mi* à la basse comporte l'accord de sixte *mi sol ut* dièze, ou l'accord de quinte diminuée, *mi sol si* bémol ; enfin en *la* mineur, il faut faire sur le *mi* l'accord parfait majeur *mi sol* dièze, *si.* Il faut le *sol* dièze comme note sensible du ton ; sans cela, le *sol* naturel serait contraire aux règles du solfége et de l'harmonie. D'après ces exemples, auxquels on pourrait ajouter une foule d'autres, nous croyons que les harmonistes demeureront bien convaincus que l'application à l'accompagnement du plain-chant des règles de l'harmonie telles qu'elles sont enseignées et pratiquées partout est bien préférable au système qui voudrait interdire toutes les modulations passagères pour ne pas introduire dans l'accompagnement de notes étrangères à la gamme dans laquelle le plain-chant a été composé. Le choix entre les deux manières d'harmoniser le plain-chant a une grande importance ; en effet, s'il est vrai de dire que la plupart des fidèles sont étrangers à la connaissance des règles de l'harmonie et du plain-chant, il n'est pas moins exact d'affirmer que la plupart d'entre eux sont doués d'assez de sentiment musical naturel pour être plus favorablement impressionnés par une harmonie suave que par des accords rebutants pour l'oreille.

De quelle manière le plain-chant doit-il être exécuté ? à la partie supérieure? à celle du ténor? ou doit-il être mis à la basse? Les personnes qui se sont occupées de la science du plain-chant depuis une vingtaine d'années ont presque toutes émis l'avis que le plain-chant devait être traité comme une mélodie, et par conséquent qu'il devait être toujours mis à la partie supérieure. Il semble qu'il suffise d'émettre cette opinion pour qu'aucune objection ne puisse prévaloir contre elle. Et cependant nous pensons que ce système absolu offre des inconvénients dont le moins grave consiste dans l'uniformité de l'exécution et dans le non-emploi des beaux effets auxquels se prête particulièrement le plain-chant. La place que doit occuper le plain-chant dans la partition dépend de la nature des morceaux, des moyens d'exécution dont le maître de chapelle dispose, enfin du degré de solennité des offices. En premier lieu, si tel morceau de plain-chant ne s'éloigne pas trop de la gamme diatonique moderne, s'il offre une mélodie facile à saisir et qui se prête à une basse naturelle, ce morceau perdrait ses qualités s'il était mis ailleurs qu'à la partie supérieure. Tels sont l'*Inviolata*, l'*Ave verum*, l'*Adoro te supplex*, etc. D'autres morceaux comme les *Alleluia* et les Graduels, les Répons, les Antiennes, peu propres à recevoir une basse régulière et agréable, sont mieux placés à la basse. Les accords parfaits et les sixtes qui les surmontent sans étouffer le son fondamental et ses dérivés, ajoutent une harmonie qui en adoucit la rudesse. Si enfin le chant est psalmodique et très-connu, tel que la mélopée de nos psaumes, il peut recevoir au-dessus des parties d'accompagnement et au-dessous une basse, et cette sorte de partition s'appelle faux-bourdon. Nous avons dit que les voix dont le maître de chapelle dispose devaient aussi déterminer la manière de chanter le plain-chant. Les partisans du plain-chant mis toujours à la partie supérieure ont-ils réfléchi à la composition du personnel du chœur de nos églises? Les voix y sont de quatre espèces : les dessus et seconds dessus, les ténors et les basses, ou chantres proprement dits. A quoi servirait ce quatuor indiqué par la nature? Si l'on fait exécuter le chant par les enfants, il sera loin d'être assez sonore, et, d'ailleurs, les fidèles ne pourraient chanter aussi haut. Si l'on fait exécuter le chant par les dessus et les ténors, l'harmonie devra être écrite à voix égales, pour éviter les croisements, et cette manière d'écrire est difficile, fatigante par sa monotonie. En dernier lieu, lorsque l'exécution doit être rapide, comme dans les offices ordinaires, dans le chant des antiennes pendant les vêpres d'un dimanche après la Pentecôte, il est clair que le chant joué à la partie supérieure donne des basses sautant de quarte et de quinte. Ce mouvement produit un effet aussi insupportable pour l'oreille lorsqu'il est rapide, qu'agréable, au contraire, lorsqu'il est lent. Le même chant mis à la basse et accompagné à la main droite par des accords parfaits et des accords de sixte donne une succession fréquente de degrés conjoints très-harmonieuse et parfaitement conforme au caractère de la mélopée ecclésiastique. En dernier lieu, on sait que dans un accord de quatre notes exécuté sur l'orgue et sur le même clavier avec un mélange de jeux d'anches, la note la plus grave sera la mieux saisie par l'oreille, parce qu'elle est la plus forte. Si la note supérieure reproduit le chant, ce chant est nécessairement couvert par les trois autres notes, et quand le plain-chant est exécuté de cette manière, on n'entend que des successions de quartes et de quintes à la basse qui sont dépourvues d'intérêt; la mélodie est étouffée, l'effet musical est très-mauvais, et le but liturgique n'est pas atteint. Si l'on veut jouer le chant à la partie supérieure, de manière à ce qu'il soit entendu, il faut se résoudre à ne l'exécuter qu'avec les jeux de fond, dont on pourra éclaircir les dessus en y mêlant une doublette, ou, si l'on veut employer les jeux d'anches, jouer la note du chant sur un clavier, sur celui du grand orgue, par exemple, et faire l'accompagnement sur un autre clavier chargé de jeux plus doux. Il importe de tenir compte de toutes ces circonstances pour bien exécuter le plain-chant sur l'orgue, et de se garder d'un système absolu, qui, en toute chose, a des inconvénients, mais qui, en musique, a le tort assez grave, on en conviendra, de ne compter pour rien et le goût et l'oreille.

L'hérésie musicale que nous signalons ici a, comme toutes les hérésies, un prétexte spécieux ; un faux semblant de raison a séduit des hommes de bonne foi. S'il fallait donner un nom à cette erreur, on pourrait l'appeler l'hérésie des *anatonistes;* et, en effet, les partisans de cette doctrine méconnaissent toute affinité tonale. Sous prétexte que les modes du plain-chant ont horreur de la tonalité moderne, ils s'opposent à ce qu'on s'en serve pour l'accompagnement. Si on les presse un peu sur les conséquences de leur système, si on leur expose, par exemple, qu'il n'y a pas deux harmonies, pas plus que deux systèmes diatoniques ; que les accords formés exclusivement des notes de l'échelle, loin d'accompagner la mélodie, la détruisent, ils se retranchent derrière le dernier rempart de la logique, et déclarent que puisqu'il y a incompatibilité entre une harmonie régulière, satisfaisante, et le plain-chant, il ne reste plus qu'à chanter celui-ci à l'unisson. Ainsi, ce que nos ancêtres des XIIᵉ et XIIIᵉ siècles n'hésitaient pas à faire pour embellir leurs solennités, en rompre la monotonie avec les ressources dont ils pouvaient alors disposer, nos Aristarques ne nous l'accordent pas, en ce moment où les instruments sont devenus plus parfaits, la science de l'harmonie plus épurée, le sens musical plus développé. Ils mettent toujours la tonalité moderne en jeu ; c'est par l'effet d'une exagération assez orgueilleuse qu'on croit à la découverte de la tonalité moderne au même titre qu'à celle de l'Amérique ou de la vapeur. Nous avons vu que les uns l'attribuent à Monteverde, d'autres à Adam Gumpelzheimer, que d'autres la font remonter à Vicentino, à Zarlino et à Willaert. Or, de nombreux documents offrent des traces de la tonalité dite moderne dans l'emploi des sons simultanés pendant les trois siècles qui ont précédé l'époque de Monteverde. L'accord de quinte diminuée, celui de septième de dominante suivi de sa résolution, se trouvent dans divers manuscrits, notamment dans celui de Gautier de Coincy, et dans plusieurs fragments qu'on peut examiner dans l'*Histoire de l'Harmonie au moyen âge*, de M. de Coussemaker. Si, laissant de côté les essais tentés autrefois pour accompagner les chants, nous nous bornons à étudier la tonalité dans la mélodie elle-même, nous remarquons que cette tonalité était une partie intégrante des modes du plain-chant et faisait partie primitivement des modes ecclésiastiques (1). En effet, qu'était-ce que le treizième mode, sinon notre gamme d'*ut* majeur? On l'a rapporté en partie au cinquième mode sur l'échelle de *fa*, et les copistes ou traducteurs, négligeant d'indiquer le *si* bémol, qui fixait le demi-ton entre le troisième et le quatrième degré, ont modifié la transposition et écrit un triton ou quarte augmentée là où existait une quarte juste, le *diatessaron*, si fréquemment cité ; et cette erreur de transposition a été le point de départ d'une foule de duretés dans le chant liturgique, comme aussi de préjugés dans la théorie. Le neuvième mode sur l'échelle de *la* offrait à la fois la tierce mineure et la sixte mineure, absolument comme notre mode mineur. Lorsqu'on l'a supprimé et qu'on en a rapporté les chants au premier mode en *ré*, le *si* bémol aurait dû être toujours indiqué, et c'est ce qui n'a pas eu lieu.

Nous n'allons pas certes jusqu'à établir une connexité absolue, complète, entre quelques-uns des modes du plain-chant et les deux tonalités modernes majeure et mineure. Mais nous croyons que les différences résultant de la mise en œuvre des diverses échelles diatoniques ne doivent pas aboutir à cette conclusion fatale et presque barbare de la séparation radicale des deux systèmes et de l'exécution du chant à l'unisson. Comprenez-vous, messieurs, que dans nos cathédrales et nos paroisses, les jours de grande solennité, les voix de basses, de ténors, d'enfants, ne fassent entendre qu'un chant à l'unisson ou à l'octave, accompagné d'une seule note jouée avec un doigt par l'organiste, auquel

---

(1) Dans une conversation que j'ai eue avec M. Fétis, à Rouen, où l'inauguration du grand orgue de la cathédrale nous avait réunis, j'ai pu constater que cette analogie des neuvième et treizième modes avec notre tonalité moderne était reconnue également par cet illustre savant, dont l'opinion a une si grande autorité dans toutes les questions qui intéressent la science musicale.

on joindrait sans doute une contrebasse et un serpent? Admettre cette hypothèse, c'est prouver par l'absurde combien il est nécessaire de faire concourir avec prudence, mais avec science et bon goût, les ressources de l'harmonie à nos fêtes religieuses.

Nous avons dit que les partisans de l'accompagnement *unitonique* n'avaient pas pour eux l'autorité du passé. Espèrent-ils obtenir les suffrages de l'avenir? Il est vrai que les effets de ces accords non enchaînés sont nouveaux. Cette musique de l'avenir, préconisée par des esprits chercheurs et délicats, mais chimériques, a été assez mal accueillie en France. Elle est retournée se perdre dans les brumes de l'Allemagne. Nous croyons qu'on fera bien de faire disparaître les derniers vestiges de son passage, car la destruction de toute tonalité serait le résultat inévitable de son acclimatation.

C'est une préoccupation digne des esprits élevés que de chercher à concilier l'interprétation actuelle avec le caractère primitif des œuvres d'art, surtout quand il s'agit de l'expression des choses religieuses, dont le fond est permanent et inaccessible aux caprices des hommes. Mais il faut savoir prendre son parti de certaines incompatibilités qui résultent de la concordance forcée d'éléments appartenant à des époques différentes. Or, les mélodies du plain-chant existent depuis des siècles; elles appartiennent à plusieurs époques fort éloignées les unes des autres. Les unes ont une origine hébraïque, les autres proviennent des Grecs; celles-ci ont été composées du VI⁰ au VIII⁰ siècle; celles-là ne remontent qu'aux XIIᵉ et XIIIᵉ. La liturgie romaine a admis même des chants plus récents: la Messe de Dumont, écrite au XVIIᵉ siècle, des Proses, des Hymnes, ainsi que des offices particuliers à certains diocèses.

Pendant un si long espace de temps, ce qui est demeuré, c'est la mélopée dans sa forme la plus simple, dans sa substance dégagée des influences passagères du temps. Au contraire, ce qui s'est perdu, évanoui, modifié ou transformé, c'est précisément la forme superficielle, les ornements, les caprices de la mode, le revêtement extérieur, comme le badigeon qui entoure l'édifice. Pendant que le chant se perpétuait à travers les âges, l'étude de la science de l'harmonie se développait, et, à chacune de ces étapes, elle s'exerçait sur le chant religieux avec plus ou moins de bonheur. L'usage d'accompagner le plain-chant est donc assez ancien pour qu'on ne puisse y renoncer. Or, il ne saurait être accompagné que par des accords qui le fassent valoir et qui l'embellissent: sans cela, à quoi bon? Pour y réussir, il n'y a pas d'autre harmonie que l'harmonie tonale. Le plain-chant s'y prête presque constamment, et si l'harmonie rencontre dans l'application des obstacles, des incompatibili-tés provenant de la haute antiquité du thème et de sa conception primitive, il y a des formules particulières pour ces passages difficiles et des transactions nécessaires. Ces formules sont connues, et elles sont d'un si bel effet qu'elles ont passé de la musique d'église dans la musique profane ; la transition du mode mineur au mode majeur, par exemple, sur le dernier accord d'un morceau, n'a pas d'autre origine que l'harmonie employée sur les finales des 3e et 4e tons. C'est ce qu'on appelait, au siècle dernier, la *tierce picarde*.

On a dit avec quelque raison que la musique est d'un siècle en retard si on compare ses développements et ses progrès avec ceux des autres manifestations de l'art. Michel-Ange et Raphael semblent même avoir devancé de deux siècles Mozart et Beethoven. Sans nous attacher à cette comparaison plus qu'il ne faut, nous ferons remarquer que l'antagonisme qui se donne carrière en musique contre la réalité des faits harmoniques, contre l'enchaînement des accords et des tonalités et contre la tonalité elle-même, rappelle les excès du romantisme littéraire de 1830. La musique gagne du terrain, puisque trente-quatre années seulement nous séparent de cette époque vertigineuse. Quelque talent que déploient les partisans de ces nouvelles doctrines, et quel que soit l'encouragement passager qu'ils rencontrent par suite de l'affaiblissement du goût public, les conquêtes de la science et de l'art n'en seront pas moins impérissables.

La démonstration scientifique des faits harmoniques est d'accord avec le plaisir de l'oreille. En méconnaissant ce bel ordre, nos *anatonistes* retournent dans une impasse sans lumière, se meuvent dans un cercle vicieux, semblables à un cheval attelé à un manége et qui croit avancer parce qu'il marche, tandis que le génie investigateur de l'homme, une fois maître des lois harmonieuses que la nature lui a longtemps cachées, en tire des œuvres nouvelles empreintes des deux caractères de la puissance productrice : la beauté et la fécondité.

FRAGMENTS DE L'HISTOIRE DE LA MUSIQUE

(Ouvrage de M. Gustave CHOUQUET, couronné par l'Institut)

Lus par M. Ambroise THOMAS, *président de la Société.*

MESSIEURS,

De douloureuses circonstances n'ont point permis à M. Gustave

Chouquet de se rendre à votre aimable invitation (1), et je crois répondre à vos désirs en vous lisant pour lui quelques pages de son *Histoire de la Musique en France*. Je choisirai de préférence celles qu'on a déjà révélées au public dans la séance solennelle de l'Académie des Beaux-Arts, où l'on a couronné cet ouvrage de haute érudition et d'un si vif intérêt philosophique. Je vous demanderai même la permission de me servir ici du Rapport de l'Institut pour enchaîner les uns aux autres les courts extraits que je vais avoir l'honneur de vous soumettre. Ils se rapportent, vous l'allez voir, à une époque bien connue et à des compositeurs dramatiques.

Voici comment M. Gustave Chouquet entre en matière, avant de peindre l'état de la musique française sous Louis XIV :

« L'œuvre de Richelieu est accomplie : le parlement est vaincu, et l'aristocratie a été frappée d'impuissance. Louis XIV, beau, noble, majestueux et triomphant, gouverne la France, non en despote vulgaire, mais en maître qui sait unir pour régner. Sa cour offre le modèle des suprêmes élégances, et du trône royal part le souffle puissant qui doit animer tout un siècle. Le jeune souverain qui s'écrie : « L'État, c'est « moi », eût pu dire avec autant de vérité : « La littérature, c'est moi ; « l'art, c'est moi ; » — car poëtes, écrivains, architectes, peintres, sculpteurs et musiciens, tous s'inspirent de lui, tous travaillent pour lui. C'est là ce qui donne aux œuvres de cette époque ce caractère d'unité parfaite que, depuis lors, les monuments de l'art français n'ont plus présenté au même degré. La musique est solennelle comme la poésie de Racine et de Boileau ; elle rappelle, pour la grandeur et la majesté pompeuse, aussi bien les toiles de Charles Lebrun que les jardins dessinés par Le Nôtre, et la façade de Versailles construite par Jules Hardouin Mansard. Aussi voit-on les deux courants qui jusque-là avaient alimenté l'art musical sans se confondre, — le courant scientifique et religieux d'une part, et, de l'autre, le libre courant populaire, — se mêler enfin harmonieusement et d'une façon si complète, que les chants de l'église ne diffèrent point, quant à la forme, de ceux du théâtre. Le religieux Lalande et le profane Lully ne sont plus de simples contemporains : ils sont la vivante expression de la ferveur religieuse et monarchique de leur temps. »

Ainsi s'exprime l'historien, cherchant toujours à marquer d'un trait sobre et rapide chacune des grandes époques dont il doit parler. Passons à présent dans la galerie du portraitiste, et voyons quel était ce Lully qu'il vient de nommer.

---

(1) M. Gustave Chouquet a eu le malheur de perdre sa mère quelques jours avant la séance de l'Institut où on lui a décerné le prix Bordin.

« Il y a dans Lully deux personnages opposés, et chez lui le caractère est loin d'être à la hauteur du talent. L'honnête Despréaux, dans un accès de sévérité sans doute hyperbolique, le traite de *bouffon odieux*, de *cœur bas*, de *coquin ténébreux*, — et malheureusement le poëte, en s'exprimant avec cette rigueur, n'a que bien peu exagéré le jugement de l'histoire. Mais le peu d'estime que l'homme nous inspire ne doit pas nous rendre injuste pour l'artiste.

« Lully avait par-dessus tout le don de plaire et d'amuser. Doué d'un esprit fin et délié, courtisan adroit, grimacier des plus divertissants, ce *roi des drôles*, comme on dirait de nos jours, savait, dans les circonstances les plus critiques de sa vie, à l'heure où son crédit et sa fortune semblaient sur le point de s'écrouler, faire une adroite volte-face, — et, en pleine représentation de *M. de Pourceaugnac*, il imaginait d'échapper à ceux qui le poursuivaient de trop près, en s'élançant de la scène sur un clavecin de l'orchestre qu'il brisait dans sa chute, et, à force de bouffonneries, il provoquait l'hilarité du roi, qui l'accablait ensuite de compliments et de faveurs.

« Tout en dissipant une partie de sa vie dans les excès, Lully se préoccupait vivement de sa gloire d'artiste, et ne négligeait rien de ce qui pouvait servir ses intérêts de compositeur. Il déployait une activité merveilleuse, et on le voyait tour à tour directeur, maître de chant, chef d'orchestre, chorégraphe et metteur en scène, toutes les parties de l'art théâtral lui étant familières.

« Il faut en convenir, on ne suffit pas à une tâche pareille sans avoir reçu de la nature des dons exceptionnels. Quelques reproches qu'on puisse adresser à Lully, quelques fautes qu'on ait le droit de relever dans son œuvre, il y aurait injustice à lui refuser du génie. Nous voulons bien reconnaître que son instrumentation est pauvre, quoique assez souvent recherchée, et que ses harmonies manquent parfois de correction ; nous ne sommes point surpris qu'on reproche à ses opéras de pécher par la similitude des procédés, par le retour trop fréquent des mêmes rhythmes, par l'emploi constant d'un même contre-point à la basse, — contre-point qui sert à peindre la fureur de Roland aussi bien que les ondulations de la barque de Caron ; mais nous ne saurions admettre, avec un critique contemporain (1), que Lully n'a guère donné qu'une ou deux preuves de sentiment dramatique. Beaucoup de ses chœurs, parfaitement en situation, produisent encore aujourd'hui tout leur effet. Certaines pages d'*Atys*, d'*Armide*, de *Roland*, de *Proserpine*, d'*Isis*, de *Phaéton*, d'*Acis et Galatée*, peuvent

______

(1) M. Léon Kreutzer.

soutenir la comparaison avec l'air de Caron : *Il faut tôt ou tard*, *il faut passer dans ma barque*, — le plus beau morceau d'*Alceste ;* avec l'air d'Égée : *Faites grâce à mon âge*, dans l'opéra de *Thésée*, et avec le célèbre trio des Parques d'*Isis*, cet ouvrage qu'on avait surnommé *l'opéra des musiciens.*

« Ne demandons point des jardins anglais au dessinateur des allées grandioses et des magnifiques terrasses du château de Versailles ; ne réclamons point de Lully des mouvements passionnés, des agitations fébriles qui eussent troublé son maître dans sa solennelle majesté, et qui eussent paru contraires aux bienséances théâtrales comme aux lois sévères de l'étiquette de la cour. N'oublions point que le compositeur devait plaire avant tout au monarque, et que Louis XIV détestait la musique brillante, les mélodies vives et pimpantes. Et, faisant la part des circonstances et du temps, reconnaissons que les airs de la plupart de ses ballets ont de la grâce, que ses divertissements sont agréables et gais, enfin, que sa musique d'église et sa musique de théâtre attestent la grande abondance de ses idées et une fécondité d'imagination qu'on n'avait point encore montrée en France. »

Après avoir fait connaître le compositeur favori de Louis XIV, après avoir tracé l'histoire de l'Académie de musique depuis Cambert, l'infortuné créateur de l'opéra français, jusqu'à la fin de la régence, M. Gustave Chouquet arrive à parler de Rameau, ce musicien de génie, à qui sa ville natale élève enfin une statue, et qu'un habile ciseau nous représentera bientôt le front ceint d'un double laurier.

Nous allons lire une des pages qu'il lui consacre.

« L'Académie royale de musique était en pleine décadence. Elle inspirait à Scaramouche ce couplet satirique :

> Chantez, chantez, petits oiseaux,
> Près de vous l'Opéra, l'Opéra doit se taire :
> Vous faites tous les jours des chants, des airs nouveaux,
> Et l'Opéra n'en sauroit faire.

Elle méritait les sarcasmes de Voltaire, qui écrivait en 1732 à son ami Cideville :

« L'Opéra n'est qu'un rendez-vous public où l'on s'assemble cer« tains jours sans trop savoir pourquoi ; c'est une maison où tout le « monde va, quoiqu'on pense mal du maître, et quoiqu'il soit assez « ennuyeux. »

« Le secours vint à l'Opéra de celui-là même qu'il avait d'abord repoussé, d'un musicien qui dut sa réussite aux encouragements et à l'appui d'un riche amateur.

« Jean-Philippe Rameau n'était connu que comme organiste et claveciniste du premier ordre, quand, à la gloire d'avoir fondé la science de l'harmonie, il voulut ajouter celle de régénérer le drame lyrique français. Après quelques essais sur une scène inférieure, il ambitionna de se produire à l'Académie royale de musique. Professeur de clavecin de madame de la Poupelinière, il avait obtenu par le crédit du célèbre financier un poëme de Voltaire; mais le sujet de *Samson* parut trop austère et trop biblique au directeur Thuret, qui refusa la partition de Rameau. Cet homme de génie en fut réduit à s'adresser à l'abbé Pellegrin,

> Qui dînait de l'autel et soupait du théâtre,
> Le matin catholique et le soir idolâtre.

« Il eut à lui souscrire un billet de 500 livres pour obtenir la pièce d'*Hippolyte et Aricie*. Il est vrai que le poëte dilettante, après la répétition du premier acte de cet opéra, s'empressa de déchirer l'obligation qui lui assurait une indemnité en cas d'insuccès. Cette répétition, faite chez de la Poupelinière, le protecteur et l'ami de Rameau, eut un grand retentissement et décida Thuret à représenter *Hippolyte et Aricie*, le 1er octobre 1733.

« L'ouvrage n'obtint pas le succès qu'il méritait. Le public n'apprécia point tout d'abord ces airs dont l'accompagnement tendait à augmenter l'expression, ces symphonies d'une couleur si pittoresque ou d'un mouvement si passionné, ces chœurs d'une mâle énergie, ces accents qui ne ressemblaient plus à ceux de Lully et de ses imitateurs. On ne craignit pas de décourager le compositeur à son entrée dans la carrière dramatique. Tous les esprits dénigrants, tous les jaloux, s'écrièrent avec un poëte qui cultivait l'épigramme :

> Si le difficile est le beau,
> C'est un grand homme que Rameau.
> Mais si le beau, par aventure,
> N'était que la simple nature,
> Quel petit homme que Rameau !

« Cependant les vrais musiciens, les Campra, les Mouret, ne se trompèrent point sur la valeur de cet opéra : ils y reconnurent un novateur qui allait se placer à la tête de son art. En effet, bien qu'il eût déjà cinquante ans quand il donna sa première partition, Rameau ne produisit pas moins de vingt-sept opéras ou ballets de 1733 à 1760, année où l'on représenta *les Paladins*.

« Cette fécondité remarquable s'explique par le caractère énergique et persévérant du compositeur, et par la vie régulière et laborieuse qu'il menait. Doué d'une santé robuste, qu'il devait à son excessive sobriété, il pouvait s'adonner sans fatigue à des travaux considérables. Ennemi du monde, il avait horreur des importuns, et ne souffrait point qu'on le dérangeât au milieu de ses occupations. On sait qu'il ne se taxait pas de politesse ; on l'accusait même de manquer d'égards envers ses collaborateurs, et de les traiter un peu trop comme Boileau veut qu'on traite la rime. Aussi en fut-il réduit à écrire sur des vers de Cahusac, et ne sut-il obtenir que trois poëmes du souple et patient Gentil Bernard, l'auteur de *Castor et Pollux*. Pour Rameau, le sujet, les situations, étaient tout ; les vers ne comptaient pour rien. Il fut le premier musicien qui obligea les poëtes à mettre des paroles sur un air composé d'avance, parce qu'il intercalait volontiers une de ses jolies pièces de clavecin dans ses opéras, faisant, par exemple, d'un de ses menuets, le chœur ravissant de *Castor et Pollux : Dans ce doux asile.*

« Rameau fut nommé compositeur du cabinet du roi avec une pénsion de 2,000 livres, pour avoir improvisé, en 1745, à l'occasion du mariage du Dauphin, *le Temple de la Gloire* et l'intermède de *la Princesse de Navarre*. Il fut aussi anobli par Louis XV et nommé chevalier de l'ordre de Saint-Michel. Il ne prit seulement pas la peine de faire enregistrer ses lettres de noblesse, comme s'il avait pressenti qu'aux yeux de la postérité ses vrais titres de distinction, c'était la gloire d'avoir fondé la science de l'harmonie et d'avoir écrit *Hippolyte et Aricie, les Indes galantes, Castor et Pollux, Dardanus et Zoroastre.* »

Après Lully, après Rameau, comment ne point parler de Gluck ? Ces trois grands musiciens, si supérieurs dans l'art de la déclamation, ne sont-ils pas considérés comme les fondateurs de notre tragédie lyrique ? Ouvrons donc le chapitre que M. Gustave Chouquet a consacré à l'immortel auteur d'*Iphigénie*, d'*Orphée*, d'*Alceste*, d'*Armide ;* nous terminerons par cet extrait :

« Si Gluck s'était contenté de déclamer juste, il n'eût fait que reprendre et perfectionner l'œuvre de Lully et de Rameau. S'il s'était borné à chasser le clavecin d'accompagnement de l'orchestre, à y introduire la harpe et le trombone, à se servir des clarinettes, à marier heureusement les instruments, à donner plus de puissance et d'intérêt à la symphonie, à comprendre que l'interruption momentanée des sons est un des moyens magiques de varier et d'augmenter les effets du discours musical, il aurait déjà droit à notre estime et à notre reconnaissance, mais nous n'aurions pas à le considérer comme un des maîtres souverains de l'art. Qu'a-t-il donc imaginé d'extraordinaire ? Il a reconnu que la mission de la musique n'est pas seulement de flatter les sens, mais que les beautés morales sont aussi de son domaine. Il a créé la peinture des caractères; il a su prêter à chacun de ses héros des accents conformes aux mouvements de leur âme. Il s'est servi de l'orchestre pour ajouter à la force d'une situation dramatique, ou pour mettre en opposition le calme apparent d'un personnage avec les agitations de sa conscience. Il s'est montré, en un mot, aussi grand penseur que grand musicien.

Comme Pierre Corneille, il a doté la scène française de tragédies sublimes, et, si l'on a pu justement reprocher à l'auteur du *Cid*, des *Horaces*, de *Cinna*, de *Polyeucte* et de *Pompée*, d'avoir trop aimé Lucain et Sénèque, peut-être serait-on également en droit de regretter que Gluck ait subi l'influence de l'école déclamatoire des Encyclopédistes. Mais, ainsi que le noble poëte, par quels traits ineffaçables ne sait-il pas racheter un peu d'enflure et quelques phrases embarrassées, quelques légères incorrections de style! Entre ces deux mâles génies, plus réfléchis que spontanés, nous trouvons encore ce trait de ressemblance : leurs tragédies ont toutes un type de grandeur commun ; mais elles diffèrent les unes des autres par la physionomie, par les formes et par les caractères. Leur théâtre n'amollit pas; tout au contraire, il élève, il fortifie les cœurs. C'est là ce qui met leurs chefs-d'œuvre à l'abri des caprices de la mode et des injures du temps. »

SÉANCE ANNUELLE (11ᵉ BIS)

29 DÉCEMBRE 1864.

SOMMAIRE :

1. Rapport sur les travaux de la Société par M. Poisot, secrétaire.
2. Tirage au sort de cinq noms parmi les dix restés l'an dernier au fond de l'urne.
3. Election de cinq membres du Comité, anciens ou nouveaux.

Rapport lu à la deuxième séance annuelle (Jeudi 29 décembre 1864), par M. Poisot, secrétaire du Comité.

Messieurs et chers collègues,

Chargé par le Comité de vous présenter le rapport annuel fixé par l'article 26 de vos statuts, je dois d'abord réclamer de vous une bienveillante indulgence.

En effet, le compositeur n'est souvent littérateur que par occasion ; il ne faut donc pas être sévère pour son style. — L'an dernier, mon condisciple Ortolan avait bien voulu me suppléer dans la tâche ardue du compte-rendu officiel : il y a réussi ; aujourd'hui votre bienveillance saura m'aplanir les difficultés d'un sujet qui n'a pas le charme des thèmes que vous envoie l'inspiration musicale.

Donc, reprenons les choses à l'issue de la séance annuelle du 30 janvier dernier, et disons d'abord pourquoi votre Comité a jugé à propos d'avancer d'un mois, cette année, l'époque de vos élections.

Ce qui préoccupe surtout votre Comité, messieurs, c'est l'intérêt qu'il cherche à donner à vos séances de fin de mois. Là, en effet, vous assistez à des lectures scientifiques qui font avancer la théorie musicale, comme vous l'ont prouvé les travaux de MM. Durutte et Barbereau.

Là aussi on discute les méthodes d'enseignement et l'on sonde les côtés peu connus de la physionomie de l'art ; il y a toujours, dans ces entretiens musico-littéraires, des faits nouveaux à retenir, un progrès de la science à mettre en relief.

Avide de ces communications pour lui comme pour vous, le Comité a pensé qu'il y avait convenance et intérêt à prier M. Fétis, l'illustre doyen des érudits musicographes, de vouloir bien lire à notre Société un travail choisi parmi les sujets de ses nombreuses recherches. — Le savant maître de chapelle du roi des Belges, chargé en ce moment des répétitions de *l'Africaine*, nous a promis son concours pour le dernier samedi du mois de janvier. — Vu cette occurrence, le Comité a pensé qu'il pouvait, avec votre agrément, messieurs, intervertir l'ordre de ces deux séances consécutives, et mettre les élections de cette année en décembre.

J'essayerai de vous présenter un résumé fidèle et succinct des travaux de votre Comité depuis le commencement de février dernier jusqu'à la fin de l'année courante. — Et d'abord, jetons un coup d'œil sur le mouvement de notre personnel. Vous vous rappelez tous qu'au mois de janvier dernier, les membres sortants du Comité ont été : MM. Deffés, Bazin, Wekerlin, Boulanger et Delioux ; trois d'entre eux ont été réélus ; les deux autres, ayant donné leur démission (1), ont été remplacés par MM. Elwart et Dietsch. Ce dernier a été nommé second vice-président, en remplacement de M. François Bazin, démissionnaire ; M. Bergson, ayant accepté les fonctions de professeur de piano au Conservatoire de Genève, a été nommé à l'unanimité membre correspondant de notre Société dans cette ville.

De nouveaux candidats ont été présentés et admis pendant les dix derniers mois d'exercice ; ce sont : MM. Nicou-Choron, Billard, Lussy, Barrière (ce dernier nommé correspondant à Cherbourg) ; Salvador Daniel, correspondant à Alger ; Delsarte, Auguste Mey, Jules Beer, Lubeck ; Lissajous, membre libre ; d'Indy, Pisani, Balleyguier, Dubois, Fibich, de Sabatelli, Viallon, Sowinski et d'Eichtal, ce dernier nommé membre libre.

Vous le voyez, messieurs, on recherche l'honneur de nous appartenir ; le Comité a décerné à l'unanimité le titre de membre libre à M. Gustave Chouquet, de qui notre digne président M. Ambroise Thomas a lu à notre dernière séance mensuelle des fragments sur l'*Histoire de la Musique en France*. Cet ouvrage a été couronné récemment par l'Académie des beaux-arts. A la fin de l'hiver dernier, quelques sociétaires avaient demandé au Comité de faire exécuter de la musique moderne dans les séances mensuelles ; il eût été bien difficile de concilier à la fois tous les amours-propres. Qui aurait eu le droit de se faire entendre le premier ? pourquoi tel sociétaire aurait-il eu le pas sur tel autre ? Cette question délicate, nous croyons l'avoir résolue par notre dernière circulaire, qui a été favorablement accueillie par nos collègues.

(1) Comme membres du Comité, et non comme membres de la Société dont ils continuent à faire partie.

Dans les deux séances d'audition qui ont eu lieu les 16 avril et 28 mai derniers, on a exécuté tour à tour des compositions instrumentales de MM. Gastinel et Dancla ; des mélodies de notre camarade Émile Durand ; des morceaux d'orgue expressif de son homonyme M. Auguste Durand, et un opéra nouveau de notre infatigable bibliothécaire M. Wekerlin.

On a eu plaisir aussi à apprécier les charmants talents d'exécution de Mlles Lefébure-Wély, de Mlle Caroline Rémaury, élève de notre excellent professeur Lecouppey, et de M. Alphonse Duvernoy, membre de la Société.

Mais il était difficile de tenir constamment en haleine la masse de nos sociétaires, si absorbés d'ailleurs pendant l'hiver par l'abondance des soirées particulières, des concerts et des représentations théâtrales. — Nous avons cru obvier à ces inconvénients, en priant tous nos collègues de s'entendre à l'avance avec le délégué de service (en ce moment M. Charles Delioux, dont nous signalons le zèle à ses successeurs) ; ce délégué est chargé de composer les programmes de nos samedis intimes. Là est en effet, chers collègues, l'âme et le véritable esprit de la Société ; il ne s'agit point de se créer un public nombreux ; ce public, on peut le trouver dans les salles de concerts. Il ne doit exister entre nous qu'un échange de conseils sincères sur nos œuvres nouvelles ; nous devons constituer une famille professionnelle dont la base doit être l'union par l'art et l'amitié dans l'art ; au moyen de ces précieux sentiments, nous donnerons à la Musique, suivant l'esprit de nos statuts, une impulsion puissante et féconde.

Les samedis de fin de mois étant exclusivement réservés aux lectures, et la Musique n'y étant introduite que pour servir de pièces justificatives, les autres samedis doivent donc avoir une importance différente, mais non moindre que celle des samedis musico-littéraires.

Si les premiers réunissent plus de monde, c'est qu'on n'est pas encore habitué à venir aux autres samedis, et je ne serais point étonné que dans quelque temps on se plût davantage à se voir et à s'entendre dans l'intimité, au lieu de ne se rencontrer que dans des réunions où règne une sorte d'étiquette quasi-officielle. — C'est en se voyant souvent, en effet, qu'on peut se connaître et s'apprécier ; de la sorte les bonnes relations s'établissent et l'affection prend la place de sentiments moins élevés.

Votre Comité, messieurs, ne s'est point borné à étudier les moyens de rendre vos séances plus attrayantes ; il s'est aussi préoccupé d'intérêts plus graves. — La liberté des théâtres n'était pas encore promulguée que déjà nous songions aux débouchés nouveaux qu'elle devait nous créer. Les essais de reprises tentées par la Porte-Saint-Martin et les nouveaux ouvrages récemment représentés sur le théâtre Saint-Germain, sont des commencements d'exécution qu'il ne faut pas vouloir juger trop vite. — Lorsqu'on passe rapidement du monopole au régime de la liberté, bien des chocs se produisent, et il est impossible de préjuger même aujourd'hui quels seront les résultats du nouveau décret. Les entreprises lyriques demandent des capitaux considérables, et la concurrence grave que font les théâtres subventionnés aux scènes secondaires peut bien retarder l'essor de ces dernières. — Toutefois nous avons l'espoir que l'avenir sera meilleur, et un plan que nous a fourni M. Laurencin a obtenu la pleine approbation des membres de notre Comité. Quand le moment sera opportun, nous ferons les démarches nécessaires pour que ce plan soit approuvé par le Gouvernement.

Il fallait aussi songer à l'exécution de vos œuvres non dramatiques. — M. Magnus vous a exposé à notre dernière réunion mensuelle l'organisation et le but du Grand-Concert. Si ce projet réussit (et tout porte à le croire), la Musique moderne se relèvera sans nul doute de la concurrence fâcheuse que lui fait aujourd'hui la Musique dite classique, et notre Société pourra se flatter d'avoir donné l'élan à ce mouvement salutaire. — Les travaux que nous ont communiqués MM. Ernest Lépine, Ferrand et Prévost-Rousseau se trouvent ici complétés et agrandis. Si le public vient en aide à cette nouvelle entreprise, ce que nous avons lieu d'espérer, nos œuvres auront un débouché certain et permanent, ce qui n'existait pas encore et cependant était nécessaire dans un pays qui, comme la France, marche à la tête de la civilisation.

Il me reste, messieurs, à vous entretenir des acquisitions nouvelles que la Société a faites. 1° Sur la proposition de M. Gevaert, le Comité a voté les fonds nécessaires à l'achat de la biographie universelle des Musiciens, de M. Fétis (nouvelle édition). — Ce monument précieux d'érudition musicale devait trouver place dans notre bibliothèque, dont le catalogue va être prochainement publié. Il importe, en effet, à chacun de nous de connaître nos richesses bibliographiques et de pouvoir y recourir souvent.

Nous avons fait aussi l'acquisition d'un violoncelle et d'un alto qui font désormais partie de notre patrimoine commun. — La Musique de chambre, ancienne et nouvelle, doit en effet former la base de nos réunions ordinaires, et il est utile d'avoir constamment sous la main des instruments dont le transport fréquent est embarrassant et coûteux.

La question des pianos n'en est pas une, grâce au zèle généreux de notre excellent trésorier. — Local, chauffage, éclairage, intérêt d'argent, M. Wolff met tout à notre disposition avec une hospitalité si large que nous serions des ingrats si nous ne lui témoignions ici toute la sincérité de notre reconnaissance. — Je crois donc être l'interprète de tous les membres de la Société sans exception, si je vous propose de voter des remercîments unanimes à notre jeune mécène, dont la modestie s'efface en nous rendant des services que nous ne saurions oublier.

Malgré les dépenses occasionnées par la publication de notre 3e bulletin, malgré nos frais de poste, circulaires, impressions, programmes, etc., le reliquat de notre encaisse se monte aujourd'hui à la somme de 1,066 fr. 85 c., et cependant nos cotisations de 1864-65 ne sont pas encore versées.

Je terminerai en vous disant : Unissons-nous de plus en plus, messieurs et chers collègues, dans le culte du grand art. Quels que puissent être les obstacles, d'où qu'ils nous viennent, avec le temps et la patience nous les vaincrons. — L'union fait la force, dit la devise célèbre d'un pays voisin ; j'ajouterai que quand cette force s'appelle l'amour de l'art, on peut être sûr de l'avenir.

12e SÉANCE.

28 JANVIER 1865.

SOMMAIRE :

1. Conférence historique sur l'art musical, par M. Fétis père.
2. Gavotte de Rameau, exécutée par M. Charles Poisot.

CONFÉRENCE HISTORIQUE SUR L'ART MUSICAL

Par M. Fétis père (1).

Dans une improvisation d'une heure et demie, le savant professeur a captivé l'attention de son auditoire par l'intérêt du sujet, ainsi que par l'élégance de sa parole et la clarté logique de ses idées. Exposant d'abord les croyances de quelques peuples de l'antiquité sur l'invention de la musique, il a fait voir que cet art est le seul auquel les premiers habitants de l'Inde, de la Bactriane, de la Perse, les peuples sémitiques, toute l'Asie-Mineure, les Grecs et les Étrusques, aient donné une origine céleste. Puis il a fait connaître les traditions de l'Orient sur l'organisation musicale du monde, traditions recueillies par Pythagore et coordonnées dans son système de l'harmonie universelle par la puissance des nombres; ce même système conservé et développé par ses disciples, par Platon dans son *Timée*, et qu'on retrouve chez les Romains dans les écrits de Cicéron, de Macrobe et de Censorin; ce même système, enfin, dont Képler entreprit la démonstration mathématique et qui égara sa puissante tête.

Abordant ensuite les opinions des naturalistes, des physiciens et des mathématiciens concernant les lois de la musique, qu'ils prétendent déduire des phénomènes naturels, des résonnances harmoniques de certains corps et de nombres abstraits, il a démontré que tout cela a été sans utilité dans la formation de l'art, et qu'on n'en peut tirer une gamme construite dans les conditions nécessaires de la musique moderne.

---

(1) La *Société des Compositeurs de musique*, par l'organe de son président, M. Ambroise Thomas, avait prié M. Fétis de vouloir bien donner une conférence sur un sujet quelconque de l'histoire de la musique, dans l'une de ses séances mensuelles.

Les lois de la musique, dit M. Fétis, sont évidemment psychologiques : cet art est la création propre de l'homme; c'est même la seule création qui lui appartienne d'une manière absolue et qui soit toujours en rapport intime avec la conformation des races, sans autre élément que le son; sous les trois attributs de l'intonation, de la durée et du timbre, il a formé par l'idée son édifice, depuis ses premiers essais jusqu'à l'art complet de la musique moderne. Ici, le savant orateur est entré dans des détails pleins d'intérêt sur les chants des races principales de l'espèce humaine et sur les séries de sons qui leur servent de base. Il a établi que les peuplades barbares et anthropophages des archipels de l'Asie et de l'Océanie avaient toutes, au moment où elles furent découvertes, des gammes incomplètes, dont la plupart n'étaient composées que de quatre sons. Leurs chants ne s'étendaient pas au delà de ces limites étroites, mais toutes ces tribus sauvages chantaient. A un degré plus élevé d'intelligence et de capacité perfectible, se trouvent les peuples de la race jaune ou mongolique, parmi lesquels sont les Chinois, les Japonais, les Mantchoux, et, dans un ordre inférieur, les Kalmoucks, les Kamtschadales et les Kirguizes. Les plus avancées de ces nations n'ont pas non plus de gammes complètes, les deux demi-tons de la gamme européenne en étant exclus; mais de leurs cinq tons elles ont formé différents modes, et, bien que fort imparfaite, leur musique est formulée en système, où l'on remarque certains éléments d'art.

La race perfectible par excellence est la race arienne, qui, sortie de l'Inde, de la Bactriane et de la Perse, par des migrations dont les plus anciennes remontent à plus de cinq mille ans, a peuplé toute l'Asie, l'Asie-Mineure, la Grèce et toute l'Europe. Dès les temps les plus reculés de son histoire, on trouve chez cette race des échelles musicales formées d'intonations nombreuses à de petits intervalles. Chez les Hindous, les sons forment vingt et un intervalles dans l'espace d'une octave; chez les sémites, l'échelle musicale était divisée en dix-sept intervalles dans l'étendue de l'octave. Dans l'Asie-Mineure et dans la Grèce, au temps d'Olympe, c'est-à-dire deux cents ans avant la guerre de Troie, ou douze cents ans avant l'ère chrétienne, l'emploi du quart de ton dans le chant constituait ce qu'on a appelé postérieurement le *genre enharmonique*. Ce fut par de lents perfectionnements que les Grecs parvinrent enfin à la formation de l'échelle diatonique des sons, laquelle était divisée en deux tétracordes uniformes. La gloire de la Grèce, dans l'histoire de la musique, est d'avoir enfin dégagé cette échelle des éléments d'une tonalité hétérogène, et d'avoir ainsi préparé l'élément fondamental de l'art véritable.

Après l'exposé historique de l'art primitif de la musique, M. Fétis a établi l'analogie des modes de la musique grecque, aux premiers temps de l'ère chrétienne, avec les quatorze modes du chant de l'Église, puis la transformation de ceux-ci dans les huit tons vulgaires du plain-chant. Ensuite il a fait voir comment s'est formée la *diaphonie*, qui précéda l'*harmonie*, qui fut un obstacle au dégagement de celle-ci jusqu'au XIIIe siècle, et dont on retrouve même les restes jusque vers le milieu du XIVe. Alors, dit-il, commence l'histoire de l'art véritable, car tout ce qui a précédé cette époque est l'âge du chant populaire et religieux, mais non de la *musique* proprement dite. Cet art est l'œuvre des temps modernes, depuis la fin du XIVe siècle.

L'intérêt soutenu de l'improvisation du savant professeur pour son attentif auditoire est devenu plus vif encore lorsqu'il a abordé l'histoire des développements et des transformations de l'harmonie et de la tonalité, par de nouvelles agrégations de sons, qui ont créé des attractions multiples d'intervalles vers des résolutions inattendues, et constitué l'art complet de l'époque actuelle.

13ᵉ SÉANCE.

25 FÉVRIER 1865.

SOMMAIRE :

1. *A.* De l'unité musicale.
   B. De l'importance du choix des tons. (Analyse de l'ouverture de *Guillaume Tell.*)
       Lecture par M. Elwart.
2. Fragments de l'ouvrage sur l'enseignement du piano. (Conseils aux jeunes professeurs.)
       Lus par l'auteur, M. F. Lecouppey.
3. Concerto de Schumann, exécuté par M. Camille Saint-Saëns.

DE L'UNITÉ MUSICALE. — DE L'IMPORTANCE DU CHOIX DES TONS

(Analyse de l'ouverture de *Guillaume Tell*)

Par M. ELWART.

Le discours de l'auteur sur l'*Unité musicale* est extrait de son *Traité de contre-point et de fugue* (Paris, Joly, 1840), et d'une *Dissertation sur l'importance du choix des tons dans la composition musicale.*

L'auteur, pour appuyer son opinion sur l'autorité d'un grand nom, a donné une analyse poétique de l'ouverture de *Guillaume Tell.* Cette analyse était également un extrait du *Traité de transposition musicale* publié par M. Elwart. (Paris, Joly, 1840.)

FRAGMENTS DE L'OUVRAGE SUR L'ENSEIGNEMENT DU PIANO

(*Conseils aux jeunes Professeurs*)

Par Félix LECOUPPEY.

(Paris, librairie de L. HACHETTE et Cᵉ, 1865)

Le Comité de rédaction a pensé qu'un extrait ne donnerait qu'une idée trop imparfaite de cet ouvrage, plein d'enseignements utiles, et écrit avec infiniment de goût et de précision.

14ᵉ SÉANCE.

25 MARS 1865.

SOMMAIRE :

1. Notice nécrologique sur P.-L. Dietsch, par M. Ch. Poisot, secrétaire.
2. Exposition de la Méthode de M. Danel, par l'auteur.
    Morceaux chantés par M. G. Roger :
3. *A. Tristes apprêts, pâles flambeaux*, air de *Castor et Pollux*, de Rameau.
    B. Les Oiseaux, mélodie de M. Gumbert.

NOTICE NÉCROLOGIQUE

Sur PIERRE-LOUIS-PHILIPPE DIETSCH.

MESSIEURS ET CHERS CONFRÈRES,

Il m'a paru juste et convenable de venir payer devant vous un légitime tribut de regrets et d'éloges à la mémoire de notre collègue Dietsch, si rapidement enlevé à l'affection de sa famille et de ses amis. Dietsch appartenait à notre Société depuis le 9 décembre 1863 ; vous l'aviez nommé membre de votre Comité, et pendant un an il a exercé les fonctions de second vice-président de la Société.

Né à Dijon le 18 mars 1808 (d'après les renseignements qui m'ont été transmis par son condisciple Pâris, comme lui élève de Choron et aujourd'hui encore organiste de la cathédrale de Dijon), Dietsch appartient à l'Allemagne par son père et à la France par sa mère. D'abord élève de la maîtrise de Dijon, dirigée alors par un Italien de mérite nommé *Travisini*, Dietsch fut envoyé à Paris dès 1822 et admis comme élève dans l'école de musique classique et religieuse fondée par l'illustre Choron. — Après deux ans d'études dans cet établissement, il y remplit les fonctions de professeur d'une classe élémentaire. Admis au Conservatoire en 1830, il suivit le cours de contre-point de Reicha et étudia la contre-basse sous la direction de Chenié. Au mois de février 1831, il entra à l'orchestre des Italiens comme contre-bassiste, puis à l'Opéra, où il fut ensuite chef des chœurs. — Maître de chapelle de l'église Saint-Eustache depuis 1830, il resta douze ans dans cette paroisse, où il fit exécuter ses premières compositions de musique religieuse. — Il a fait représenter à l'Académie royale de musique, le 9 novembre 1842, *le Vaisseau-Fantôme*, ouvrage en deux actes que M. Richard Wagner traita plus tard. Depuis lors, Dietsch s'est adonné avec succès à la composition de la musique d'église. — Il avait succédé à Girard comme chef d'orchestre du Grand-Opéra, et il réunissait les fonctions de maître de chapelle de l'église de la Madeleine à celles de professeur à l'école de musique religieuse fondée par Niedermeyer.

Dietsch a publié à Paris, chez Lecoffre :

1° 3 volumes contenant des accompagnements d'orgue sur le graduel et l'antiphonaire romains. Cet ouvrage a été approuvé par l'Académie des beaux-arts de l'Institut de France ;

2° Le *Manuel du Maître de chapelle* et, de plus, 36 cantiques et 15 motets ;

Chez Régnier-Canaux : 11 messes, environ 50 motets et un Répertoire complet de l'organiste en 4 volumes ;

Chez Richault : 5 messes, 40 motets, un grand nombre de cantiques et 100 préludes pour l'orgue ;

Chez Delalain : une messe à 4 voix, à l'usage des orphéons.

Chez Heintz : 8 motets ; et chez Brandus : une messe solennelle à 3 voix et orchestre.

Ces nombreux travaux avaient mérité à notre collègue la croix de la Légion d'honneur et l'ordre de Saxe-Cobourg.

Charles Poisot,
Secrétaire du Comité.

EXPOSITION DE LA MÉTHODE DE M. DANEL (1)

PAR L'AUTEUR.

M. Danel, vice-président de l'Académie impériale de musique de Lille, succursale du Conservatoire de Paris, fait l'exposé d'une *Méthode simplifiée pour l'enseignement populaire de la musique vocale.*

Cette méthode, dit-il, a été écrite principalement en vue de propager le goût de la musique jusque dans les communes rurales, et de moraliser le peuple.

Voici sommairement comment il s'explique :

---

(1) Le Comité se propose de publier plus tard son appréciation sur la méthode de M. Danel.

« Au moyen d'une terminologie abrégée, nommée *langue des sons*, j'exprime en une seule syllabe : l'intonation, la durée et l'altération des notes.

« A cet effet, je ne conserve des mots : *Do Re Mi Fa Sol La Si*, que la première lettre, et afin d'éviter la répétition de *S* pour *sol* et *si*, je change le second *S* en *B*, ce qui donne : *D R M F S L B*. Ces signes sont ceux de l'octave moyenne de la voix ; un point placé au-dessus des lettres indique une octave supérieure ; un point au-dessous, une octave inférieure ; et s'il fallait représenter une octave sur-aiguë, on mettrait deux points au-dessus des lettres, et pour une octave plus grave on les mettrait au-dessous.

« Les signes de la durée des notes nommés... et les silences équivalents, nommés ... s'indiquent par les voyelles	ronde	blanche	noire	croche	double croche	triple croche	quadruple croche
	pause	1/2 pause	soupir	1/2 soupir	1/4 soupir	1/8 soupir	1/16 soupir
	a	e	i	o	u	eu	ou

« Enfin, les signes d'altération nommés. .... s'expriment par la consonnance finale de leur prononciation	dièse	bémol	bécarre
	z	l	r

« Réunissant ces trois abréviations des notes : intonation, durée, altération,

on remplace les mots. . . par la syllabe.	*mi*, ronde	*ré*, noire, bémol	*do*, double croche, dièse
	ma	ril	duz

« Employée comme notation, cette terminologie ne présente aucune équivoque et peut suppléer à l'absence du papier réglé pour la musique.

« La *langue des sons* est, dès les premières leçons, d'une grande utilité pour la dictée, et l'on peut sans inconvénient dicter simultanément, dans un même local, les diverses parties d'un chœur.

« Mais si, en solfiant, on prononçait les mots ainsi écrits, au lieu d'une simplification on aurait créé une difficulté ; la numération vient la résoudre.

« Toutes les gammes majeures se ressemblent ; elles se composent de 5 tons et 2 demi-tons : ces derniers se trouvent du 3e au 4e degré, et du 7e au 8e (tonique octave).

« M'appuyant sur cette définition, je remplace, en solfiant (quel que soit d'ailleurs le genre de notation), le nom des notes par l'indication numérique du rang qu'elles occupent dans la gamme du ton. J'obtiens ainsi la formule 1, 2, 3, 4, 5, 6, 7, qui s'applique à *tous les tons* et qui dispense de l'étude des clefs.

« La tonique majeure sera 1, la sus-tonique 2, la médiante 3, etc.

« C'est ici une grande simplification utile à l'instruction primaire, et qui ne nuit en rien à des études transcendantes.

« Cette formule numérique s'adapte également à la lecture du plain-chant.

« Dans la notation en langue des sons, pour marquer le degré d'acuité de la gamme, on écrit en tête du morceau le rang que doit y prendre le diapason.

« Dans la notation habituelle, on indique la tonique majeure, en raison des clefs et de leurs armures, par les procédés ordinaires ; cette tonique est toujours 1, la dominante 5, etc., quel que soit le point de départ.

« Quant au mode mineur relatif, il conserve la numération du mode majeur désigné par l'armure.

« La solmisation numérique étant admise, le passage de la langue des sons à la notation usuelle devient chose facile. Il suffit de déterminer sur la portée le placement du n° 1 (tonique) ; en allant de ligne à interligne on trouvera toutes les autres notes.

« Ce passage devient plus facile encore par l'emploi momentané d'une notation *mixte*, tenant tout à la fois de la langue des sons et de la notation ordinaire. On y remplace la figure des notes par la voyelle qui en représente la durée, et l'on met au-dessus de la portée la consonne qui indique l'intonation de chaque note.

« Cette notation mixte offre, en réunissant la consonne et la voyelle, les syllabes de la langue des sons, en même temps qu'elle accoutume les commençants au mouvement des notes sur la portée. Il ne reste plus ensuite qu'à remplacer les voyelles par les signes généralement employés.

« Cette méthode n'en est plus à l'expérimentation : elle a fourni ses preuves. L'honorable M. Fétis en a fait l'éloge dans la *Revue et Gazette musicale* du 26 février 1860. Il l'a chaleureusement défendue, en présence des membres de la 3me section du Congrès international, tenu à Bruxelles en septembre 1862, et lui a même consacré trois colonnes dans sa *Biographie des musiciens*.

« Elle est approuvée par M. le ministre de l'intérieur en Belgique, qui l'a fait inscrire au catalogue des ouvrages utiles aux instituteurs, et qui en a envoyé des exemplaires dans tous les établissements de l'État. Elle est déjà pratiquée avec succès en Belgique, dans un certain nombre d'écoles normales. »

M. Danel se résume ainsi :

« La méthode simplifiée ne change en rien les principes de l'enseignement ordinaire ; elle lui sert au contraire d'introduction.

« Elle élague tout ce qui n'est pas indispensable dans la pratique du chant populaire.

« Elle dote la musique d'une nomenclature abrégée qui devient au besoin une véritable notation.

« Elle rend la dictée facile et prompte.

« Elle supplée aux nombreuses gammes par une formule unique.

« Elle est enfin d'une transmission facile, et abrége considérablement la durée des études.

« En cela surtout, Messieurs, elle est appelée à rendre de grands services aux masses. Ne perdons pas de vue que l'ouvrier, fatigué du travail journalier, ne s'occupera de la musique que s'il peut l'apprendre facilement et en peu de temps.

« Je ne vous parlerai pas de bandes qui, placées en regard du clavier d'un piano, aident à la transposition ; ce serait abuser de vos moments et m'éloigner du sujet qui nous occupe.

« Tous les détails dont je n'ai pu vous entretenir ici sont consignés dans la huitième édition de la méthode ; j'en ai déposé sur le bureau quelques exemplaires destinés aux membres de cette assemblée. »

15ᵉ SÉANCE.

29 AVRIL 1865.

SOMMAIRE :

1. Origines comparées de la voix et du langage, par M. J.-B. Wekerlin.
2. Les Instruments de l'autre monde , lecture par M. Oscar Comettant.
3. Géographie et Ethnographie musicales. (Espagne.)
   A. Lecture par M. Lacome.
   B. Chansons populaires espagnoles , chantées par Mlle Séveste.

ORIGINES COMPARÉES DU CHANT ET DU LANGAGE

PAR J.-B. WEKERLIN.

Le chant a été pour l'homme le premier moyen de communiquer sa pensée : voilà notre opinion sur l'origine des langues, opinion conforme d'ailleurs à celle de nombreux philosophes, historiens, savants, comme Diodore de Sicile, H. Schævius (*De Origine linguarum et quibusdam earum attributis*), Vitruve, Borrichius, médecin de Copenhague, J. J. Rousseau, le président de Brosses, Villoteau, G. de Humboldt, J. Grimm, Ch. Nodier, etc., ce qui prouve surabondamment que notre séduisante hypothèse est déjà d'un certain âge, et conséquemment respectable.

En considération des instincts paresseux de notre espèce, et contrairement à l'opinion de J. J. Rousseau (1), nous ne serions pas trop éloigné d'admettre les objections *des mimophiles;* mais il devrait nous être préalablement et clairement démontré qu'il est moins fatigant de faire un geste que de produire un son, tout en convenant avec Villoteau (2) que la voix et le geste sont les seuls moyens d'expression que nous tenions directement de la nature. Nous ferons remarquer que notre opinion ne diffère en rien de celle de saint Grégoire de Nysse (*contra Eunom*); puis, en confessant notre foi sincère à l'Écriture, nous demanderons la permission de penser qu'après sa chute, l'homme demeura longtemps , une demi-douzaine de siècles peut-être, sans se

---

(1) *Essai sur l'origine des langues*, par J.-J. Rousseau. Chapitre I.

(2) *Recherches sur l'analogie de la musique avec les arts qui ont pour objet l'imitation du langage*, etc., par G.-A. Villoteau. Paris, Imprimerie impériale, 1807. 2 vol. in-8.

souvenir du langage enseigné à Adam par Dieu lui-même, et dont la privation put être une partie de son châtiment ; mais nous laissons à l'orthodoxie (et à elle seule) le droit et le pouvoir de nous transmettre les paroles des anges et le génie des conversations de notre premier père avec Dieu dans le paradis terrestre, et nous nous retrouverons réunis dans une seule et même foi sur les ruines de la tour de Babel.

Court de Gébelin (1) part du principe que « dès qu'il y eut deux personnes sur la terre, elles parlèrent. » Mais sans s'en apercevoir, il tombe dans notre manière de voir, quant au langage d'imitation ; car il convient que les animaux se distinguent par des cris qui leur sont propres, qu'on les reconnaît à ces cris, et qu'en imitant ces cris on aura désigné l'animal qui les produit.

Le principe que les animaux de chaque famille ont entre eux des relations phonétiques a été admis et préconisé par Camper, Cuvier, Adelon, Dugès, Virey, etc. Ils ont observé qu'à mesure que chez les animaux l'intelligence va en s'agrandissant, leur appareil vocal devient beaucoup plus compliqué, infiniment plus parfait. Thomas Reid a consacré une vingtaine de pages à la description du langage naturel qui appartient aux brutes, avec la division suivante : 1° les modulations de la voix ; 2° les gestes ; 3° les traits du visage ou la physionomie.

Comme le langage humain, celui des bêtes est susceptible d'être perfectionné, quoique dans des proportions limitées ; ces limites elles-mêmes pourraient être justifiées en ce que les animaux, n'abusant jamais de la parole comme l'homme, ne s'en servent que pour les choses qui en valent la peine, telles que l'amour, la faim, la douleur, le plaisir, le danger, etc. Cette langue, toute pathétique, est nécessairement très-bornée dans ses moyens d'expression.

C'est là l'opinion de Pierquin de Gembloux, dans son *Idiomologie des animaux*, livre curieux à plus d'un titre. Cette manière de voir, à peu de chose près, a été celle de Platon dans sa *Politique*, de Josèphe dans ses *Antiquités*, etc. Il n'est pas jusqu'à saint Basile qui n'ait dit, dans son *Homélie du Paradis terrestre*, qu'il était *peuplé de bêtes qui s'entendaient entre elles et qui parlaient sensément*. On pourrait ajouter aussi, comme preuve, la conversation d'Ève avec le serpent, dans le Paradis terrestre, mais nous n'irons pas jusque-là.

Nous n'appuierons pas non plus sur ce que rapporte Élien, dans son livre XI de l'*Histoire des Animaux*, où il raconte que chez les Hyper-boréens, aux fêtes d'Apollon, une troupe de cygnes descendaient des monts Riphées, entraient dans le chœur, où ils prenaient gravement

(1) *Histoire naturelle de la parole*, etc., par Court de Gibelin. Paris, 1776, in-8.

leur place parmi les prêtres, chantaient leur partie avec beaucoup de talent, et s'en retournaient joyeux d'avoir concouru à la solennité de la fête.

Le père Bougeant, jésuite, a publié un livre intitulé : *Amusement philosophique sur le langage des bêtes*. L'idée dominante de cet auteur est que les diables ou démons habitent le corps des animaux, pour expier leurs forfaits, en attendant la fin du monde ; car ce n'est qu'à cette époque que le père Bougeant envoie les diables en enfer.

Il accorde aussi au moineau qui aime sa femme un langage plein d'expression et de tendresse. Il faut qu'il la gronde lorsqu'elle fait la coquette ; il faut qu'il menace les galants qui viennent la cajoler ; il faut qu'il puisse l'entendre lorsqu'elle l'appelle ; il faut, tandis qu'elle couve assidûment ses œufs, qu'il puisse pourvoir à ses besoins, et distinguer si c'est de la nourriture qu'elle demande ou quelques plumes pour réparer son nid, et pour tout cela, conclut-il, il faut un langage. Bref, selon lui, les bêtes parlent et s'entendent entre elles tout aussi bien que nous, et quelquefois mieux.

Le père Kircher, dans sa *Musurgia (artis magnæ consoni et dissoni*, chap. xiv), a noté le fragment de gamme que produit un animal appelé *paresseux ;* ce sont les intervalles de la gamme d'*ut* majeur, depuis le *fa* jusqu'au *ré*, ascendants et descendants.

Les anciens ont beaucoup parlé du langage des oiseaux. Nous citerons Palamède, Apollonius de Tyane, Melampüs, Démocrite, Théophraste, et cet Ericus, beau-fils de l'enchanteresse Craca, dont il est question dans *Olaüs Magnus ;* enfin Baerius, l'homme peut-être qui a porté le plus loin l'intelligence du langage des oiseaux.

Bechstein, naturaliste allemand, a donné, en 1789, le chant du rossignol en paroles. C'est trop long et trop difficile pour vous le lire ; nous nous contenterons de celui de Dupont de Nemours, dans ses *Souvenirs de la marquise de Créqui*. Voici ce chant du rossignol :

> Ti-ô-ou, ti-ô-ou, ti-ô,ou,
> Spe tiou z'eou-a,
> Cou-orror pipi,
> Tiô, tiô, tiô, coui tziô,
> Ziou-ô, tz'cou-ô, tz'cou-ô,
> Zsi, tsi, tsi,
> Courror tiou ! tscouâ-pipi, coui !

C'est une puérilité peut-être, mais ne voyons-nous pas le savant président de Brosses, dans son *Traité de la formation mécanique des langues*, et en parlant des sons produits par la douleur, la surprise, le dégoût, le doute, etc., assigner à chaque sensation un registre particulier, travail que Grétry a, de son côté, cherché à compléter dans ses écrits. De Brosses dit que les premiers germes de la parole ou les inflexions de la voix humaine, d'où sont éclos tous les mots des langages, sont des effets physiques et nécessaires, résultant absolument, tels qu'ils sont, de la construction de l'organe vocal et du mécanisme de l'instrument, indépendamment du pouvoir et du choix de l'intelligence qui les met en jeu. Le système de nécessité qui a présidé à la formation du langage primitif a été d'établir entre le mot et la chose un rapport par lequel le mot puisse exciter une idée de la chose. Un Caraïbe qui voudra nommer à un Algonkin un *coup de canon*, objet nouveau pour ces deux hommes qui ne s'entendent pas, ne l'appellera pas *nizalic*, mais *poutoue*.

Zalkind Hourwitz, dans son *Origine des Langues*, adopte cette manière de voir, de même que David de Saint-Georges, dans l'*Histoire des Druides :* « Les premiers mots ou sons représentèrent des sons produits ou susceptibles d'être produits par les objets auxquels ils s'appliquaient. Les idées métaphysiques, ne pouvant être rendues par des sons imitatifs, l'ont été par ceux qui exprimaient les objets avec lesquels elles avaient le plus de rapport ; le raisonnement et l'expérience ont ensuite multiplié les sons, en prenant pour comparaison la figure que forme la bouche ou les lèvres en les prononçant. » Ici nous frisons la mimologie. Expliquons ce mot, ou mieux laissons ce soin à Charles Nodier, dans son *Dictionnaire des Onomatopées :* « La plupart des mots de l'homme primitif avaient été formés à l'imitation des bruits qui frappaient son ouïe : c'est ce que nous appelons l'*onomatopée*. Instruit à entendre et à parler, il a figuré ses propres bruits vocaux , ses cris, ses interjections : c'est ce que nous appelons le *mimologisme*. » — Il semble tout naturel d'admettre, avec M. A. Nicolas (dans ses *Études philosophiques sur le Christianisme*), que la pensée précède toujours la parole ; cela nous paraît une subtilité métaphysique, car la distance de la pensée à la parole est si infiniment petite qu'on peut les confondre sans crainte et les appeler isochrones.

Un révérend père jésuite, philosophe et grammairien tout ensemble, a dit : « Depuis le commencement on a entendu le chat miauler, le lion rugir et l'*homme chanter*. Entre les huit parties du discours, ajoute-t-il, *les noms ne sont pas la première*, comme on croit d'ordinaire , mais ce sont les interjections qui expriment les sensations du dedans, et sont le cri de la nature..... Tout homme les tient de soi-même et de son propre sentiment..... Par un seul coup d'organe, elles peignent la manière dont on se trouve intérieurement. »

Cependant notre opinion ne s'arrête pas aux interjections pures et simples ; nous n'hésitons pas à affirmer que les intonations en ont dû être, à l'infini, variées dans leur douceur ou leur énergie. Formulons : pour exprimer ses pensées, ses besoins ou ses passions, ses tristesses ou ses joies, l'humanité naissante a dû avoir recours aux interjections, qui engendrèrent les intonations, lesquelles engendrèrent le chant, d'où est née la mélodie. Or, cette assertion est conforme à la nature, car ce qui est universel est incontestablement naturel, et le chant est universel.

D'après Jean-Jacques Rousseau, dans les premiers temps, les hommes, épars sur la surface de la terre, n'avaient de langue que le geste et quelques sons inarticulés. Les premiers besoins dictèrent les gestes, les passions arrachèrent les premières voix... Les premières langues furent chantantes et passionnées, avant d'être simples et méthodiques.

Alexandre Le Clercq, dans un article de la *Revue de musique ancienne* (mars 1856), dit : « Le chant est aussi ancien que le monde ; leur origine se confond. A peine sorti des mains du Créateur, n'est-ce point par un cri de joie, par un chant d'allégresse et de reconnaissance, que le premier homme a dû célébrer la toute-puissance et la bonté de Dieu ? Mais de quelle nature a été ce chant que le chef de la race humaine laissa s'échapper de sa poitrine ? N'a-t-il pas été simple et pur comme l'âme de cette créature si noble, si belle, appelée avec raison le prodige et le complément du grand œuvre de la création ? »

Frédéric Schlegel, dans son ouvrage : *Uber die Sprache und Weisheit der Indier*, c'est-à-dire : *De la langue et de la philosophie des Indiens*, s'astreint à démontrer que la langue indienne est la plus ancienne ; et, tout en posant comme principe que l'homme s'est immédiatement créé une langue, grâce à ses facultés intellectuelles, il avoue que la langue mantchoue foisonne d'onomatopées ou de mots imitatifs, ce qui vient à l'appui du langage chanté, résultant de l'imitation.

Si l'homme primitif, à une époque quelconque depuis la création, avait créé une langue d'un seul jet, grâce à ses facultés intellectuelles, cette langue existerait encore comme langue dominante ; car enfin pourquoi l'homme se serait-il assujetti à chercher des termes nouveaux et arbitraires pour un objet déjà nommé ? C'eût été retourner à la confusion de la tour de Babel ; d'ailleurs, la paresse naturelle à l'homme ne le pousse pas à se créer volontairement de semblables difficultés. De même, si le langage divin s'était conservé, en admettant d'ailleurs les plus considérables altérations produites par la dispersion des nations ou des premiers groupes d'hommes, on devrait retrouver des types primitifs, répandus dans toutes les langues de la terre, système que les plus grands savants n'ont encore pu mener à bonne fin jusqu'ici.

William Ellis, dans ses *Polynesian Researches* (Recherches sur la Polynésie), Adalbert de Chamisso, le compagnon du marin Kotzebue, et d'autres voyageurs célèbres, ont remarqué chez les nations les plus sauvages des traces de chant ; chez quelques-unes de ces nations (les plus barbares) le chant ressemblait à des cris ; chez d'autres, une trace de rhythme se faisait déjà apercevoir.

L'effroi que le tonnerre inspire à l'enfant suggère à sa jeune imagination l'idée d'un Dieu avant celle d'un Créateur. Talvi, dans sa *Caractéristique des chants populaires* (1), dit que la langue primitive a dû être éminemment créatrice, imitative.

L'opinion émise par différents historiens et philosophes que la langue primitive *était chantée* a fait dire à Dacier que nos aïeux auraient eu l'air de fous. Mais, par ce chant primitif, ces historiens entendaient parler seulement d'intonations s'élevant ou s'abaissant, à la façon du récitatif. Qui n'a remarqué que chez les enfants le premier langage est plus chanté que parlé ? C'est une espèce de fredonnement. Dans ses *Fragments sur la littérature allemande*, Herder observe qu'anciennement chanter et parler étaient la même chose : les oracles étaient rendus en chantant ; les lois étaient chantées et s'appelaient *chants* ; les prophètes et les poëtes chantaient.

Le rhythme produisait sur l'oreille des anciens le même effet que la rime produit sur la nôtre. L'hymne que Moïse entonna après la destruction miraculeuse des Égyptiens est le premier chant hébreu duquel nous ayons connaissance, ou plutôt duquel il soit fait mention dans les annales du monde. Mais nous venons d'anticiper sur notre sujet, car nous parlons en ce moment d'une époque où il y avait déjà un langage.

La langue chantée n'a jamais dû être écrite : elle comportait des sujets peu nombreux sans doute, mais pouvant s'exprimer de la façon la plus variée. Il était d'autant plus difficile de la fixer (en admettant la connaissance de caractères écrits), que chaque individu variait ses intonations selon le degré de sa sensibilité : cette difficulté ne se retrouvait plus pour la fixation de la langue parlée.

L'esprit plus développé des générations a introduit une foule de mots qui n'ont plus aucun rapport d'imitation avec les choses qu'ils expriment : c'est ce qu'observe l'abbé Tuet dans ses *Matinées sénonoises*, et il cite à ce propos quelques inventions de langage figuré, entre autres celles d'une belle-sœur de Boileau.

Ceci nous éloigne trop de notre sujet. Nous ne parlerons pas non plus de l'époque où l'écriture a fixé les signes du langage ; alors le matériel

(1) *Versuch einer geschichtlichen Charakteristik der Volkslieder germanischer Nationen , von Talvj.* Leipzig, 1840, in-8°.

des sons était déjà altéré, et l'analogie précieuse du mot avec l'objet s'était détruite à proportion que les langues s'étaient éloignées de leur origine. Il suffira de remarquer que c'est l'ouïe qui transmet les idées par les sons, et ensuite la vue connaît les sons par les lettres.

Hérodote rapporte une histoire, souvent reproduite depuis, notamment par Rabelais : Psammeticus, roi d'Égypte, à la suite d'une dispute sur la primordialité des langues égyptienne et phrygienne, donna deux enfants nouveau-nés à élever à un berger, sans qu'ils pussent avoir aucune communication avec qui que ce soit ni entendre la voix d'aucune créature humaine, lui enjoignant de prendre garde au premier mot que ces enfants diraient dès qu'ils pourraient parler. Le berger les fit nourrir par des chèvres, et au bout de deux ans, rentrant un jour dans sa cabane, il entendit les enfants crier *beeh*, *beeh*, à plusieurs reprises. Le roi, informé de cela, fit paraître les pauvres séquestrés devant lui et leur entendit prononcer le même mot. Les savants, consultés sur la langue à laquelle appartenait le mot *beeh*, déclarèrent que c'était l'expression phrygienne pour dire du pain, sur quoi l'on admit sans scrupule que la langue phrygienne était plus ancienne que l'égyptienne.

Le mot *beeh* était le seul que les mères nourricières de ces enfants avaient pu leur apprendre.

Montaigne ne connaissait sans doute pas cette histoire, car il dit, dans ses *Essais* : « Je croy qu'un enfant qu'on auroit nourry en pleine solitude, esloingné de tout commerce (qui seroit un essay mal aysé à faire), auroit quelque espèce de parole pour exprimer ses conceptions ; et n'est pas croyable que nature nous ayt refusé ce moyen qu'elle a donné à plusieurs aultres animaux ; car qu'est-ce aultre chose que parler, cette faculté que nous leur voyons de se plaindre, de se resjouyr, de s'entr'-appeller au secours, se convier à l'amour, comme ils font par l'usage de leur voix ? » Et à ce propos il cite trois vers du Dante :

> Cosi per entro loro schiera bruna
> S'ammusa l'una con l'altra formica,
> Forse a spiar lor via e lor fortuna.

« Ainsi, dans le noir essaim des fourmis, on en voit qui semblent s'aborder et se parler entre elles, peut-être pour épier les desseins et la fortune l'une de l'autre. » Nous remarquerons, avec Pierquin de Gembloux, que l'instinct n'est que la parole des organes, bien différente de la parole des pensées (1).

(1) *Idiomologie des animaux*, par Pierquin de Gembloux. Paris, 1844, page 62.

Ouvrez à la lettre *E* l'*Encyclopédie*, vous lirez qu'une croyance populaire voulait reconnaître le sexe de l'enfant nouveau-né au premier son qu'il faisait entendre. Le son *A*, disait-on, annonçait un garçon ; le son *E* une fille. Vous pourriez voir aussi, dans Denis d'Halicarnasse (*De l'arrangement des mots*) que les sons *a* et *e* dominent dans les cris des enfants. De toutes les voyelles, ce sont les plus faciles à prononcer ; elles sont en même temps les plus sonores. M. Brès, dans ses *Lettres sur l'harmonie du langage*, ajoute que ces deux voyelles, prononcées tantôt avec lenteur, tantôt avec rapidité, suffisent pour former le langage de l'enfant, et que le cœur de la mère s'y trompe rarement. Mersenne, dans son *Harmonie universelle*, a soin de consigner que la voix des enfants est à l'octave supérieure des autres voix, ce que tout le monde a remarqué ; ils se font d'autant mieux entendre, trop bien même pour des oreilles non paternelles.

Démétrius de Phalère rapporte que les anciens Égyptiens chantaient à l'honneur de leurs dieux des hymnes composées entièrement de voyelles. Bernardin de Saint-Pierre (*Harmonies de la nature*) pensait que les langages naissants ont dû être composés de voyelles, comme celui des enfants, et par cela même se prêter aisément aux accents et aux mouvements d'un chant doux et animé. M. Brès, dont nous avons cité l'ouvrage plus haut, donne une esquisse d'un dictionnaire enfantin ; mais la plupart des mots qu'il cite ne sont articulés par les enfants qu'après que la mère les a prononcés, et ne peuvent par cela même faire partie d'un langage primitif.

On contestera difficilement ceci : la société est le premier mobile dans la création d'un langage ; nous nions qu'un homme isolé puisse créer une langue quelconque.

En publiant, il y a quelques années, une série d'articles sur la chanson populaire dans *le Ménestrel*, nous avions émis notre opinion sur les origines comparées de la voix et du langage. Un abonné zélé, mais anonyme, écrivit ceci : « M. Wekerlin soutient avec beaucoup d'assurance que le chant a précédé le langage, sans songer que l'interjection est un cri bref, et non un chant. J'observerai donc à M. Wekerlin que lui-même, frappé d'un coup violent, pousserait sans doute une interjection vigoureuse, modulant de la douleur à la colère, mais n'y trouverait certainement pas une chanson. »

Il est certain que, lorsqu'une grande douleur viendra nous saisir subitement, et que l'intensité même de cette douleur nous ôte le temps de la réflexion pour articuler une parole, on poussera un cri, lequel, par son intensité, marquera celle de la douleur ;... mais les émotions de la vie ne consistent pas seulement à donner des coups ou à en recevoir. La contemplation d'une fleur luisant au soleil avec ses perles de rosée, la vue d'une belle jeune fille, voilà des émotions qui, certes, ne produiront pas le cri strident de la douleur; ce seront des fragments de gammes ascendantes ou descendantes, bref, ce que nous appelons le chant primitif, ayant même précédé celui de l'imitation du chant des oiseaux; mais loin de nous la pensée que ces chants primitifs, produits par les premières sensations de la créature humaine, aient dû ressembler à une mélodie de Schubert, pas plus qu'à un fandango espagnol.

Nous conclurons par un petit tableau résumant notre opinion :

Transportons-nous en esprit dans la contrée où les premiers hommes vivaient ou isolés, ou par groupes peu nombreux, ou seulement par familles. Les animaux, en ce temps-là, étaient les instituteurs des hommes; la voix du lion disait fureur, force ou noblesse; celle de l'alouette, joie ou liberté ; celle des ramiers, amour ou mélancolie; toutes avaient leur signification particulière.

Mais le jour va naître; un adolescent est endormi dans une clairière... De ses rayons d'or le soleil perce le feuillage; il répand partout, en même temps, et la chaleur et la lumière. Pénétré de ce grand bien-être, le jeune homme ouvre les yeux, et, devant ce miracle vainqueur du froid de la nuit et de la terreur qu'elle inspire, au saisissant spectacle qui l'entoure, des sons d'admiration s'élancent de sa poitrine, des larmes d'adoration et de reconnaissance tombent de ses yeux. Eût-il à sa disposition toutes les langues de l'univers et celle même des anges, il n'y trouverait pas une parole à la hauteur de ses impressions ni des mouvements de son âme. Il se lève et fait quelques pas; les ronces déchirent ses pieds, de nouveaux sons se font entendre... Le voilà sur la mousse ; il court, il va, il revient; la faim se fait sentir, le tourmente, l'inquiète, l'arrête : il jette de nouveaux cris. Des fruits s'offrent à sa vue, encore un chant; une femme survient, un rival se présente, et voilà la douleur, la crainte, la joie, l'amour, la jalousie, la colère, exprimés, rendus tout aussi clairement que l'admiration et l'enthousiasme.

On ne saurait se figurer tout d'abord l'immense quantité de pensées qui se pourraient rendre très-nettement par le seul moyen de la mélodie, en se renfermant dans les deux octaves de la voix humaine. Nous ne voulons pourtant pas affirmer (cela nous tient à cœur) que Démosthènes eût pu rédiger ses Philippiques en vocalises, pas plus que Pascal et Bossuet eussent pu se passer de dictionnaire; mais, en définitive, tout ce qui importe le plus à l'humanité, tout ce qui la charme et la rend heureuse, tout ce qui l'inquiète ou la blesse, peut être rendu par des chants. Il suffit de pénétrer dans quelques-unes de nos provinces, en Normandie, en Bretagne, en Gascogne, pour se convaincre des traces encore existantes du premier langage des hommes : *le langage chanté*. Dans ces diverses localités, comme chez presque toutes les nations du globe, rien qu'au chant de la phrase on pourrait, sans se tromper, la déclarer joyeuse, triste, mélancolique, affirmative, affectueuse, négative ou colère.

Nous concluons de nouveau que *le chant a existé avant le langage*.

LA QUENA — LES CHANTS DE L'ANCIEN PÉROU — LE BEAU EN MUSIQUE

Par M. Oscar COMETTANT.

Il existait, avant la découverte du nouveau monde, au sud du continent américain baigné par la mer Pacifique, entre le fleuve Tumbes et le môle, un peuple nombreux et puissant quoique d'une grande douceur. Les aventuriers qui virent ce peuple d'honnêtes gens admirèrent leur civilisation avancée, rendirent justice à leurs habitudes d'ordre, à leurs mœurs tranquilles, et les trahirent pour en faire leurs esclaves.

Ces Américains formaient le vaste empire des Incas.

Ils se croyaient les fils du Soleil et adoraient cet astre, auquel ils consacrèrent un temple pétri d'or et d'argent dans leur capitale de Cusco, à côté du collége mélancolique des vierges vouées au culte du dieu resplendissant.

De ce peuple, le premier entre tous ceux du nouveau continent, et dont les sages institutions politiques et sociales auraient pu servir de modèle à plus d'une nation européenne, que reste-t-il à cette heure ? Rien : quelques parias échappés aux abominables boucheries espagnoles, et un instrument de musique, la triste, la timide, la fatidique quena.

I

Il n'est pas de si grand malheur, dit un poëte oriental, qui ne puisse être adouci par la voix d'un ami.

La quena a été et reste pour l'Indien humilié cette voix consolatrice qui l'émeut et le charme, l'attriste et l'égaye, l'abaisse à la réalité de sa position, et l'élève jusqu'à la gloire de ses aïeux par la magie du souvenir et la chaîne mystérieuse de la tradition.

Les Péruviens, effrayés par les sanglantes orgies de leurs cruels conquérants, abandonnèrent aux cupides mains de ces derniers les montagnes d'or et d'argent qu'ils avaient arrachées aux entrailles de la terre ;

mais, en fuyant, ils emportèrent la quena, dont les accents lamentables disaient mieux que n'auraient pu le faire les mots d'aucune langue les regrets éternels dont leur âme était abreuvée.

La quena est une sorte de flûte faite d'un roseau qu'on ne trouve, je crois, que dans la région appelée *Sierra*, au sud de la république péruvienne. La longueur de cet instrument varie suivant le caprice de l'exécutant; toutefois, s'il en est de neuf à dix pouces, la plupart mesurent un pied et demi de long et deux tiers de pouce de diamètre. Ouverte à ses deux orifices, son embouchure est analogue à celle de nos clarinettes. Point de clefs à la quena, qui, probablement, n'en fut jamais pourvue. Cinq trous sur la ligne de l'embouchure, plus une petite ouverture sur le côté, permettent seuls au musicien une variété très-limitée de sons échelonnés chromatiquement.

Si incomplet et si défectueux que nous paraisse ce monotone roseau, il n'en a pas moins rempli de charme et d'émotions diverses une suite de générations d'hommes, pour lesquels le son voilé de la quena n'était pas seulement le sympathique agent de certains appétits et de certaines passions, mais le reflet par excellence de l'archétype du beau.

Comment quelques sons échappés d'un roseau peuvent-ils déterminer chez certains hommes des sensations aussi profondes, et comment certains airs, informes pour nous autres Européens, ou tout au moins monotones, sont-ils considérés par certains autres peuples comme l'expression la plus complète et la plus ravissante de l'idéale beauté? Graves et difficiles questions que celles-là, qui touchent aux côtés les plus délicats de l'esthétique, et auxquelles, pourtant, nous ne saurions échapper en face de la quena et des airs qui lui sont propres; car cet instrument et ces chants, nous le verrons plus loin, exercent sur les Indiens de la Sierra une influence qui touche à l'extrême limite de l'effet musical et va jusqu'à l'extase.

D'où vient cette merveilleuse puissance d'expression? Est-ce donc que les chants des anciens Péruviens et leur primitive quena soient plus parfaits que nos savantes conceptions musicales et que tous nos instruments d'orchestre, qui, relativement, nous laissent froids? Assurément non, et bien au contraire. Mais si nos instruments d'une grande étendue, de timbres si variés, permettent une manifestation plus complète de l'*idée*, celle-ci, quand elle existe réellement, quel que soit l'agent qui serve à la manifester, quelle que soit la forme dans laquelle elle nous apparaît, est toujours un reflet sublime du grand œuvre de la nature, dont nous sentons, par un phénomène délicieux d'affinités, vibrer en nous la divine harmonie.

II

On s'est souvent demandé si le beau absolu existe en musique, et nous sommes entraîné par la nature de nos observations à nous poser la même question.

Ma réponse sera nette, et il me semble qu'une semblable question n'eût jamais été faite si on en avait bien pesé les termes.

Non, le beau absolu n'existe pas en musique et ne saurait exister, par la raison péremptoire que, tout système de sons étant nécessairement partiel et incomplet, puisqu'il est notre œuvre à nous qui sommes finis et incomplets, aucun ne saurait présenter cette rigueur implacable qui correspond à la vérité absolue, cette beauté sans défaut dont la création, dans ses harmonies perpétuelles, ses rhythmes savants, ses figures correctes, ses variétés infinies et son unité souveraine, nous offre l'unique et écrasant exemplaire. Aussi n'est-ce point à chercher à reproduire dans les proportions de notre petite taille ce qui se meut dans le cadre sans limite de l'espace éternel que doivent tendre les efforts du compositeur, mais à éveiller les émotions diverses et toujours ravissantes que traduit dans notre âme attentive la contemplation idéale de l'œuvre incomparable de l'incomparable artiste, le divin Créateur. Jean-Jacques Rousseau a donc pu dire avec une rare profondeur de pensée, sous une apparence de sophisme, que, « hors le seul être existant par lui-même, il n'y a rien de beau que ce qui n'est pas. »

Cette vérité établie, il s'ensuit que mieux nous concevons, sans chercher à l'imiter, la radieuse symphonie de la création, plus belles de l'idéale beauté, — que Platon définissait la splendeur du vrai, — sont nos œuvres musicales, commentaires harmonieux d'une thèse qui, échappant à notre raison, se réfugie dans notre sentiment. Car la musique, si elle est une langue, sert de complément à la langue parlée en éveillant la sensation des idées dont la subtilité échappe à toute signification précise, à tout mot ou à tout assemblage de mots.

Dans quel vocabulaire prendrait-on, par exemple, des mots assez nuancés, assez riches d'effet, assez puissants pour préparer notre esprit à cette sorte de communion qui s'établit parfois entre nous et les beautés de la nature, en écoutant certains chants? Sont-ce des phrases qui nous détacheraient en quelque sorte de nous-mêmes, pour nous porter dans l'espace où notre âme s'épure, où nos sens se perfectionnent, où nous pouvons entrevoir, dans la pénombre d'un jour nouveau, cette glorieuse symphonie de la nature dont nous parlions plus haut, et vers laquelle nous voguons poétiquement sur l'océan des sons? Cette symphonie immuable, nous l'avons tous entendue vibrer en nous dans les moments émus où nous nous sommes sentis touchés de la grâce artistique. Que de voluptés inconnues du vulgaire! et comme notre cœur attendri, à la fois ravi et effrayé, semblait écouter la grande œuvre dans ces moments où la vie est un ardent foyer! Nous percevions clairement alors, comme renfermés dans un son unique d'une beauté sans égale, les millions de voix diverses qui parlent, chantent, soupirent, mugissent, crient, hurlent, éclatent sur notre globe, depuis la foudre qui tonne dans les airs jusqu'à la goutte d'eau qui gémit en se brisant sur un brin d'herbe, — depuis l'insecte microscopique qui murmure des tristesses ou des joies inappréciables dans le calice d'une fleur, jusqu'au lion rugissant dans le désert dont il est roi, — depuis les molécules de la matière qui tendent à se rapprocher les unes des autres par cette loi mystérieuse d'amour universel dans des vapeurs sonores perdues au sein de l'infini musical, jusqu'à l'Océan qui ébranle les fondements de notre globe avec des mugissements formidables ou de sourdes rumeurs.

L'idée du tout unique et harmonieux, avec la faculté de la rendre saisissable à tous, voilà le beau idéal, le degré le plus parfait du beau relatif.

Mais ce n'est point avec des subterfuges d'école, par le moyen des règles, lesquelles nous enseignent ce que nous devons éviter bien plus que ce que nous devons faire, qu'on peut jamais arriver à ce résultat. Certes, j'admire la forme dans les arts, mais seulement comme un moyen de rendre présente à l'esprit l'idée, sans laquelle la musique n'est qu'un bruit, et certainement, dans ce cas, le plus important des bruits.

Malheur donc au musicien qui ne voit dans le son qu'un simple ébranlement vibratoire des milieux élastiques, une provocation purement matérielle des appétits sensuels. Il peut avoir appris un métier, faire preuve d'habileté dans l'exercice de ce métier, il ne sera jamais artiste dans la haute et noble acception du mot.

Talent passif, notes mortes, harmonies de convention, vous êtes une fumée sans feu; et, dussé-je me montrer sévère, vous êtes une imposture de l'art!

III

J'ai parlé de la forme; j'ajouterai qu'on s'est peut-être, dans ces derniers temps, trop attaché à la perfectionner au détriment du fond, c'est-à-dire de l'idée. La forme peut faire l'admiration de quelques initiés, elle sera toujours insuffisante pour émouvoir les masses, qui ne sont sensibles qu'aux beautés idéales ou aux accents vrais de la passion. Qu'est-ce, en effet, que la perfection de la forme, si elle n'est animée du souffle vivifiant de l'idée? Qu'on imagine, a dit un philosophe, la plus belle tête d'homme vivant, et que, rien ne changeant dans la régularité et l'harmonie des traits, cette tête tout à coup devienne une tête d'idiot; la beauté n'aurait-elle pas fui avec l'idée? Le contraire aurait lieu si la tête la moins conforme aux lois de la beauté était soudainement animée du souffle ardent de l'esprit; — la laideur deviendrait belle.

Ce sont là des raisons fondamentales qui font que certains chants de la plus grande simplicité, sans forme ou d'une forme vicieuse, presque sans mouvement et sans rhythme, par le seul pouvoir de l'expression, indépendamment de tous les moyens accessoires d'effet, éveillent en nous des émotions puissantes auxquelles les éléments les plus variés de l'art moderne ne sauraient rien ajouter. Par exemple, qui n'a été profondément remué sous l'action de quelques-uns des chants de la messe des morts suivant le rite romain? Encore une fois, le beau ne dépend d'aucune règle, d'aucun moyen matériel; il n'est le partage exclusif d'aucune école, d'aucune race d'hommes, d'aucune civilisation; on le retrouve partout où une aspiration élevée, une intuition ardente de l'œuvre du suprême artiste se manifeste par les agents quels qu'ils soient des émotions de notre âme ou des sentiments de notre cœur.

Mais pour comprendre les beautés des œuvres diverses, qui sont toujours des beautés de reflet, soit qu'elles naissent du sentiment de l'harmonie extérieure, soit qu'elles aient pour cause notre propre nature, il faut nécessairement se trouver en communication d'idées, de sentiments, de croyances, de mœurs avec les artistes qui les ont créées. Le mysticisme chrétien ne sera pas plus compris de l'Arabe sensuel, quoique poëte, que le panthéisme indien ne l'aurait été de la philosophie sépulcrale de l'ancienne Égypte, grandissant et vivant dans la mort, qui fut l'idée dominante de la patrie des Pharaons. Voilà pourquoi, sans aucun doute, la musique des Chinois, qui a tant d'action sur l'esprit de ce peuple, nous trouverait froids; et voilà pourquoi aussi certaines mélodies émanées d'autres peuples qui ne les entendent pas sans une vive émotion, nous paraissent à nous, dans l'ordre de nos idées et de notre civilisation, insignifiantes, quand même elles ne nous semblent pas ridicules et incohérentes.

IV

Pour nous autres Européens, la quena est un instrument barbare, et les airs péruviens appropriés à cet instrument, et que la tradition fait remonter bien antérieurement à Manco Capac, des airs plus barbares encore peut-être, et d'une insignifiance complète. Mais voyez les Indiens, ils ne peuvent supporter l'audition de ces airs sans fondre en larmes, sans éclater en sanglots. Qui oserait dire après cela que ces chants, informes il est vrai pour nos oreilles habituées à d'autres formes, d'une intonation souvent vicieuse au point de vue de notre système tonal, sont néanmoins dépourvus de toute beauté, c'est-à-dire dans une proportion quelconque de ce reflet sublime dont nous venons de parler? Eh quoi! des hommes seraient émus jusqu'au paroxysme de l'émotion par la seule action de quelques sons sans suite et sans signification aucune? Penser ainsi serait calomnier notre cœur et notre âme, porter une véritable atteinte à la considération de l'art. Ce qui émeut dans les œuvres de l'esprit est toujours beau quand ce qui émeut émeut par soi-même, indépendamment des circonstances étrangères à l'art dans lesquelles elles se produisent.

Sans doute, la situation misérable à laquelle les légitimes possesseurs du Pérou ont été condamnés, les souvenirs poignants que la quena désolée évoque chez eux, et la nature même des lieux majestueusement tristes où ils exhalent leurs plaintes mélodieuses, doivent ajouter à l'effet propre de l'instrument; mais ces circonstances, toutes particulières aux Indiens, ne suffiraient certainement pas à produire ces larmes et ces extases, qui sont le triomphe de l'expression en musique. D'ailleurs, la quena et ses chants étendent leur action sur les hommes de race blanche étrangers aux malheurs des anciens fils du Soleil, et qui, presque autant que ces derniers, en sont émus et charmés.

La quena est jouée d'ordinaire en solo et sans aucun accompagnement. Quelquefois, cependant, il arrive que deux Indiens se mettent à exécuter leurs chants, non point à l'unisson, comme on pourrait le croire en examinant ces mélodies, mais à deux parties réelles. L'harmonie plaintive des deux quenas attendrit le cœur des auditeurs, exalte leur imagination et les transporte au temps fortuné et à jamais passé, hélas! où ils vivaient libres et considérés sous l'égide de l'astre radieux qui brille pour tout le monde, excepté pour eux aujourd'hui. Des larmes abondantes coulent de leurs yeux, et c'est à la douleur même qu'ils demandent un soulagement aux douleurs enivrantes qui les enveloppent comme dans une atmosphère de deuil harmonieuse. Il faut un nouvel accent plaintif à tous ces accents de plainte, et le timbre même de la quena doit être assombri pour vibrer à l'unisson des cœurs abîmés dans le néant de la désespérance. Les musiciens, interrompus par leurs propres sanglots, n'ont pu finir leur chant. Ils ont ôté de leurs lèvres tremblantes l'instrument ému comme eux-mêmes, et, sans se parler, d'un regard magnétique, ils se sont compris. On les voit alors cheminer lentement, gravir les hauteurs les plus escarpées de la Sierra, comme s'ils voulaient, pour exhaler le souffle suprême de leur âme attendrie, monter plus près des cieux. Là, sur ces escarpements arides et glacés, ils attendent l'heure des ténèbres pour s'abreuver de la dernière partie de ce concert désolé. Une cruche remplie d'eau est apportée, et les instruments y sont plongés. La voix de la quena, dans cette sourdine liquide, devient la voix même des sépulcres, et comme le *Super flumina Babylonis* des maîtres devenus esclaves. Écoutez : il semble que des voix parlées se mêlent, par un phénomène étrange, à la voix chantée qui étouffe et pleure au sein de l'humide tombeau. Ah ! je les reconnais ces voix lamentables : ce sont celles des fils de Sion, ou plutôt c'est l'écho de ces voix :

> Aux saules maintenant elles sont suspendues
> Sans qu'on pense à prêter l'oreille à leurs doux chants,
> Ces harpes d'Israël dont les cordes tendues
> En d'autres jours charmaient par leurs accords touchants.
>
> Car ceux-là même à qui nous devons notre chute,
> Avec ces fers si lourds à notre nation,
> Viennent nous commander de chanter sur la flûte
> Nos hymnes solennels, — les hymnes de Sion.
>
> Oui, ceux-là qui, du sol des terres hébraïques,
> Nous ont violemment arrachés, sort cruel !
> Nous disent : « Chantez-nous, chantez donc les cantiques
> Que, selon la coutume, on chante en Israël ! »

L'extrême douleur a ses enivrements, de même que l'extrême joie. Au milieu des déchirements de son âme, on voit parfois l'Indien rire dans ses larmes et sortir de sa morne immobilité pour exécuter les pas d'une danse inconnue. Mais sa danse, triste comme son chant, trahit mieux encore que la quena, peut-être, le moral du Péruvien exilé dans son propre pays.

Tant d'afflictions seraient mortelles si l'Indien de la Sierra n'avait une consolation. Cette consolation, qu'il faut excuser chez ces pauvres gens, c'est la *coca*, petit arbuste dont ils mâchent les feuilles, comme les Orientaux mâchent le hachich pour oublier la réalité et s'élancer dans le monde des rêves enchanteurs. A force d'absorber le jus de la coca, qu'ils assaisonnent d'une certaine cendre d'épines et de chaux, les Indiens passent de l'extase musicale à un autre genre d'extase, qui est une sorte d'hypnotisme. Dans cet état maladif, ils assurent que la *sensibilité lumineuse*, qui s'exerce par les cinq sens, est remplacée par la *sensibilité ténébreuse*, dont un des principaux agents est ce fluide éminemment subtil que M. de Reichenbach appelle l'*od* ou *lumière odique*. Ce fluide est si subtil, en effet, qu'il pénètre à travers toutes les substances et permet de voir distinctement à travers les corps opaques. Je ne crois point à ce prétendu fluide, qui n'existe évidemment que dans l'imagination surexcitée des mangeurs de coca et des prétendus somnambules clairvoyants. Quoi qu'il en soit, on dit des Indiens en proie aux vertiges de la coca, qu'ils sont armés (*armados*), et leur état inspire un certain respect, né très-probablement du danger qu'il y aurait pour eux à les tirer subitement de leur sommeil léthargique.

V

Je dois à l'obligeance de M. Bernier de Valois, qui a longtemps voyagé dans l'intérieur du Pérou, et qui maintes fois a entendu les chants des Indiens joués par eux sur la quena, la communication de deux de ces chants. Ils sont empreints d'une tristesse sans espoir, et l'expression désolée s'y manifeste par des intervalles chromatiques, qui ajoutent au vague de la forme le vague de la tonalité, comme dans certains airs de Lulli et certaines élucubrations des compositeurs les plus avancés de la nouvelle Allemagne. Qui sait pourtant de quelle époque lointaine datent ces curieux spécimens de l'art perdu des aborigènes américains? J'ai soumis à mon savant ami M. Ambroise Thomas ces airs péruviens, qui lui ont paru d'une élévation de sentiment extrêmement remarquable. Il a bien voulu les harmoniser, ce qui, certes, n'était pas une entreprise facile, car il fallait donner aux parties accessoires le caractère d'étonnante tristesse, de pittoresque grandiose, de sombre fatalité qui caractérise à un si haut degré la partie principale.

Ce travail délicat, M. Ambroise Thomas l'a fait tel qu'on devait l'attendre du poétique auteur du *Songe d'une nuit d'été*. L'habit sonore dont le compositeur a revêtu la chaste nudité des thèmes péruviens n'est point un habit d'emprunt décroché au hasard de l'harmonie dans le grand vestiaire du contre-point par une main pédagogique, mais lourde et mal inspirée. Ici chaque note de l'accompagnement est un accent nouveau qui prête aux accents de la mélodie mère une couleur plus vive sans en altérer le sens expressif. Le timbre, qui joue un rôle si important dans l'effet de ces airs, n'a point été négligé. En les écrivant pour trois saxophones, M. Ambroise Thomas a justement pensé

que cet instrument, dont la voix est si suave, si sympathique, si émue,
pouvait mieux qu'aucun autre rendre la pensée pathétique de ces étran-
ges mélopées.

Les voici. Pour en comprendre tout le charme poignant, toute la
poésie originale et la pénétrante expression, que l'auditeur ne perde
pas de vue les circonstances dans lesquelles ces chants se produisent,
la nuit, sur les cimes arides de la Sierra, au milieu des plus majestueuses
beautés de la nature, avec le souvenir navrant des malheurs irréparables
d'un peuple supprimé du globe, et dont seuls quelques rares survivants
attestent l'ancienne existence, comme les épaves vivantes du plus déso-
lant des naufrages humains. (*Voir la planche de musique.*)

ETHNOGRAPHIE ET GÉOGRAPHIE MUSICALES

(L'ESPAGNE)

Par M. LACOME.

Étudier la musique au point de vue des races et des latitudes est
une façon sinon neuve, du moins toujours intéressante de parler de cet
art. En effet, que les hommes aient chanté dès le premier jour, c'est ce
que nul ne songe à contester ; la façon dont ils ont chanté, quoique
plus sujette à controverse, a été, dans notre époque chercheuse, un objet
d'études laborieuses pour les érudits, et l'archéologie musicale, ramenée
à ses vrais principes, s'est élucidée et constituée en corps de doctrine,
ainsi que tant d'autres questions originelles, dans lesquelles le bon sens
moderne a porté sa lanterne et son esprit méthodique. Mais, étudier
les tonalités du passé, les systèmes musicaux des peuples disparus au
point de vue de la formation des peuples modernes, retrouver dans
l'homme civilisé du XIXe siècle la série des alliages dont il est la suprême expression, en reconnaissant dans sa musique nationale, traditionnelle, les débris amalgamés et fondus des tonalités propres aux
races dont la fusion lente forma son individualité actuelle, est une façon
peut-être nouvelle d'envisager la musique populaire. Rechercher dans
la vieille chanson que murmure la voix tremblotante de l'aïeule durant
la veillée d'hiver, dans la naïve complainte que chante le laboureur par
les nuits d'été, en menant ses bœufs dans les prés où courent les
blanches vapeurs, — rechercher, dis-je, dans ces chants séculaires nés
du peuple, transformés avec lui, la confirmation des systèmes historiques
accrédités, peut sembler une idée d'une hardiesse singulière : elle est

cependant rationnelle, et peut donner naissance à une multitude de hautes observations, de découvertes précieuses et inattendues. Il y a des volumes à faire sur ce sujet, des trésors d'érudition à y dépenser; aussi, après l'avoir simplement indiqué, nous hâterons-nous de déclarer notre insuffisance pour une aussi haute tâche. Bornons-nous à faire une petite excursion dans ces terres inconnues, dans ce labyrinthe mystérieux où de plus habiles pénétreront peut-être, armés du précieux fil mythologique et traditionnel, la vieille chanson, dont quelques débris seulement sont en notre possession. Avec eux, nous essayerons de jeter un coup d'œil dans le passé historique et artistique de l'Espagne, cette vieille et noble terre aux fières légendes, aux figures épiques, terre aimée du soleil et des poëtes, qui, seule encore peut-être dans notre époque de blouses et de casquettes, a conservé par débris ce pittoresque de haut goût, cette couleur *salada* qui a fui devant les idées modernes.

Il nous semble qu'en outre de l'intérêt qui s'attache à tout ce qui concerne les origines des sociétés modernes, cette question offre un côté pratique qui ne doit pas être laissé dans l'ombre. Parmi les musiciens dont la composition est l'étude et le but final, plusieurs peuvent être appelés à traiter des sujets exotiques, sans avoir eu occasion de connaître par eux-mêmes les pays dont ils vont avoir à s'occuper. Peut-être alors un ensemble d'observations, offrant les caractères typiques du genre, trouverait-il son emploi, et éviterait-il à l'artiste des recherches infructueuses, dans tous les cas longues et difficiles.

La race espagnole, ainsi que chacun sait, se composa primitivement de l'élément ibère, puis suève, et enfin teutonique par les Visigoths. Cette fusion ne s'opéra ni avec le calme ni avec la symétrie que semble indiquer mon langage, mais bien à peu près comme se mêlent les éléments hétérogènes dans une chaudière de fondeur. Les bouleversements de l'épopée romaine et le cataclysme oriental des premiers siècles chrétiens portèrent encore à leur comble ce trouble et cette confusion. On peut supposer qu'à cette époque la race espagnole, à l'état de formation et sans cesse renouvelée par ses vainqueurs, n'eut guère de loisirs à consacrer aux muses, filles de la paix, c'est tout simple. Cependant, comme, ainsi que nous le remarquions plus haut, les hommes ont toujours chanté, même au sein des commotions les plus violentes, les uns l'hymne du triomphe, les autres les lamentations de l'esclavage, il est probable que l'art dont nous nous occupons tint sa place même dans ces époques de combustion.

Les races primitives arrivées de l'Asie, berceau et patrie commune de tous les hommes, durent apporter sous le beau ciel de l'Andalousie le accents lascifs et passionnés des modes orientaux, c'est-à-dire les intervalles aujourd'hui presque insaisissables à nos oreilles, tels que le quart de ton, les fioritures à perte de vue et autres agréments qui constituaient le caractère spécial du chant indien. L'élément teuton, s'imposant en vainqueur, pénétra probablement à son tour, et apporta, pour sa part, des notions tonales plus simples et plus précises, desquelles sortait naturellement un sentiment harmonique, rudimentaire et confus, mais positif, apanage précieux des races privilégiées que le Nord a vues naître. Cela dura ainsi apparemment jusqu'à la conquête des Mores, dans les premières années du VIII⁰ siècle. Les nouveaux venus, avec leurs mœurs et leur civilisation déjà avancée, apportèrent aussi leur musique, et, malgré la haine féroce que le peuple vaincu conserva toujours pour la race conquérante, c'est aux Mores, soyons-en sûrs, que l'Espagnol moderne doit encore les éléments caractéristiques de sa musique populaire. Un premier caractère, peut-être le plus frappant, c'est l'instinct profond du rhythme. Le sens mélodique ou harmonique est secondaire chez l'Espagnol; le sentiment rhythmique domine tout. C'est ce qui fait que généralement la musique espagnole est de la musique de danse, et que la chorégraphie a toujours eu par-delà les Pyrénées ses fidèles les plus enragés, et, il faut le dire, les plus pittoresques. Or, ce caractère est peut-être entre tous celui que les Arabes poussent au suprême degré. Voici ce que dit M. Salvador Daniel (1) en tête de quelques chansons moresques dont il a donné une transcription fort habile : « Les Arabes n'ont pas d'harmonie, et ils n'ont d'accompagnement que le rhythme des tambours de diverses grosseurs. » Or, la chanson de M. Salvador, pour laquelle il a écrit au piano l'accompagnement cadencé des instruments à percussion, est une mélodie à quatre temps, très-régnlière et très-carrée, et elle s'accompagne ainsi : la mesure à quatre temps est décomposée en deux mesures à trois-huit et une à deux-huit.

Nous trouvons des singularités analogues dans les accompagnements espagnols, soit que le tambour seul marque la cadence, soit que les guitares dessinent un accord. Ainsi, une chanson que j'ai sous les yeux offre la bizarrerie suivante : le chant est très-régulièrement coupé en mesures à trois-quatre, et l'accompagnement partage chacune de ces mesures en deux autres à trois-huit. C'est là une des analogies les plus frappantes qu'il m'ait été donné de relever entre la musique de nos voisins et celle des Africains. Remarquons, en outre, que ce rhythme adopte presque toujours la forme ternaire, laquelle appartient encore aux Arabes.

(1) Voyez page 97 des Bulletins.

Voici, en effet, ce que dit Villoteau à ce sujet dans ses *Recherches sur la musique des Égyptiens :* « Les Almées, distinguées par le nom de Ghaouazy, et dont la musique arrive aux dernières limites de la passion, dansent sur un rhythme ainsi cadencé : une croche, deux doubles croches, une croche, puis trois croches, et lorsque l'animation est à son comble, une croche, quatre doubles croches, trois croches. » Il n'est pas besoin d'avoir étudié la question pour savoir que c'est justement là l'accompagnement des airs espagnols, et que les castagnettes n'exécutent que ce dessin-là. Or, chacun le sait, les us et coutumes des Arabes d'aujourd'hui sont les mêmes que ceux des Arabes d'il y a dix siècles, les pays musulmans n'occupant précisément pas la première place en tête du mouvement progressiste.

Mais ce n'est pas seulement leur rhythme, ce sont encore leurs instruments qu'ils ont laissés à cette Espagne tant aimée et si regrettée. « Ils (les Arabes) — c'est toujours Villoteau qui parle — s'accompagnent avec le rebah, le kemangeh a' gouz, façons de guitares plus ou moins grandes, et armées de plus ou moins de cordes, ainsi que d'un tambour de basque. » Encore une fois, n'est-ce pas là l'orchestre traditionnel de l'Espagnol? Pour moi, j'ai vu les dessins qui accompagnent l'ouvrage de Villoteau, et je n'ai remarqué presque aucune différence entre les instruments susnommés, la guitare et la manduria ou mandoline. Au reste, les Espagnols n'ont-ils pas emprunté, avec tant d'autres choses à leurs vainqueurs, un respect peut-être exagéré de ce qui a toujours été?

Viennent ensuite les ornements du chant et la manière de chanter. Citons une dernière fois Villoteau : « Les ornements (chez les Arabes toujours) consistent soit à porter la voix en la traînant d'un son à l'autre par toutes les nuances intermédiaires, ou à chevroter des roulades en parcourant ces mêmes degrés; puis, étant parvenu au point d'appui, chevroter de nouveau des espèces de trilles, ou d'autres ornements indéfinissables par leur extravagante bizarrerie. Ajouter des ritournelles de leur composition avec des exclamations à leur guise : *Ya ayny !* »

Tout cela est encore littéralement vrai pour ce qui concerne la musique espagnole, et toutes les observations de Villoteau, sans exception, lui sont applicables. Et d'abord ces *portamenti* glissant sur tous les degrés intermédiaires, puis les trilles, les tremblotements sur la dernière note du chant. Presque tous les airs populaires, en effet, finissent ainsi, et beaucoup sont ornés de broderies bizarres et sans équivalent, bien que se rapprochant le plus souvent du grupetto. Enfin, il n'y a pas jusqu'à ces exclamations, ou plutôt ces cris *ya, aya,* que, non-seulement les Espagnols, mais même les populations françaises de la région sub-pyrénéenne, ne poussent encore au milieu de leurs chants, surtout pour exciter les danseurs.

Joignons à ces observations les registres vocaux inhumains sur lesquels les virtuoses populaires prennent leurs airs. Ces notes aiguës,
sans cesse au-dessus de la portée, ne rappellent pas les chanteurs de la
chapelle Sixtine ; non : ce n'est pas du fausset non plus. C'est je ne sais
quoi, mais ce n'est pas européen ; il y a du sauvage là-dedans. C'est
ainsi que chante le muezzin dans *le Désert* de M. David, et c'est ainsi
qu'il chante réellement en Afrique. Il faut encore noter quelques airs
malheureusement trop rares et qui ont échappé aux dénaturations in-
volontaires du sentiment tonal moderne. Ce sont des phrases monotones
de quatre ou huit mesures, revenant sans cesse, sur lesquelles parfois
se chante un long poëme, et dont les formes mélodiques appartiennent
à des modes perdus et mettent l'harmoniste aux abois.

Un jour, je me trouvais à Panticosa, petit village de l'Aragon ; on
appelle pompeusement Panticosa le Vichy de l'Espagne. Le fait est que
cette station thermale, perdue au milieu des Pyrénées, est à quelques
lieues de Saragosse, que l'on y vient de tous les points de la péninsule.
mais qu'il n'y a pas de route pour y arriver. Cependant, pour être
juste, je dois dire que lorsque j'y passai, voici quelques années, sac au
dos et bâton ferré à la main, on songeait à en percer une. Une longue
ligne à la chaux contournant, au-dessus du torrent, l'imposant massif de
las Algadas, témoignait du bon vouloir de la vicinalité aragonaise. Le
résultat tout naturel de cette insouciance est d'avoir conservé là, comme
dans tout l'Aragon pyrénéen, du reste, une Espagne en arrière de plusieurs siècles sur notre temps, des tribus de peuples pasteurs, ce qui ne
veut pas dire, par parenthèse, que les peuples pasteurs soient doués de
toutes les vertus bibliques, l'hospitalité entre autres. Bref, j'étais donc
à Panticosa une après-midi, et chacun sur sa porte, la *siesta* faite, bâil-
lait ou s'étirait à son gré, lorsque des *ciegos* (aveugles), conduits sans
doute par quelque borgne, vinrent à passer armés de guitares, violons,
tambours de basque et triangles. En général, ce sont les aveugles, les
boiteux, les pieds-bots, les disgraciés quelconques qui ont là-bas le
monopole de la musiqué en plein vent. Or, la musique, c'est la danse ;
aussi femmes et filles, se levant aussitôt, coururent au-devant des ménétriers bienvenus, criant : « Aveugles, donnez-nous pour un cuarto
de jota. »

Le cuarto vaut deux liards, un demi-sou. Ainsi donc, les femmes
achetaient pour un demi-sou de jota, absolument comme nous achetons
un sou de brioche. Les aveugles s'arrêtèrent, et la danse commença. La
jota est connue, sa ritournelle a fait le tour du monde : mais le couplet
chanté varie suivant les provinces, souvent même suivant les villages,
par conséquent peu sont arrivés jusqu'à nous. La danse se termina par

une sorte d'hymne triomphal en l'honneur de Saragosse, et dont voici
le sens :

> Vive les habitants de Saragosse,
> Vive leur honorable manière de penser,
> Vive le trésor qu'ils possèdent
> En la vierge du Pilar.

Cela était chanté sur la phrase la plus étrange du monde, rappelant
vaguement ces tonalités à la fois majeures et mineures encore usitées
par les *highlanders*, dans les Grampians ou les Cheviots, et à qui
M. Fétis assigne une origine indoue. Je notai précieusement cette mélodie, ainsi que l'air du couplet revenant après chaque ritournelle, sur
des paroles probablement improvisées.

Toute dissertation sur l'art qui nous occupe arrive vite à ses dernières
limites par le manque d'arguments probants, définitifs. Lorsque l'on
avance une théorie, il faut être à même de justifier immédiatement son
dire ; quand on formule une règle, il faut que l'exemple la suive. Voilà
pourquoi on ne devrait jamais discuter ou parler musique que devant
un piano ouvert, car malheureusement, ou heureusement peut-être, de
tous les arts c'est celui qui échappe le plus à la description précise et aux
formes de la dialectique pour se réfugier tout entier dans les régions
plus élevées, mais plus nuageuses aussi, du sentiment et de l'impression.
C'est là son défaut, mais aussi le secret de son charme plus vif et plus
spontané. Je me vois donc forcé d'arrêter une démonstration évidemment insuffisante, mais qui sera mieux comprise par l'exemple. Cependant je ne puis laisser passer, sans en dire un mot, le côté purement littéraire de la question.

Dans les chants populaires, dans ces chants naïfs, quelquefois barbares, le poëte et le musicien marchent de front. Il résulte de cette heureuse association de deux artistes égaux une œuvre égale dans ses
parties, harmonieuse, complète, qualité qui manque, hélas ! trop souvent
aux œuvres modernes, où le musicien absorbe le poëte, qui n'est plus
qu'un prétexte. Coutume désastreuse, car, n'en doutons pas, le vrai
poëte est nécessaire aux vrais compositeurs ; les maîtres cherchent les
maîtres, et cette phrase absurde, « ce qui ne peut pas être dit, on le
chante, » doit être déposée au cabinet des antiques avec tant d'autres
vieux oripeaux du temps passé dont le bon sens moderne a fait heureusement justice. Mais je mets le pied dans une question étrangère à notre
sujet et qui pourrait nous entraîner loin ; je reviens à mes chansons. La
poésie populaire a une verdeur, une franchise d'allures, une saveur de
haut goût que ne saurait avoir la poésie estampillée au Parnasse. Un

grand poëte, un enfant du peuple, que l'on a justement appelé le dernier trouvère, Jasmin, me disait un jour : « Votre poésie française est une grande dame, la nôtre est une fille des champs. » Tout est là, ce me semble. Oui, trop souvent la poésie française, la poésie selon l'Académie, est grande dame, en effet : grande dame à poudre rouge et à poudre blanche, aux jupons empesés, aux appas en coton. On ne sait guère pourquoi cela impose, pourquoi même cela charme parfois; car si vous frottez ce rouge, vous trouvez au-dessous des chairs exsangues; si vous faites tomber cet empois et ces pelotes, le vide absolu. La poésie populaire, elle, est une fille des champs, c'est vrai. Ici pas de rouge, mais le hâle bruni de la santé; pas d'empois ou de coton, mais de beaux muscles ronds et fermes, saillants sous l'étoffe. Tout est vrai, là; le sentiment est d'une forme singulière quelquefois, mais sincère, partant énergique, et portant avec lui la conviction. Entendez cet Espagnol des Philippines parlant à une belle rebelle :

« Le clou de girofle que tu m'as donné le jour de l'Ascension n'était pas un petit clou, mais bien un clou énorme qui a cloué mon cœur. J'aimerais mieux que tu m'eusses toujours abhorré que m'avoir flatté d'un espoir mensonger qui me fait pleurer. Je voudrais te voir morte et être cousu à double fil dans le même drap mortuaire que toi. »

Ceci est de la passion, ou je n'y entends rien, et de la passion à 45° centigrades.

Un galant batelier offre à sa belle une promenade en mer :

« Oh! toi que j'aime plus que de la confiture de raisiné, veux-tu que nous allions tuer des Mores, fût-ce au fond d'un désert, là où ne chantent plus les perroquets? » (Le vieil instinct aujourd'hui irréfléchi, mais toujours vivace, de la haine du More.)

L'Espagnol philosophe a ses heures, mais brièvement et pas d'une façon très-précise. « De tous les ennuis de la vie, je ne sais quel est le pire, ou de mourir ou d'être pauvre. » Et la cadence de cet air, qui est en *mi* bémol, la plus imprévue du monde, tombe sur l'accord de *sol* majeur, dominante d'*ut* mineur, laissant ainsi la période musicale dans un vague, une indécision indicible, aussi grande que celle du philosophe insoucieux. D'autres fois, ce sont des folies sans nom, sans tête ni queue, telles que peuvent seules en inspirer la jeunesse et la santé, le soleil de l'Espagne, les crépitements des castagnettes. Entendez plutôt ces couplets de la jota :

« Quand notre père Adam était amoureux, armé d'une guitare, il chantait sous les fenêtres d'Ève : Veux-tu que je t'achète une mantille blanche? veux-tu que je t'achète une mantille bleue? veux-tu que je t'achète des souliers et des bas? veux-tu que je t'achète ce que tu voudras?

« Une vieille mourut sous les arcades de Grenade, et le diable l'emporta pour en faire des cordes de guitare.

« Cette nuit, je rêvais que deux nègres me tuaient, et c'étaient tes deux beaux yeux qui me regardaient avec colère. »

C'est bien là la fille des champs en jupon court et au verbe familier; mais ne vaut-elle pas mieux ainsi que bien des momies plâtrées qui disparaissent peu à peu sous les doigts sans qu'il en reste rien, comme cette fiancée fantastique des contes allemands? Eh bien, la musique de ces couplets est la digne sœur de la poésie.

Et pour terminer, en rentrant dans notre sujet, remarquons, pour conclure, qu'entre toutes les tonalités d'origines diverses dont la fusion a pu produire la musique actuelle du peuple espagnol, l'élément africain prédomine. Rhythme, style, ornements, instruments, tout y est; et, du reste, quoi d'étonnant à cela? Ne retrouvons-nous pas le More dans ces figures bronzées, ces formes nerveuses et sèches chez les hommes, ces tailles souples et cambrées, ces opulentes chevelures, ces pieds d'enfant et ces yeux de feu liquide chez les femmes? Ne retrouvons-nous pas l'Arabe dans les aspirations gutturales qui forment le cachet original de la langue? ne le retrouvons-nous pas dans la sobriété proverbiale de l'Espagnol, comme dans ce foulard informe qu'il roule autour de sa tête nue, en souvenir du turban africain? Oui, par cette loi mystérieuse des transformations qui régit le monde entier, les éléments hostiles se sont fondus l'un dans l'autre, et dans l'Espagnol du XIXe siècle, en dépit des torrents de sang versé, du fanatisme religieux et des haines héréditaires, Tarik donne la main à Rodrigue, Boabdil à Ferdinand. Comme on vit jadis l'élément romain absorber la race gauloise et donner naissance à un type composite, ainsi de la fusion inavouée de l'Arabe avec l'Espagnol des anciens jours est sorti un homme nouveau. Étrange rapprochement des deux peuples ennemis, enfantement singulier d'une race mixte, qui en est comme la résultante, loi nécessaire de la procréation à laquelle rien n'échappe! Fils des Mores de Grenade et des montagnards de l'Asturie, l'Espagnol moderne rappelle sa double origine par sa nature et par ses mœurs, par sa langue et par ses instincts. Heureux si dans cette étude insuffisante nous avons pu prouver qu'il la rappelle également par ses traditions artistiques.

16ᵉ SÉANCE.

27 MAI 1865.

SOMMAIRE :

RECHERCHES DES PHYSICIENS SUR LE TIMBRE DES SONS MUSICAUX

RÉSUMÉ DES PRINCIPES THÉORIQUES ET EXPÉRIENCES

Par M. Lissajous.

Après une courte analyse du phénomène de la production du son dont la cause première, comme on sait, réside dans un mouvement vibratoire des corps élastiques, le savant professeur est entré dans quelques considérations sur le *timbre*, c'est-à-dire sur la qualité particulière des différentes espèces de son résultant de divers instruments ou d'instruments de même nature; ainsi une corde tendue dans le piano, dans la harpe ou sur un instrument à archet, aura des qualités de son différentes si elle est pincée avec les doigts, si elle est mise en mouvement par un archet, ou si elle est simplement frappée avec un marteau, comme cela a lieu dans le piano. Ces différences, qu'une oreille exercée peut reconnaître aisément, M. Lissajous les a rendues sensibles aux yeux de tout le monde, au moyen d'un tracé graphique exécuté par le mouvement vibratoire de la corde elle-même armée d'un petit style et recueilli sur une plaque de verre noircie avec du noir de fumée. Ce petit traité graphique à peine perceptible à l'œil est projeté au moyen de la lumière électrique sur un tableau avec une espèce de lanterne magique qui met sous tous les yeux l'image grossie du tracé des vibrations sonores.

Une même corde mise en vibration par les trois moyens que nous avons indiqués donne réellement trois images sensiblement différentes. La première (corde pincée) présente des ondulations arrondies. La deuxième (corde attaquée avec l'archet) donne des ondulations triangulaires comme les dents d'une scie. La troisième (la corde frappée) semble participer de la forme des deux premières, mais avec une petite dent intermédiaire qui indique clairement aux yeux de l'observateur qu'indépendamment du premier son grave, il coexiste un deuxième son, quelquefois même un deuxième et un troisième son avec la note fondamentale. Les physiciens sont d'accord aujourd'hui pour attribuer à la coexistence de plusieurs mouvements vibratoires, dans un seul et même corps sonore, la principale cause du timbre. Un savant Allemand, M. le docteur Helmholtz, professeur à l'Université d'Heidelberg, a donné sur ce sujet des aperçus nouveaux et pleins d'intérêt. M. Helmholtz va jusqu'à expliquer la nature du timbre des différentes voyelles de la voix par la concomittance de certains sons harmoniques avec le son principal. Toutefois, sans s'arrêter aux savantes recherches du docteur allemand, M. Lissajous a donné quelques exemples du timbre des instruments et de la composition de ce timbre au moyen de plusieurs sons que l'on peut entendre isolément ou simultanément et dont voici un exemple :

Il existe dans l'orgue un ancien jeu composé de cinq tuyaux à flûte pour chaque note et que l'on nomme jeu de *cornet*. Ce jeu imite en effet les sons des tuyaux à anche de la petite trompette ou autrement dit du cornet.

Les cinq tuyaux à bouche composant le cornet sont accordés d'après la série harmonique dans les rapports 1, 2, 3, 4, 5, et donnent le 1er la tonique, le 2e l'octave, le 3e la dominante ou la quinte de l'octave, le 4e la double octave et le 5e la tierce au-dessus. Ces cinq sons entendus séparément sont doux et flûtés par leur nature, mais quand on les fait entendre simultanément, ils forment un son unique qui prend toute l'énergie et le caractère des instruments à anche dont il emprunte le nom.

M. Lissajous a fait entendre à la fin de la séance un instrument composé par M. Cavaillé-Coll pour le cabinet de physique de la Sorbonne, et dans lequel l'habile facteur a réuni une série harmonique de 32 tuyaux exactement accordés et pouvant servir à l'étude du timbre et à l'analyse des sons composés et des sons résultants. Cette série commence par un grand tuyau d'environ trois mètres de longueur donnant le *La* au-dessous de l'*Ut* de 8 pieds, c'est-à-dire de l'*Ut* grave du violoncelle, et se termine par le *La* de la 5e octave au-dessus ayant environ dix centimètres de longueur. Cette série harmonique rigoureusement accordée dans le rapport de la série naturelle des nombres 1, 2, 3, 4, 5, etc., jusqu'à 32, et dont les tuyaux peuvent être entendus séparément, simultanément ou combinés, a vivement excité la curiosité de l'assemblée. Quand on fait entendre successivement ces tuyaux l'un après l'autre, on trouve dans les premiers les intervalles consonnants, la tonique, l'octave, la quinte au-dessus, la double octave et la tierce, comme nous l'avons vu par la série harmonique du *cornet*. Mais en poursuivant, vient ensuite le sixième son qui est la double quinte, le septième qui donne la septième, le huitième ou la double octave, le neuvième qui donne la neuvième, la dixième ou la double tierce, la onzième, la douzième, la treizième, la quatorzième, la quinzième, et ainsi de suite jusqu'à 32, le 31e et le 32e tuyaux sont à un intervalle d'environ 1/4 de ton.

Or, quand on procède à l'expérience de l'audition successive et simultanée de ces différents sons, en allant du grave à l'aigu, on voit que le premier son ou la note fondamentatale se trouve renforcée par les harmoniques supérieures, qui viennent successivement en modifier le timbre sans en changer l'intonnation, et l'on est étonné de trouver dans cet assemblage de sons, qui ne paraissent point appartenir à notre échelle musicale, une fusion, une homogénéité telles, qu'on n'entend plus qu'un seul et même son éminemment énergique. Un tuyau à anche du jeu de Bombarde qu'on a fait entendre parallèlement à ce son composé, avait le même caractère de sonorité. Cet appareil offre également une grande ressource pour démontrer le phénoméne des *sons résultants*. Si l'on fait entendre simultanément deux tuyaux voisins dans n'importe quel intervalle de la série, il se produit un 3e son au grave que l'on appelle résultant, c'est-à-dire que la coïncidence des vibrations des deux sons engendre un 3e son, dont le rapport numérique avec les deux premiers est égal à la différence des deux nombres qui expriment leur rapport simple. Ainsi le 2e tuyau et le 3e dont le 1er donne deux vibrations dans le même temps que le 3e en donne 3, engendrent un 3e son égal à la différence de leur rapport 3—2=1. De même, si l'on fait entendre le 32e tuyau et le 31e, on a un son résultant au grave égal à la différence de leur rapport, qui est également 1 ; d'où résulte que si l'on prend dans cette série harmonique deux tuyaux voisins quelconques, comme la différence de leur rapport est toujours égale à leur unité, le résultant sera toujours égal au premier son grave égal et, par conséquent, si l'on fait entendre à la fois tous les tuyaux de la série, comme chaque couple voisin tend à produire le son fondamental, on entendra le premier son fondamental d'autant plus fort qu'il y aura un plus grand nombre d'harmoniques qui concourront à le produire. Maintenant si l'on prend dans la même série, au lieu de deux tuyaux voisins, deux autres tuyaux quelconques, on aura toujours un son résultant égal à la différene de leur rapport numérique.

Ainsi le 32ᵉ et le 31ᵉ font entendre le son 1 (*La* grave).
Le 32ᵉ et le 30ᵉ feront entendre le son 2 (Octave).
Le 32ᵉ et le 29ᵉ. . . . . le son 3 (Quinte).
Le 32ᵉ et le 28ᵉ. . . . . le son 4 (Double Octave).
Le 32ᵉ et le 27ᵉ. . . . . le son 5 (Tierce).
Le 32ᵉ et le 26ᵉ. . . . . le son 6 (Double Quinte).
Le 32ᵉ et le 35ᵉ. . . . . le son 7 (Septième).

Et ainsi de suite successivement; doù il résulte que plus l'intervalle des deux sons aigus se trouve rapproché, plus le son résultant se trouve au grave; et qu'au fur et à mesure que l'intervalle des deux sons aigus s'agrandit ou s'abaisse, le son résultant, au contraire, s'élève progressivement.

Ce phénomène naturel expliquerait jusqu'à un certain point cette règle d'harmonie qui veut qu'on procède le plus souvent par mouvements contraires.

1500. — Paris, imprimerie de Jouaust, 338, rue S.-Honoré.

BULLETINS DE LA SOCIÉTÉ

DES

COMPOSITEURS DE MUSIQUE

—

4ᵉ ANNÉE

(5ᵉ LIVRAISON.)

PARIS

AU SIÉGE DE LA SOCIÉTÉ, 95, RUE RICHELIEU

—

1866

17ᵉ SÉANCE.

23 DÉCEMBRE 1865.

SOMMAIRE :

1. Nécrologie sur Adrien de la Fage, par M. Denne-Baron.
2. Compositeurs et éditeurs, lettres lues par M. J.–B. Wekerlin.
3. Chaconne de Bach, pour violon seul, exécutée par M. White.
4. Andante de la sonate en *ut dièze* de Beethoven; Les Courriers, de M. Ritter, morceaux de piano exécutés par M. Ritter.
5. Chansons de M. Nadaud, chantées par l'auteur.

NÉCROLOGIE SUR A. DE LA FAGE.

PAR M. D. DENNE-BARON.

LA FAGE (*Just-Adrien* LENOIR DE), musicien compositeur français, est né à Paris le 30 mars 1799. A l'âge de six ans, il fut admis comme enfant de chœur à Saint-Philippe-du-Roule; sa famille, qui le destinait à l'état ecclésiastique, le plaça ensuite au séminaire, qu'il quitta peu de temps après, ne se sentant aucune vocation pour l'état ecclésiastique. On voulut alors lui faire embrasser la carrière des armes; mais le jeune Adrien, passionné pour la musique, résista au désir de ses parents, qui, pour le détourner de son penchant, lui firent continuer ses études littéraires. Dès qu'il les eut terminées, il alla trouver Perne, sous la direction duquel il commença l'étude de l'harmonie et du contre-point. Ce savant musicien lui ayant fait faire la connaissance de Choron, celui-ci l'admit aussitôt au nombre des élèves de l'institution de musique religieuse qu'il venait de fonder. A. de la Fage devint bientôt lui-même professeur, et se livra avec ardeur à l'enseignement; mais, en 1828, le désir de visiter l'Italie lui fit entreprendre ce voyage. Il se rendit à Rome, où, pendant son séjour, il reçut de précieux conseils de l'abbé Baini pour l'étude de l'ancien style fugué; puis, après avoir passé plusieurs mois à Florence, où il fit représenter un opéra-bouffe intitulé *I Creditori*, il revint à Paris vers la fin de 1829. Nommé alors maître de chapelle de Saint-Étienne-du-Mont, il fut le premier qui introduisit l'orgue d'accompagnement dans les églises. En 1833, A. de la Fage fit un nouveau voyage en Italie, et s'y occupa pendant trois années de recherches sur la théorie et l'histoire de la Musique. A son retour à Paris, Choron n'existait plus ; en mourant il avait désigné A. de la Fage, son élève et son ami, pour continuer et publier son *Manuel de Musique*, qu'il n'avait pu terminer, mais dont il avait ébauché le plan. M. de la Fage ne recula pas devant la tâche difficile que son maître lui avait léguée, et l'ouvrage parut en six volumes dans le courant des années 1836, 1837, 1838. Depuis lors, A. de la Fage se fit encore remarquer par d'importants travaux ; nous citerons, entre autres, une *Histoire générale de la Musique et de la Danse*, dont il n'a paru que la partie relative à l'antiquité, et son *Cours complet de Plain-chant*. Ayant étudié le plain-chant dès son enfance, et l'ayant pratiqué, comme maître de chapelle, dans plusieurs églises de Paris et d'Italie, A. de la Fage a fait preuve, dans ce dernier ouvrage, d'une profonde connaissance de cette branche de la liturgie. Quoique prenant pour base le chant de l'Église romaine, son traité convient à tous les diocèses qui possèdent des rites et des offices différents. On y trouve un chapitre plein d'intérêt sur l'histoire du plain-chant ; la partie consacrée à la bibliographie n'y est pas moins utile, en ce qu'elle offre des listes de livres relatifs à l'enseignement et à la pratique qu'on n'avait point encore songé à former.

Voici l'indication des ouvrages de A. de la Fage. — MUSIQUE INSTRUMENTALE : Air varié en trio pour deux flûtes et violon ; six duos pour deux flûtes ; air varié pour deux flûtes et piano. — Duo pour flûte et harpe. — Fantaisie pour flûte et piano sur des airs variés de Rossini. —*Idem*, sur un air de *la Dame blanche*. Ces divers morceaux de musique ont été publiés antérieurement à 1827.—MUSIQUE VOCALE : Plusieurs romances françaises et italiennes. — Choix de solféges et morceaux divers à plusieurs voix. Paris, 1825. — Cantiques religieux et morceaux divers à plusieurs voix. Paris, 1826-1828, six livraisons. — Cent chansons morales à deux voix. Paris, 1829. — *Missa cui titulus : Omnes sancti*, pour deux voix de dessus et basse, sans accompagnement. Paris, 1831. —Cinq messes faciles à deux, trois ou quatre voix, à volonté. Paris, 1832. La dernière messe seulement de ce recueil est de A. de la Fage. — *Adriani de la Fage Motetorum liber primus*, publié en cinq livraisons, contenant soixante morceaux à une, deux, trois, quatre et cinq voix. Paris, 1832-1835. — *Ordinaire de l'Office divin arrangé en harmonie sur le plain-chant ;* deux parties, la première pour le matin, la seconde pour le soir. Paris, 1832-1835, — *De Profundis*, à huit voix. Paris, 1836.— *Adriani de la Fage Motetorum liber secundus*. Paris, 1837. — *Psalmi vespertini quaternis vocibus cum organo*. Paris, 1837.— OUVRAGES HISTORIQUES ET DIDACTIQUES : *Notice sur Zingarelli*. In-8. — *Manuel complet de Musique vocale et in-*

strumentale, ou *Encyclopédie musicale*, avec Choron. 6 vol. Paris, 1836-1838. — *Séméiologie musicale, ou Exposé succinct et raisonné des principes élémentaires de la musique.* In-8. Paris, 1837. — *Principes abrégés de Musique.* In-8. Paris, 1837. Cet extrait de la *Séméiologie* est placé en tête de petites méthodes d'instrument publiées par Roret. — *Notice sur la vie et les ouvrages de Stanislas Mattei.* In-12. Paris, 1839. — *De la Chanson considérée sous le rapport musical.* In-8. Paris, 1840. *Éloge de Choron.* Paris, 1843, in-8. — *Histoire de la Musique et de la Danse.* Paris, 1844. Il n'a paru de cet ouvrage que les tomes I et II, relatifs à la musique dans l'antiquité. — *Notice sur Joseph Baini.* Paris, 1844, in-8. — *Notice sur Bosquillon-Wilhem.* In-8. — *Miscellanées musicales.* Paris, 1844, in-8. L'auteur y a reproduit ses notices sur Zingarelli, Mattei et Baini. On y trouve d'autres notices sur Haydn, Martin, Garat, Laïs, Trito, Bellini, Pilotti, Pierluigi de Palestrina, etc. — *De la Reproduction des livres de plain-chant romain.* In-8. Paris, 1853. — *Lettre écrite à l'occasion d'un Mémoire pour servir à la restauration du chant romain en France,* par l'abbé Alix. Paris, 1853, in-8. — *Cours complet de Plain-chant, ou Nouveau Traité méthodique et raisonné du chant liturgique de l'Église latine, à l'usage de tous les diocèses.* Paris, 1855-1856. 2 vol. in-8. — *Quinze Visites musicales à l'Exposition universelle de 1855.* In-8. — *Prise à partie de M. l'abbé Tesson dans la question des nouveaux livres de plain-chant romain.* In-8. — *Extrait du Catalogue critique et raisonné d'une petite bibliothèque musicale.* In-8. — *Nicolai Capuani, presbytèri, Compendium musicale,* in-8. — *Routine pour accompagner le plain-chant, ou Moyen prompt et facile d'harmoniser à première vue le plain-chant pris pour base sans avoir étudié l'harmonie.* Paris, in-8.

A. de la Fage a écrit un grand nombre d'articles dans divers recueils français et étrangers, entre autres dans le *Journal des Artistes*, la *Revue musicale*, la *Gazetta di Milano*, la *Gaceta musical* de Madrid, l'*Encyclopédie des Gens du monde*, le *Dictionnaire de la Conversation*, la *Gazette musicale* de Paris, etc.

COMPOSITEURS ET ÉDITEURS.

LECTURE PAR M. J.-B. WEKERLIN.

Messieurs,

Ce titre, à lui seul, pourrait fixer votre attention et mériter votre intérêt, si j'avais découvert quelque moyen, *inconnu jusqu'à ce jour,* pour faire payer un peu plus cher les manuscrits que nous livrons à ces aimables intermédiaires entre nos œuvres et le public. J'ai dit *aimables* et je le laisse, ils le sont quelquefois : vous en conviendrez, s'il vous est arrivé un jour de recevoir un billet de cent francs pour une petite mélodie que vous comptiez donner pour rien ! Quand on est jeune ou au commencement de sa carrière, on tient avant tout à être imprimé ; et le fait que je cite, malgré sa regrettable rareté, est arrivé. La valeur des œuvres d'art est soumise à des fluctuations impossibles à saisir et surtout à prévoir ; j'avancerai même cette énormité : que le succès est dû souvent à des circonstances indépendantes de la valeur réelle de l'œuvre. Je n'irai pas jusqu'aux citations, elles seraient trop nombreuses, et ce n'est pas là d'ailleurs le sujet dont je compte vous entretenir.

Chargé du dépouillement de la correspondance du compositeur et éditeur *Ignace Pleyel*, j'ai trouvé quelques lettres de compositeurs célèbres, lettres inédites et méritant d'être connues, soit pour compléter la biographie de ces compositeurs, soit comme simple notice sur les relations des compositeurs et éditeurs au commencement de ce siècle, mon intention étant de compléter ce travail après les recherches nécessaires pour cela.

Mon classement n'est pas rigoureusement fait selon les dates, beaucoup de ces lettres ne portant pas de millésime, à commencer par les deux suivantes de *Méhul*, qui, avec une douzaine d'autres du même compositeur, mettent en relief son bon cœur, puisqu'il recommande à Ignace Pleyel de jeunes compositeurs à l'entrée de leur carrière, et, chose peut-être plus remarquable, nous montrent Méhul s'occupant comme intermédiaire des affaires de ses confrères et rivaux. Je cite :

Au citoyen Pleyel.

« J'ai parlé à Boïeldieu, il m'a paru fort content de tes offres. Ainsi, après le succès de son ouvrage, tu pourras le voir.

« Voici le deuxième acte d'*Adrien*. Partout où le mot *bon* se trouve sur des choses rayées, elles doivent être regardées comme bonnes.

« Adieu, je t'aime de tout mon cœur, et je suis pour la vie ton ami.

« Méhul. »

AUTRE.

Ce mercredi 12 août.

« Mon cher Pleyel, tu me ferais grand plaisir si, dans les premiers jours du mois prochain, tu pouvais me donner les deux cents francs que tu me dois sur les intérêts de l'année dernière et de celle-ci. Je serais aussi fort aise que nous puissions terminer un vieux compte de dix ans, qui est relatif à un ouvrage que j'ai mis en dépôt chez toi, et un autre compte relatif aux airs de chant et aux airs de danse de mon opéra d'*Adrien*. Je n'ai rien reçu de ces deux objets, parce que tu sais bien que je m'occupe peu de mes intérêts, et que tu as dû oublier une chose que j'oublierais moi-même; mais en ce moment je suis obligé de ramasser tout ce qu'on peut me devoir, pour faire face à quelques dépenses que j'ai été contraint de faire pour agrandir mon jardin et réparer ma petite maison de Pantin. Invite ton fils, mon cher Pleyel, à songer à mes demandes et à se rendre compte des deux vieilles affaires que j'ai besoin de terminer d'ici à la fin d'octobre.

> « Tout à toi,
>
> « MÉHUL. »

Voici encore un petit billet du même :

« Mon cher Pleyel, fais-moi le plaisir de ne point oublier que tu m'as promis de chercher dans tes papiers des *airs écossais* dont j'ai grand besoin.

> « Ton ami,
>
> « MÉHUL. »

Les trois lettres qui précèdent ne portent pas de date. L'opéra d'*Adrien* a été donné en 1799, et je ne crois pas m'écarter beaucoup de l'ordre chronologique en plaçant ici un lettre de *Joseph Haydn*, datée de Vienne, 4 mai 1801. L'adresse est ainsi conçue :

Monsieur Pleyel, compositeur très-célèbre à Paris.

« Très-cher PLEYEL,

« Je voudrais bien savoir quand paraîtra ta belle édition de mes *quatuors*, et si tu as, oui ou non, reçu par Artaria l'exemplaire de ma *Création*, ainsi que mon portrait; si l'on peut vraiment avoir chez vous *la Création*, aussi bien la partition que l'édition pour piano. Dis-moi en même temps si on l'a bien accueillie, et s'il est digne de foi que les membres de l'orchestre réuni ont exprimé le désir de m'offrir une médaille d'or? Sur tout cela je te prie de me renseigner le plus vite possible, parce qu'ici à Vienne, on le tient pour une fanfaronnade.

« La semaine passée, on a joué trois fois mon nouvel ouvrage *les*

Quatre Saisons devant notre haute noblesse, avec un succès sans partage ; dans quelques jours on le donnera, soit au théâtre, soit dans la grande salle de la Redoute, à mon profit. Pour changer un peu, nous aimons mieux exécuter *les Saisons* que *la Création*. Cela a déjà été traduit en français et en anglais, d'après Tompson (*sic*), par notre grand baron de Swieten. Tout réclame une prochaine publication ; mais cela paraîtra un peu plus tard, parce que je veux faire imprimer *a parte* les paroles anglaises et françaises, afin qu'on puisse l'exécuter plus aisément.

« Je te renouvelle mes souhaits, et je me rappelle au souvenir de ta femme, très-cher Pleyel.

« Ton bien sincère ami,

« Joseph Haydn. »

« *P. S.* — Il y a déjà un an que j'ai perdu ma pauvre femme. »

Voici maintenant *Clementi*, dont les compositions sont si estimées encore dans l'école du piano. Clementi fut un des plus remarquables exécutants de son temps, et, selon M. Fétis, le chef de la meilleure école de doigter et de mécanisme. Clementi était alors éditeur de musique à Londres ; sa correspondance avec Ignace Pleyel est presque toute en anglais, langue que Clementi possédait parfaitement, quoique né à Rome. La lettre suivante est en français, et entièrement de la main de Clementi.

A monsieur Pleyel.

Londres, le 29 juin 1802.

« Mon cher ami,

« Mes affaires dans ce pays me retiennent encore quelque temps, et, pour dire la vérité, je ne sais *quand* je pourrai partir pour la France. Je suis très-sensible à votre politesse et honnêteté en m'offrant un lit dans votre maison ; mais je vous prie de ne plus le garder pour moi, n'étant pas sûr du tout de mon voyage. Cependant recevez-en tous mes remerciements. Mon intention, en venant à Paris, était de traiter pour les manuscrits de *votre* composition ; mais, comme je ne puis (à présent) faire ce voyage, je vous prie de m'écrire le plus tôt possible vos conditions, pour pouvoir faire mes arrangements en conséquence.

« Je voudrais posséder un livre de *trois sonates pour le piano*, et si vous vouliez composer six sonates pour le piano avec des airs écossais pour adagios, andantes ou rondeaux, vous me feriez grand plaisir, en vous priant de me dire le prix, soit en argent, soit en instruments. Enfin, j'espère que vous me donnerez la préférence pour Londres, pour tout ce que vous composerez. Je vous prie instamment de me donner réponse le plus tôt possible et je serai toujours

« Votre *grand* admirateur et ami et serviteur,

« Muzio CLEMENTI. »

La coutume de faire signer par les auteurs les exemplaires de leurs œuvres mis en vente est ancienne ; nous la trouvons dès le commencement du XVIIIe siècle : les partitions de *Monteclair*, *Destouches*, *Blamont*, etc., portent la signature de ces auteurs. Cela pouvait se faire à une époque où la vente des partitions était assez limitée. Nous retrouvons encore cette coutume en 1808, et pour des *romances !* Voyez plutôt :

« Vous m'aviez promis, Pleyel, qu'il ne se vendrait pas d'exemplaires de ma musique *sans ma signature ;* je vois avec beaucoup de peine que vous n'ayez pas tenu votre promesse. Donnez-moi donc un jour, une heure, pour que nous terminions nos arrangements.

« Je vous salue,

« Fabry GARAT. »

Paris, le 17 mai 1808.

Ce Fabry Garat, compositeur et professeur de chant, était frère du célèbre chanteur qui eut pour élèves Mme Branchu, MM. Nourrit, Ponchard et Levasseur.

Voici maintenant une lettre de Dalayrac :

« Mon cher Pleyel, vous m'avez écrit ce matin que votre intention était de ne pas passer le prix de deux mille francs pour la partition de *Lina*, et que vous me laissiez la liberté d'en disposer si je ne vous la laissais pas à ce prix-là.

« Mon désir de traiter avec vous et de vous donner la préférence m'a engagé à vous récrire et à suspendre ma décision jusqu'à une nouvelle réponse de vous.

« Maintenant que votre silence semble me dire que vous vous en tenez aux termes de votre lettre, et que je reçois des propositions de beaucoup au-dessus de celles que je vous avais faites, c'est-à-dire de la somme de *cent louis*, j'userai de la liberté que vous m'avez donnée, et vous prie de croire que mes sentiments d'estime et d'amitié pour vous seront toujours les mêmes.

« Je vous salue,

« DALAYRAC. »

Le 8, au matin.

« *P. S.* — Voilà deux heures que j'attends, je renvoie chez vous, et si vous y êtes et que je reçoive par le porteur une autre réponse, je m'en tiendrai toujours au prix que je vous ai proposé ce matin. »

Je joins à cela une lettre de Mme Dalayrac ; l'orthographe en était un tant soit peu négligée, je me suis permis de la rectifier sans toucher au style. Cette lettre est adressée à Mme Ignace Pleyel.

« Madame,

« Je vous envoie le billet que vous avez demandé hier ; je l'ai mis de première galerie pour que vous puissiez vous placer plus facilement. A la fin de la répétition d'hier, Dalayrac s'est mis en colère avec justice. Les auteurs de l'ancien Feydeau ont trouvé à propos de ne pas donner de billets, c'est-à-dire au lieu de deux cents qu'ils donnent aux autres auteurs, ils en ont offert vingt à Dalayrac. Dans tous les siècles les hommes modestes ont toujours été victimes des autres.

« J'ai l'honneur d'être, Madame, votre très-humble servante,

« DALAYRAC. »

Dans toutes les nombreuses lettres adressées à Pleyel par *Steibelt*, ce compositeur demande de l'argent. Ces lettres sont de véritables parterres de ronces, semés de pâtés et de fautes d'orthographe, le tout agréablement cimenté par un style à l'avenant. Steibelt avait traduit *la Création* de Haydn, traduction qui fut mise en vers par M. de Ségur. L'exécution de cette œuvre eut lieu à l'Opéra le 3 nivôse an IX, et c'est en s'y rendant que Napoléon Ier faillit être victime de la *machine infernale.*

Les œuvres de Steibelt dénotent certainement du talent, quoique le désordre de sa vie s'y fasse sentir sous forme d'inégalités, de diffusion, de manque de suite. Steibelt avait surtout la mauvaise habitude de revendre à différents éditeurs, quelquefois aux mêmes, des ouvrages qu'ils lui avaient déjà achetés et payés, mais auxquels il faisait subir de petits changements. Voici donc une de ses lettres, à laquelle ressemblent à peu de chose près toutes les autres.

A monsieur Pleyel.

« Mon ami, je te demande pardon de t'incommoder si souvent, mais
cet la dernière foix et je te demanderai plus j'usque je me suis aquitter.
— Il me manque encor 2 louis pour achete du vin. — Comme j'ai une
bonne ocasion d'en achete chez M. Herold qui est a Sevre chez M. Erard,
je ne vouderai pas manquer ; je compte touché de l'argent hier chez un
de mes Ecolié mes elle ne m'a pas payé. — Je te demandere bien
3 louis, mais je crains d'etre indiscret. — Mais comme je te portere la
sonate surement samedi, cela fera que tu me devera que 36 livres. —
Je pars pour Sève et reviens samedi. — Aiye l'autre sonate pret.

« Tout à toi,

« Steibelt. »

« *N. B.* — Envoie moi l'argent comme hier. »

Les billets de Dussek sont très-humoristiques, bien écrits et amu-
sants. En voici deux :

Vendredi, ce 12 août 1808.

« Cher Camille, je n'ai le temps que de vous dire un mot, c'est de
vous prier de m'envoyer sur-le-champ une livre de tabac (du même que
le précédent) et un exemplaire de mon *Élégie*. Mettez tous les deux
dans le même paquet, à mon adresse, et envoyez-le à la grande poste
pour être remis au grand courrier de Blois.

« Votre sincère ami,

« Dussek. »

AUTRE.

A monsieur Camille Pleyel.

« Mon cher, je vous envoie ci-inclus 15 louis ; c'est tout ce que je
possède dans ce moment. Tâchez d'arranger cela tout de suite, car
cette femme est une diablesse incarnée.

« Votre ami,

« Dussek. »

Au temps où Ignace Pleyel faisait le commerce de la musique, on ne
se contentait pas comme aujourd'hui d'envoyer aux correspondants de

la province le titre des *nouveautés* ou ces nouveautés elles-mêmes, consistant en mélodies et en morceaux de piano ; les éditeurs se dérangeaient parfois et faisaient des voyages dans l'intérêt de leurs éditions, surtout quand il s'agissait de partitions d'opéras, de concertos, de sonates ou de quatuors. Nous plaçons ici un bout de lettre de Charles Mansui. C'était au moment où Ignace Pleyel fondait sa fabrique de pianos, et Mansui recommande à une dame Petitot de Nantes « M. Camille Pleyel, fils du célèbre auteur de ce nom, » c'est Mansui qui parle, « jeune homme de mes amis, parfaitement élevé, possédant un très-beau talent sur le piano. Il ne professe d'aucune façon la musique ; le but de son voyage est d'étendre les relations commerciales de M. Pleyel, son père, qui est maintenant à la tête de la première fabrique de France pour les pianos, » etc.

Il signe ainsi :

« C. Mansui,

« Empereur des pianistes, roi des organistes, protecteur
« des guitarristes et médiateur des harpistes. »

Les deux lettres de *Beethoven* que je vais citer sont écrites en allemand ; la première traite uniquement d'affaires et n'est que signée de Beethoven ; la seconde est entièrement de sa main. En lisant ces deux pages d'un homme illustre, on se convainc sans peine que le génie n'est pas tellement au-dessus des choses terrestres qu'on veut bien le dire, et que Beethoven savait traiter les affaires avec une clarté, une précision dignes d'un commerçant consommé. La seconde lettre est remarquable par une petite boutade contre les Français, et quoique Beethoven ait fait sa *Symphonie héroïque* à l'intention de Napoléon Ier (avant qu'il fût empereur), ses sentiments patriotiques se sont fait jour aussi bien dans sa *Symphonie militaire de la victoire de Wellington* (*Victoria*) que dans cette lettre intime.

Vienne, le 26 octobre 1807.

« J'ai l'intention de confier à la fois le dépôt des six œuvres ci-dessous à une maison de Paris, à une maison de Londres et à une maison de Vienne, à la condition que dans chacune de ces trois villes elles paraîtront ensemble à un jour déterminé. De cette façon je crois satisfaire mon intérêt en faisant connaître rapidement mes ouvrages, et, sous le rapport de l'argent, je crois concilier mon propre intérêt et celui des différentes maisons de dépôt.

Les œuvres sont :

1° *Une symphonie.*
2° *Une ouverture,* écrite pour la tragédie de *Coriolan* de Collin.
3° *Un concerto de violon.*
4° *Trois quatuors.*

5° *Un concerto pour piano.*
6° Le *concerto pour violon,* arrangé pour le piano avec des notes additionnelles.

« Je vous propose le dépôt de ces œuvres à Paris ; et pour éviter de traîner la chose en longueur par des correspondances, je vous l'offre tout de suite au prix modéré de 1,200 florins d'Augsbourg contre la réception des six œuvres, et votre correspondant aurait à s'occuper de l'expédition. — Je vous prie donc de me donner une prompte réponse, afin que, ces œuvres étant toutes prêtes, on puisse les remettre sans retard à votre correspondant.

« Quant au jour où vous devrez les faire paraître, je crois pouvoir vous fixer, pour les trois ouvrages de la première colonne, le 1er septembre, et pour ceux de la seconde colonne, le 1er octobre de la présente année.

« *Signé :* Ludwig Van Beethoven. »

SECONDE LETTRE.

« Mon cher et honoré Pleyel,

« Que devenez-vous, vous et votre famille ? J'ai souvent eu déjà le désir d'aller vous voir ; jusqu'ici cela n'a pas été possible : la guerre en a été cause en partie. S'il faut que cela continue à être un obstacle, ou si cela doit durer *longtemps*..... on pourra bien ne jamais voir Paris.... mon cher Camillus ; c'était le nom, si je ne me trompe, de ce Romain qui a chassé de Rome les barbares gaulois ; à ce prix, je voudrais bien m'appeler ainsi pour les chasser de partout où ils ne sont pas à leur place. — Que faites-vous de votre talent, cher Camille? J'espère que vous ne le gardez pas pour vous seul; je pense que vous en faites quelque chose de plus. *Je vous embrasse de cœur tous les deux, le père et le fils,* et j'espère qu'en plus des choses commerciales que vous avez à m'écrire, vous me direz beaucoup de choses sur vous et votre famille.

« Adieu, et n'oubliez pas votre véritable ami.

« Beethoven. »

Ces deux lettres sont de la même date : l'une occupant le premier feuillet, l'autre le second.

Je passe à un compositeur dont la gloire a soulevé des contestations jusque dans ces derniers temps : il n'y a que des Français moitié Prussiens capables de vouloir enlever à *Rouget de Lisle* sa *Marseillaise*. Heureusement que cette paternité est établie sans réplique et recevra une nouvelle et intéressante confirmation par le travail que prépare notre vice-président M. Kastner.

Rouget de Lisle a publié en 1796 un volume intitulé : *Essais en vers et en prose*. Ce petit in-8° est devenu une rareté bibliographique. Peu de temps après la prise de la Bastille, il écrivit à Besançon un chant patriotique sur un air connu. Cette poésie, augmentée de deux strophes, fut chantée par les Strasbourgeois sur une nouvelle mélodie composée et orchestrée par Ignace Pleyel le jour de l'acceptation de la Constitution, le 25 septembre 1791, avec le titre *Hymne à la liberté*.

Rouget de Lisle a encore écrit trois livrets d'opéras : *Almanzor et Féline*, en 3 actes ; *l'Aurore d'un beau jour, ou Henri de Navarre*, en 2 actes ; enfin *Bayard en Bresse*, comédie en 4 actes, musique de *Champein*. Cette pièce, jouée une seule fois le 21 février 1791, renferme quelques airs de Rouget de Lisle. Les deux précédentes n'ont pas été représentées, et se trouvent dans la collection d'autographes de M. Pochet-Deroche.

La publication musicale la plus importante de Rouget de Lisle est un recueil in-folio de 48 *chants français*, paroles de différents auteurs, musique de Rouget de Lisle. Paris, Maurice Schlesinger. Ce volume, qui n'est pas facile à rencontrer, renferme de bonnes choses ; les morceaux patriotiques, surtout, me paraissent les mieux réussis. A côté de *la Marseillaise*, le *chant chevaleresque d'Emma et Eginard*, ainsi que *le Vengeur*, ne font pas disparate. C'est dans *le Vengeur* que se trouve le refrain :

> Mourons pour la patrie,
> C'est le sort le plus beau, le plus digne d'envie !

Refrain pillé pour le chant des *Girondins* en 1848 ; avec cette différence que la musique de Rouget de Lisle sur ces deux vers est une phrase noble et inspirée.

Je ne crois pas que l'auteur de ces 48 *chants français* en ait fait les accompagnements. Rouget de Lisle jouait du violon, bien ou mal, je l'ignore ; ses relations assez intimes avec plusieurs compositeurs célèbres de son temps devaient au reste lui faciliter les moyens d'avoir des accompagnements de piano pour les chants qu'il composait. Vous verrez par le billet suivant qu'Ignace Pleyel était très-lié avec l'auteur de *la Marseillaise*.

Voici ce billet :

Vendredi, 6 mai.

« Depuis que tu m'as promis un autre violon, mon cher ami, je ne rêve plus que duos : on devient bête à la campagne, et j'y aurai moins de peine qu'un autre.

« Si tu ne m'as pas oublié, fais-moi le plaisir de remettre au porteur l'instrument que tu me destines. S'il n'est pas prêt, dis à mon homme quand il pourra l'aller prendre. Sois sûr que j'en aurai le plus grand soin.

« Adieu. J'ai quelque espérance de te placer un piano à tambourin.

« J. R. DE LISLE. »

Aux Thermes, barrière du Roule, n° 233.

Il y a en note : *Remis un archet et un violon.*

Pour compléter ce petit entrefilet sur Rouget de Lisle, j'ajouterai cette lettre de Béranger, également trouvée en autographe dans les papiers d'Ignace Pleyel :

Monsieur, monsieur Rouget de Lisle, rue Saint-Honoré.

« J'ai l'honneur de présenter mes salutations respectueuses à monsieur Delille, et m'empresse de répondre à sa lettre obligeante.

« Le titre de ma chanson est : *La Sainte-Alliance.* Si monsieur Delille a pris cette chanson dans le *Journal Général*, il lui manque un couplet, sans lequel il ne me serait pas agréable de la voir reproduire ; le voici :

« Après : *Aucun épi n'est pur de sang humain.*

4e COUPLET.

« Des potentats, dans vos cités en flammes,
« Osent, du bout de leur sceptre insolent,
« Marquer, compter et recompter les âmes
« Que leur adjuge un triomphe sanglant.
« Faibles troupeaux, vous passez sans défense
« D'un joug pesant sous un joug inhumain.
« Peuples, etc. »

« Ce couplet se trouve dans l'imprimé que M. le duc de La Roche-foucauld a fait faire et distribuer, et la chanson paraîtra ainsi dans *la*

Minerve, sous les auspices de ce duc. Par conséquent, aucune considération de crainte ne peut en empêcher la publication en musique.

« Je remercie monsieur Delille de la bonté qu'il a eue de m'envoyer la jolie idylle, et je l'en aurais remercié plus tôt si je n'avais eu l'espoir de le rencontrer pour lui témoigner tout le plaisir qu'elle m'a fait.

« Son très-dévoué serviteur,

« BÉRANGER. »

Rouget de Lisle n'a eu garde d'oublier le couplet en question ; il se trouve dans le recueil cité plus haut. Du reste, sept ou huit poésies de Béranger y sont mises en musique.

Ma lecture n'étant qu'une espèce de pot-pourri (sans musique pourtant), je puis me donner le loisir de faire suivre les personnalités les plus hétérogènes. Je passe donc, sans la moindre modulation, de *Béranger* à *Reicha.*

Paris, le 24 juin 1813.

« Mon cher Pleyel,

« Vous rendrez un double service, et à moi et à la musique, en cherchant des souscripteurs pour mon *Traité de Mélodie*, lequel je me verrais forcé de garder dans mon portefeuille sans cela. Le texte de cet ouvrage contiendra à peu près 300 pages in-4° et 80 planches de musique.

« J'ose avancer que c'est peut-être l'ouvrage le plus instructif qui ait paru en musique ; il a encore cet avantage que tout le monde est en état de le comprendre, pourvu qu'on sache ce que c'est que les gammes musicales.

« 3 fr. par exemplaire et le treizième gratis, c'est ce que je puis accorder à ceux qui veulent bien me chercher des souscripteurs. Si par hasard vous n'avez pas le temps suffisant dans votre tournée pour cela, ayez l'amitié d'en faire la proposition aux différents libraires et marchands de musique des villes par lesquelles vous passerez ; ce ne sera pas seulement pour moi un service, mais c'est en même temps encourager une branche de notre art (et la plus importante) qui, jusqu'à nos jours, a demeuré si négligée. Je vous embrasse de cœur et reste à toute épreuve votre véritable ami.

« REICHA. »

« *P. S.* — La liste des souscripteurs sera fermée vers la fin du mois de septembre. Si vous jugez à propos d'avoir beaucoup d'exemplaires du prospectus, il vaudrait peut-être mieux d'en faire imprimer à Bordeaux que de les envoyer de Paris?

« J'attends une réponse de votre part à cet égard. »

Reicha a-t-il fait des coupures dans son *Traité de Mélodie?* Je ne sais; toujours est-il qu'au lieu de 300 pages de texte projetées, il n'y en a que 116, avec 75 planches.

Cette lettre confirme ce que j'ai avancé plus haut sur les voyages en province des éditeurs dans l'intérêt de leurs publications. Aujourd'hui, où tout se fait à la vapeur, même la musique, je veux dire d'une manière fiévreuse et souvent trop précipitée, l'auteur d'un opéra n'a plus le temps d'en faire la réduction au piano pour l'éditeur : c'est l'accompagnateur du théâtre qui est généralement chargé de ce soin. La lettre suivante nous montre l'illustre maître Chérubini ne dédaignant pas de faire lui-même son arrangement de piano :

« Voici, mon cher Pleyel, l'ouverture d'*Épicure* arrangée. J'ai fait de mon mieux, surtout au commencement, où elle n'était pas facile à arranger. J'ai tâché qu'elle soit facile d'exécution, afin qu'elle puisse être jouée par tous les pianistes, de quelque force qu'ils soient.

« Si le duo était gravé, je désirerais en avoir quelques exemplaires ; je te prie de me faire cadeau d'une ou deux romances.

« Fais-moi, je te prie, donner des nouvelles de ta santé; la mienne est encore faible. Cela a été cause que je ne t'ai envoyé l'ouverture plus tôt, attendu que ces jours passés je n'ai pas pu travailler, ayant été souffrant.

« Adieu ; mes civilités respectueuses à madame Pleyel.

« Tout à toi, avec l'estime et la considération qui te sont dues.

« CHÉRUBINI (1). »

Quant à l'auteur de la lettre que je vais vous lire, vous le connaissez tous, soit personnellement, soit par ses œuvres.

La côte Saint-André (Isère), 6 avril 1819.

« Monsieur,

« Ayant le projet de faire graver plusieurs œuvres de musique de ma composition, je me suis adressé à vous, espérant que vous pourriez remplir mon but. Je désirerais que vous prissiez à votre compte l'édition d'un *pot-pourri* concertant composé de morceaux choisis, et con-

---

(1) Quoique Italien, Chérubini met un accent sur l'e dans sa signature.

certant pour flutte, cor, deux violons, alto et basse. Voyez si vous pouvez le faire, et combien d'exemplaires vous me donnerez. Répondez-moi au plus tôt, je vous prie, si cela peut vous convenir, combien de temps il vous faudra pour le graver, et s'il est nécessaire d'affranchir le paquet.

« J'ai l'honneur d'être, avec la plus parfaite considération, votre obéissant serviteur.

« BERLIOZ. »

Voici maintenant l'élève de Beethoven, Ferdinand Riez, alors âgé de vingt-cinq ans, et qui débute par rien moins qu'un Sextuor.

Londres, 28 décembre 1819.

« Messieurs Pleyel et fils aîné,

« Comme je désire faire graver bientôt : 1° un *notturno* pour le piano-forte et flûte accompagnant; 2° un *grand Sextuor* pour le piano-forte principal, avec accompagnement de violons, alto, violoncelle et contrebasse, arrangé pour qu'on le puisse jouer aussi sans accompagnement; 3° une *introduction et rondo* pour le piano-forte, sur un air favori de Rossini, je vous les offre, si vous voulez en avoir les droits de propriété pour la France, en les faisant paraître *le même jour qu'ici*. L'honoraire sera de 30 napoléons, ou pour 1,500 fr. de musique (prix marqué) de votre catalogue, pour les trois.

« Vous m'obligerez, Messieurs, infiniment en me répondant le plus tôt possible, comme les compositions sont toutes prêtes. Et si la *sonate en sol*, avec flûte obligée, a rendu à Paris comme ici, je n'ai pas de doute, la réponse sera comme je désire.

« J'ai l'honneur de rester, Messieurs,

« Votre obéissant serviteur.

« Ferd. RIES. »

J'ajoute un petit billet non daté, quant à l'année :

« Nicolo souhaite le bonjour à M. Camille, et lui envoie trois partitions, le priant de lui en renvoyer trois autres.

« Nicolo a le plus grand soin de ces chefs-d'œuvre; il prie M. Camille d'observer qu'il les lui prête *avec des taches*, et qu'il ne peut les rendre autrement.

« MM. Pleyel père et fils sont priés d'agréer l'assurance des sentiments les plus distingués de la part de l'écrivant. »

Ce 29 octobre.

Il est assez étonnant que M. Fétis, qui se consacre à lui-même vingt-
cinq colonnes in-8° dans sa dernière édition de la *Biographie des Musiciens*, n'ait pas fait celle de son père, qui était pourtant organiste à
Mons, professeur de musique et directeur des concerts en cette ville.

M. Fétis dit qu'il acheva son *Traité d'Harmonie* en 1816, et le
présenta à l'Académie, qui n'en fit point de rapport. Plus loin il dit
encore qu'il fit commencer l'impression de ce Traité par M. Eberhardt,
en 1819, mais que, par égard pour son professeur Catel, il en arrêta
l'impression, déjà avancée de cinq feuillets, qu'il retira, et ne publia son
ouvrage qu'en 1844, chez Schlesinger. A quelle époque faudrait-il donc
mettre la lettre suivante, que M. Fétis semble avoir oubliée? Elle ne peut
être placée qu'entre 1816 et 1819, M. Fétis n'ayant dû se mettre à
faire imprimer son Traité à ses propres frais qu'après avoir vainement
frappé à la porte des éditeurs.

Paris, ce 28 novembre.

« Monsieur,

« Je vous prie de me pardonner mes importunités relatives à mon
Traité d'Harmonie; mais, ayant formé un nouvel établissement, chose
fort dispendieuse, étant peu connu comme professeur, et n'ayant encore en quelque sorte que des espérances, je suis dans la nécessité de
tirer parti de mes ouvrages le plus promptement possible, surtout depuis que j'ai toute ma famille près de moi. Tous ces motifs pourront,
je l'espère, me servir d'excuses auprès de vous.

« Toutefois, comme il s'agit ici d'un ouvrage important, je sens que
vous ne pouvez vous décider légèrement, et qu'il vous faut examiner
avant de conclure. Ne pourrais-je pas, Monsieur, vous sauver l'ennui
d'un long examen? Il me semble que dans une séance de deux heures
au plus je pourrais vous exposer l'ensemble de mon système, qui n'est
autre chose que la réduction en un corps de doctrine de la pratique des
grands maîtres, et vous développer les nombreuses améliorations que
je crois avoir introduites dans le système général. En faisant l'exposé
de toutes les parties de mon Traité, il me semble que vous le connaî-
triez aussi parfaitement que si vous l'eussiez lu plusieurs fois.

« Si vous adoptiez mon idée et que vous pussiez disposer de deux
heures dans la matinée de demain dimanche, j'aurais l'honneur de vous

attendre chez moi, où j'ai une planche noire préparée pour les démonstrations musicales. J'aurais l'honneur de vous attendre à l'heure qui vous conviendrait le mieux.

« Comme il serait possible, Monsieur, que le mauvais état des affaires commerciales fût un obstacle à ce que nous pussions terminer ensemble pour cet objet, j'ai l'honneur de vous prévenir qu'il me suffirait de votre bon à trois ou quatre mois, si nous tombons d'accord sur le prix de l'ouvrage. Je saurais où le placer.

« Je ne sais si l'amour-propre m'aveugle, mais il me semble que la publication de mon livre ne serait pas une mauvaise opération pour vous ; je crois que cet ouvrage est destiné à tenir un jour un rang distingué parmi les didactiques.

« Voudriez-vous avoir la complaisance de me donner un mot de réponse sur ma proposition ?

« Agréez, Monsieur, l'assurance de ma parfaite considération.

« FÉTIS. »

Rue de Buffaut, n° 12.

En tête de cette lettre, Ignace Pleyel a écrit ces mots : « Répondu le 29 novembre, et annoncé que nous ne pouvions pas nous charger du Traité. »

Je termine, Messieurs, par une lettre de Fabre d'Olivet, littérateur et musicien, mort en 1825. L'ouvrage dont il est question dans cette lettre n'a pas été publié à ce que je sache, et comme l'auteur en donne un aperçu assez complet, j'ai pensé qu'il ne serait pas sans intérêt pour vous d'en prendre connaissance.

A messieurs Pleyel et fils aîné.

Paris, le 13 août 1822.

« Messieurs,

« Quoiqu'il soit très-possible que la lettre que vous m'avez écrite le 11 de ce mois ne soit qu'une honnête défaite, ou que vous ayez d'autres raisons que j'ignore pour n'entreprendre aucune spéculation, je ne laisserai pas que de vous donner quelques nouveaux détails au sujet de l'offre que je vous ai faite, afin de ne conserver aucun regret, en supposant que vous ne m'ayez énoncé qu'un simple prétexte.

« L'ouvrage que j'ai à vous proposer, Messieurs, sort entièrement de l'ordre vulgaire des publications musicales ; ce n'est point une œuvre de musique proprement dite , c'est un ouvrage considérable , littéraire et musical , plein d'érudition et de recherches savantes , dans lequel la *musique* est considérée en théorie et en pratique, comme science et comme art. On y remonte jusqu'à ses principes constitutifs, ignorés jusqu'ici, et on les démontre avec évidence et rigueur. On examine les systèmes musicaux de tous les peuples de la terre ; on les compare, on en dévoile l'origine commune ; on recherche pourquoi la musique, qui a exercé une si grande influence sur les nations antiques, a perdu cette influence sur les nations modernes. On dit à cet égard des choses aussi extraordinaires qu'intéressantes.

« Après avoir vu ce que la musique a été, on voit ce qu'elle est et ce qu'elle pourrait être. On s'arrête sur les principes de l'art que l'on suit pas à pas depuis la simple existence de la gamme, dont on dévoile pour la première fois la cause cachée et nécessaire, jusqu'aux combinaisons les plus compliquées de l'harmonie, qu'on explique et dont on montre les raisons. Enfin on donne un échantillon de la musique originelle de tous les peuples, tant anciens que modernes, en les soumettant aux règles mélodiques et harmoniques ci-devant posées. Ainsi se termine cet immense travail. L'ouvrage entier se compose de deux volumes in-4. Il doit être publié conjointement par un libraire réuni à un éditeur, afin d'en assurer le succès. Je croyais que vous pourriez être cet éditeur, et j'aurais été flatté de voir une seconde fois le nom de Pleyel figurer à côté du mien. L'époque de la publication n'importe pas. J'attendrai volontiers au mois de janvier et même plus tard, si vous me donnez votre parole. Il faut d'ailleurs émettre un prospectus, à l'effet d'obtenir des souscripteurs, tant dans la ligne littéraire que musicale.

« Voilà, Messieurs, ce que j'ai cru devoir vous dire ; je ne ferai aucune démarche nouvelle d'ici à huit jours.

« J'ai l'honneur d'être avec une sincère considération,

« Votre dévoué serviteur,

« FABRE D'OLIVET. »

Messieurs, il ne me reste plus qu'à vous remercier pour votre bienveillante attention, en remettant la suite à un prochain numéro.

J. B. WEKERLIN.

SÉANCE ANNUELLE (17ᵉ BIS).

27 JANVIER 1866.

SOMMAIRE :

1. Rapport sur l'état de la Société, par M. Ch. Poisot, secrétaire.
2. Notice nécrologique sur Denne-Baron, par M. A. Elwart.
3. Election de cinq membres du Comité, en remplacement de MM. Ambroise Thomas, Wolff, Vogel, Ortolan et Semet, membres sortants, rééligibles.

Rapport de M. Charles **POISOT**, secrétaire.

Messieurs et chers Confrères,

J'aurais désiré qu'une plume plus exercée que la mienne vînt aujourd'hui vous rendre compte de la situation de notre Société ; mais puisque le comité m'a désigné pour vous présenter le rapport annuel que nos statuts nous imposent, je tâcherai d'être court, à défaut d'éloquence.

Et d'abord, payons un juste tribut de regrets à deux confrères que la mort nous a récemment enlevés.

Greive, compositeur hollandais, excellent chef d'orchestre, a disparu sans nous laisser les documents nécessaires à son éloge. Qu'il reçoive donc ici nos adieux personnels, ainsi que ceux de nos collègues qui l'ont connu et apprécié. — Sa modestie, son bon cœur, son enthousiasme pour le beau, faisaient de lui un sociétaire ardent et convaincu ; souhaitons ses précieuses qualités à tous ceux qu'envahit l'indifférence, cette plaie du siècle.

Quant à Denne-Baron, c'était un ami pour moi, et sa perte m'a profondément affligé. Notre collègue Elwart va vous donner l'esquisse biographique de cet excellent homme, chez lequel l'urbanité de caractère et la bienveillance s'alliaient à une érudition considérable et de bon aloi.

Pour combler ces vides, la Société a admis dans son sein : M. Coche, professeur de flûte au Conservatoire ; M. Langhans, auteur d'un quatuor pour instruments à cordes, qui vient d'être couronné à Florence, et enfin, M. Reber, de l'Institut, dont le mérite n'est surpassé que par la modestie.

Le personnel de notre comité a subi peu de variations ; MM. Kastner et Gevaert ont été nommés vice-présidents, et M. Lecouppey, que nous

avions appelé à remplacer Dietsch, vient d'être remplacé lui-même par
M. Adolphe Blanc, membre suppléant. Les nombreuses occupations de
M. Lecouppey l'ont forcé à donner sa démission de membre du comité :
nous lui en exprimons ici nos regrets sincères.

Parmi les nouveaux membres correspondants, nous pouvons citer
avec honneur le nom de M. de Coussemaker, le savant auteur de *l'Har-*
monie au moyen âge, ouvrage dont vient de s'enrichir notre bibliothèque ; et ceux de MM. Ferdinand Hiller et Apollinaire de Kontski,
directeurs des Conservatoires de Cologne et de Varsovie. — Ces nomi-
nations, qui relient à la Société des compositeurs de musique deux
Conservatoires importants de l'étranger, sont d'un heureux augure pour
l'avenir. En effet, ces bons rapports internationaux pourront ouvrir
des relations utiles aux compositeurs français, qui ne trouvent pas
toujours dans leur propre pays l'appui sur lequel ils auraient droit de
compter.

Grâce au zèle généreux de notre intelligent trésorier, notre encaisse
s'accroît de jour en jour. — En défalquant les sommes nécessaires
à la publication de notre catalogue et de notre quatrième bulletin,
malgré les dépenses nécessitées par nos frais de poste et d'impression,
par l'achat d'ouvrages précieux et rares pour notre bibliothèque, il
nous reste en avoir-créditeur (pour parler le langage des finances),
la somme de 1678 fr. 55 c. Ce total surpasse de 611 fr. 70 l'encaisse
signalé l'an dernier dans mon rapport de fin décembre 1864. Et cependant remarquez, Messieurs, que les cotisations de l'année courante ne
sont pas versées, et que parmi celles du dernier exercice un certain
nombre reste encore à encaisser.

Si maintenant nous passons en revue les principaux travaux de l'année qui vient d'expirer, il vous sera facile de vous remémorer la savante
conférence historique de M. Fétis père, l'exposé ingénieux de la méthode
de M. Danel, et les intéressantes lectures qui vous ont été faites par
MM. Wekerlin, Comettant et Lacome.

Nous n'oublierons pas le quatuor inédit de ce dernier compositeur,
le trio de saxophones, spécialement écrit pour notre séance d'avril
par notre président, M. Ambroise Thomas ; enfin les preuves de talent
d'exécution qui nous ont été données par MM. S. Saëns, White, Ritter,
ainsi que par Mlles Lefébure-Wély et Caroline Remaury.

M. Lissajous, le savant acousticien, nous a gratifiés d'une séance des
plus curieuses sur la production du timbre dans les sons musicaux ;
enfin, M. Roger et Mlle Séveste ont bien voulu nous prêter le concours
de leurs voix et de leur talent.

(Dans un autre ordre d'idées, nous devons féliciter de nouveau M. Mérimée, qui a soutenu avec vigueur, au Sénat, nos droits de propriété artistique.)

Vous le voyez, Messieurs, nos séances mensuelles sont toujours remplies par des communications théoriques et pratiques d'un intérêt réel ; malheureusement nos réunions intimes sont souvent peu nombreuses.

Puisque nous sommes dans le mois des souhaits, souhaitons que les sociétaires sacrifient un peu de leurs habitudes personnelles pour se réunir davantage.

N'est-il pas agréable d'échanger des idées dans une conversation utile, de puiser dans une bibliothèque qui devrait former un centre d'attraction irrésistible ? Puis, l'énergie ne découle-t-elle pas du principe d'association ? N'est-ce point cette énergie collective qui nous fera obtenir peu à peu la facilité de mise en lumière de nos œuvres importantes, l'équitable répartition des produits de nos ouvrages, enfin l'affranchissement successif et complet des entraves de tout genre qui pèsent encore sur nos productions ?

Oui, Messieurs, sachons-le bien, c'est par l'union seule que nous triompherons. — Tenons-nous donc solidement par la main et ne craignons pas de nous dévouer à la chose commune. — S'il faut semer et labourer pour recueillir, il faut aussi, pour moissonner dans le champ de l'art, une persistance qui doit s'accroître en raison même des difficultés qui surgissent.

NÉCROLOGIE.

René – Dieudonné DENNE-BARON

COMPOSITEUR ET LITTÉRATEUR MUSICIEN

Si tous les artistes dont M. Denne-Baron a écrit et publié la biographie étaient à même de lui rendre la pareille, le monde musical serait inondé de notices sur cet excellent homme, qui fut artiste par vocation, obligeant par caractère, et écrivain distingué par suite d'études fortes faites simultanément sous la direction du célèbre *Porta*, de *Chérubini*, et sous celle du fondateur-proviseur du collége de Sainte-Barbe, de Delaneau, le Rollin moderne.

René Dieudonné Denne-Baron naquit à Paris le 1er novembre 1804.

Son père, qui était un amateur de musique très-distingué, élève du violoncelliste Duport, développa en lui le goût des beaux-arts en général, et celui de la musique en particulier. Sa mère, femme d'un grand esprit et écrivain élégant, surveilla ses études avec une sollicitude intelligente. N'étant pas né pour la lutte, Denne-Baron lui préféra le calme charmant d'une retraite studieuse. Il avait fait ses premiers pas dans la carrière musicale avec Adolphe Nourrit et avec Adam, ses condisciples au collége Bourbon, et les succès populaires de ce dernier, au lieu des sentiments de jalousie, excitèrent au contraire sa verve laudative. Bon et pas jaloux, il devait être un excellent biographe. Qu'on ne croie pas pourtant que Denne-Baron fît par faiblesse ce que des écrivains sans pudeur font par vénalité. Non, celui qui enrichissait journellement la biographie nouvelle de Firmin Didot ne transigea jamais avec la vérité : il sut la dire aux gens, mais sans les éclabousser avec l'eau plus ou moins limpide du puits d'où elle répondait à ses évocations. Trois sortes de travaux forment le bagage de notre excellent confrère. Dans ce bagage, l'Église a son contingent, la musique de salon un beau lot, et la littérature musicale une part d'autant plus grande que Denne-Baron, ayant l'esprit porté vers les récits anecdotiques, excellait à peindre un homme, un caractère, une œuvre en quelques mots. Parmi ses biographies les plus remarquables, nous citerons celle de Chérubini, que le journal *le Ménestrel* a publiée en brochure. Rien de plus noblement pensé ni de mieux écrit que cette longue suite d'années si glorieusement et si utilement remplies par le *prince des musiciens du XIXe siècle.*

Voici l'indication des écrits que M. Denne-Baron a publiés jusqu'à ce jour. On a de lui : *Enseignement élémentaire universel.* Paris, 1844. Cet ouvrage a été adopté par le ministre de l'*Instruction publique* ; une médaille d'honneur a été décernée à son auteur par le conseil général du département de la Seine. — *Histoire de l'Art musical en France*, formant une des sections du grand ouvrage intitulé *Patria, ou la France ancienne et moderne.* Paris, 1846. L'Académie des sciences de l'Institut, dans sa séance solennelle du 4 mars 1850, a décerné une médaille d'honneur aux auteurs de *Patria.* L'histoire de l'art musical que M. Denne-Baron a publiée dans cet ouvrage n'est que le résumé d'un travail beaucoup plus étendu dont il s'occupait depuis longtemps, et qu'il espérait pouvoir bientôt publier.— *Chérubini, sa vie, ses travaux, et leur influence sur l'art.* Paris, Heugel et Ce, 1862, in-8°. Cette brochure est extraite d'un travail inédit intitulé : *Mémoires historiques d'un Musicien.* Denne-Baron a fourni un grand nombre d'articles relatifs à l'art musical à divers recueils, au *Ménestrel*, à la *Gazette musicale de Paris,* à la *Revue de Musique sacrée et moderne*, etc., etc. Depuis 1852, il était chargé de la rédaction de la partie musicale dans la *Nouvelle biographie générale* que publient MM. Firmin Didot, et à laquelle il a fourni plus de quatre cents notices ; nous citerons particulièrement les notices de Guido d'Arezzo, Palestrina, Orlando de Lassus, Martini, Mozart, Lully, Glück, Haydn, Piccini, Beethoven, etc. — *Musique d'église :* Messe en *ut*, à quatre voix et orchestre ; — fragment d'une autre messe en *ré, idem ;* — *O quam suavis es*, motif pour voix de basse, avec accompagnement de piano ou orgue et violoncelle obligé ; —*O salutaris hostia*, pour voix de basse et chœur, avec accompagnement de quatuor ; — *O salutaris hostia*, pour voix de basse et chœur, avec accompagnement de piano ou orgue et violoncelle obligé ; — un *Stabat Mater* de la liturgie, arrangé avec accompagnement d'instruments à vent ; — *Stabat Mater* avec solos, chœurs et accompagnement d'orchestre ; — *C'est votre nom Marie*, cantique pour soprano, solo et chœur, avec accompagnement de piano ou orgue. Paris, Repos, 1863.

Musique de chant : Ductto écrit pour la pièce intitulée *le Brigand*, représentée au théâtre du Vaudeville (1831). Finale, chœurs et morceaux d'ensemble composés pour la pièce de *Vert-Vert*, représentée en 1832 au théâtre du Palais-Royal. Les couplets ont été gravés et publiés chez Janet et Cotelle, à Paris ; — *Ronde du Diable*, couplets et chœurs, écrite pour la pièce de *Hog le Charpentier*, représentée au même théâtre en 1832. Ils ont été arrangés avec accompagnement de piano, et publiés chez Janet et Cotelle. Divers autres morceaux composés pour *la Tarentule*, *l'Alcôve* et autres pièces jouées au même théâtre; — *Chant francmaçonnique*, avec chœur et accompagement de piano ; — *Chœur de chasseurs*, avec accompagnement d'orchestre et de piano ; — *Hymne à grand chœur*, pour deux *soprani ténor* et basse, avec ou sans accompagnement de piano, composée pour le concours des *chants usuels* ouverts en 1846 dans les séances publiques de *l'Orphéon ;* — *Qu'il va lentement le navire*, composé pour le même concours ; — ballade d'*Écho et Narcisse*, pour soprano, avec accompagnement de piano et alto obligé; — *l'Absence*, romance, avec accompagnement de piano ; — *Des roses et du vin*, chant anacréontique, *idem.* Paris, Messionnier ; — *Protége toujours nos amours*, barcarolle, *idem.* Paris, Janet et Cotelle ; — *la Branche de houx*, ballade, *idem, idem ;* — *Notre-Dame-de-Bon-Secours, idem, idem ;* — *Plus d'espoir*, romance, *idem ;* — *M'aimerez-vous ?* romance, *idem*, publiée dans la *Gazette des Salons*, 1835 ; — *la Provençale*, mélodie, *idem*, publiée dans *le Ménestrel*, 1835 ; — *Aubade* pour ténor et chœur, *idem*, Paris, Paccini, 1838 ; —*Chant breton, idem*, publié dans l'album de M. Trobriant, vendu au profit des pensionnaires de l'ancienne liste civile (1845); — *Un peu d'amour*, boléro, *idem*, Paris, Janet; — *Aime-moi toujours*, nocturne à deux voix, *idem*, Paris, Bernard-Latte, 1846; — *la Robe et les Fleurs*, romance, *idem*; — *Air à boire* pour basse et chœur avec accompagnement d'orchestre ou de piano; — *la Vieille Grand'Mère*, conseils à ses petits-enfants, avec accompagement de piano (style du XVIIIe siècle), Paris, Heugel, 1862.

Musique instrumentale : Ouverture en *ré* à grand orchestre; — Marche solennelle, *idem*, arrangée pour piano; — Trois sérénades pour flûte, haut-bois, clarinette, cor et basson; — Valse de *Faust*, pour orchestre et piano; — Danse d'Auvergne, pour piano; — Premier et deuxième cahiers de contredanses pour piano; — *les Ondines*, quadrille pour orchestre exécuté, en 1835, aux concerts de l'hôtel Laffitte et des Champs-Élysées, arrangé ensuite pour le piano; — *les Grenadines*, suite de valses à grand orchestre exécutées, en 1838, aux concerts des Champs-Élysées. Ces valses, arrangées pour piano, ont été ensuite publiées chez Janet. Autre suite de valses pour piano : *Edmé*, polka pour piano, publiée dans *le Magasin des Dames;* — *le Myosotis*, grande valse pour piano; — *Marche solennelle* pour orgue, Paris, Repos, 1862; — *les Échos de Vissembourg*, grande valse pour piano. Paris, Heugel, 1863; — *Prélude pour orgue*. Paris, Repos, 1863.

On est effrayé de la multiplicité et de la variété des travaux de M. Denne-Baron, surtout lorsque l'on songe que cet écrivain disert, ce compositeur au style pur, cet artiste des anciens jours, enfin, était, depuis plus de vingt-cinq ans, attaché à l'un de nos ministères, et que, dans l'administration, il a rendu de véritables services.

Comme caractère, Denne-Baron fut un véritable Gaulois; son esprit charmant savait émousser le trait qu'il lançait. Marié et père de famille, Denne-Baron a donné à l'armée des soldats, à l'administration d'excellents sujets, et aux musiciens littérateurs des modèles de style et d'urbanité.

Doué d'une excellente santé et d'un caractère dont la douce gaieté faisait le charme de tous ses amis, Denne-Baron succomba, le 8 octobre 1865, aux suites d'une fluxion de poitrine. — Sa mort fut un deuil pour notre société, et son souvenir vivra dans cette enceinte tant que l'amour de l'art nous y réunira.   A. ELWART.

Nota. — Ont été élus membres du comité pour trois ans: MM. A. Wolff, A. Thomas, H. Reber, Ortolan et Vogel. MM. Jonas, Nibelle et d'Ingrande ont été nommés membres suppléants.

18ᵉ SÉANCE.

24 FÉVRIER 1866.

SOMMAIRE :

1. *Quatuor* pour instruments à cordes, couronné au concours de Florence, par M. W. Langhans. (Exécuté par MM. Baur, Hunnemann, Poëncet et l'auteur.)
2. Nouvelles observations sur le mode mineur, par M. Ch. Poisot.
3. Sérénade à deux voix et Romance des Roses, extrait de *Trop d'amour*, opérette de M. Prévost-Rousseau.
4. Cavatine pour violon, par M. W. Langhans.
5. *Duo* de l'Amitié. — Le Printemps. — *Duo* des Fleurs. (Morceaux extraits des *Poëmes de la Nature*, mis en musique par M. Prévost-Rousseau.)

NOUVELLES OBSERVATIONS SUR LE MODE MINEUR,

PAR M. CHARLES POISOT.

Messieurs et chers Confrères,

Depuis longtemps le mode mineur a attiré mon attention, et, à ce sujet, j'ai cru devoir vous faire part de certaines réflexions qui m'ont paru assez intéressantes pour vous être communiquées.

Le mot *mineur* vient évidemment du mot latin *minor*, qui signifie moindre. En effet, si l'on compare la gamme mineure à la gamme majeure, on reconnaîtra immédiatement que la première a, dans sa tierce et dans sa sixte, un demi-ton de moins que la seconde. Cette observation n'est pas nouvelle; mais ce qui a été peut-être moins remarqué, c'est que le renversement de la tierce mineure produit une sixte majeure. Ce premier dérivé de l'accord parfait mineur (à supposer que nous complétions l'accord par l'adjonction de la quinte invariable dans les deux modes) se compose réellement de deux intervalles de tierce et de sixte majeures. — Le même phénomène se produit en sens inverse dans le premier dérivé de l'accord parfait majeur; la tierce et la sixte sont mineures, et cependant la sensation sur l'oreille est complétement majeure. — Il résulte de là, selon moi, que le mode mineur et le mode majeur sont les deux faces, les deux aspects, les deux sexes, si je puis m'exprimer ainsi, d'un seul tout, mode général qu'on pourrait appeler genre *diatonique*, si le mot n'était impropre selon son étymologie, et que le mot *chromatique* réunit, égalise et combine d'autant mieux aujourd'hui que les transitions enharmoniques et autres sont beaucoup plus usitées que par le passé. On peut donc reconnaître avec M. Fétis, qui vous a exposé ses idées historiques dans sa savante conférence de janvier 1865, que la musique moderne est entrée dans l'ordre *omnitonique*, dernier terme, à ce qu'il me semble, de son développement harmonique.

Mais revenons au mode mineur. — Je le croirais volontiers plus ancien que le mode majeur, et j'appuie cette hypothèse sur une foule d'airs populaires remontant très-haut dans la mémoire des nations et portant tous l'empreinte de la tierce mineure et de la mélancolie naturelle qui est inhérente à cet intervalle. Je puis encore corroborer mon opinion par la désignation de la lettre A, qui s'applique depuis fort longtemps à la première note du mode mineur, note qui sert à fixer aujourd'hui le diapason chez la plupart des peuples modernes.— Si nous jetons un coup d'œil sur la modalité grecque, d'où sont évidemment sortis les huit tons de notre plain-chant ecclésiastique, nous verrons que dans la constitution de ces gammes, ou plutôt de ces modes, le déplacement des demi-tons donne à la sensation une nuance différente sans pour cela altérer l'impression générale de la division de l'échelle. — Ici je parle en homme versé dans l'habitude de la pratique moderne, qui, il faut le dire, agit sur nous tous par une force usuelle à laquelle il est bien difficile de se soustraire entièrement.

On attribue généralement à Monteverde le point de départ de la musique moderne ; mais, que ce soit dans ses œuvres ou dans celles de ses prédécesseurs immédiats qu'on aperçoive pour la première fois la septième de dominante attaquée sans préparation, il n'en est pas moins vrai que c'est dans le courant ou à la fin du XVIe siècle que ce grand fait musical s'est accompli. — Jusque-là, la musique était spécialement liturgique, et, sauf le mouvement des chansons populaires, que l'on fait généralement remonter à la chanson de Roland, c'était l'expression de la foi qui animait spécialement tous les arts. Il est curieux de noter que cette expression musicale se basait sur des mélodies grecques, et que l'art du moyen âge se symbolisait surtout par les formes successives du contrepoint, qui se rapportent parfaitement, selon moi, aux phases diverses que subit l'architecture gothique pendant les XIIIe, XIVe et XVe siècles.

Je serais tenté de croire que c'est Gui d'Arezzo qui régla le premier le mode majeur par sa formule de l'hymne de saint Jean, à laquelle le chanoine Metru ajouta le *si* au XVIIe siècle. — Qui réglementa le mode mineur? — Je l'ignore; je crois que ce ne fut personne spécialement; ce mode se forma peu à peu par l'usage et par l'opposition qu'on en tira pour succéder ou alterner avec le mode majeur. Aujourd'hui même encore, le mode mineur n'est pas absolument réglementé. Les Italiens, euphoniques avant tout; les exécutants, qui se préoccupent surtout de l'effet sur l'oreille, adoucissent, comme vous le savez, la dissonance de seconde augmentée qui se trouve entre le sixième et le septième degré, en haussant la sixte d'un demi-ton ; mais, par ce moyen, cette sixte devient majeure et perd tout à fait son caractère *modal*. Il est vrai qu'en redescendant, les exécutants, chanteurs ou instrumentistes, reviennent par la gamme naturelle d'*ut* majeur, ce qui mêle dans ce genre mineur trois espèces de tonalités. Vous êtes certainement d'avis, Messieurs, que cette pratique peut être admissible dans quelques cas; mais je ne doute pas que vous ne soyez d'accord avec moi pour baser la vraie théorie française du mode mineur sur la tierce et la sixte mineures, cette dernière produisant seconde augmentée avec la sensible. De là découlent en effet la septième diminuée, la sixte augmentée, la quarte diminuée et tous les intervalles spéciaux au mode mineur. — Si, dans la théorie des accords de septièmes, nous comparons le mode mineur au mode majeur, nous trouverons le premier beaucoup plus riche que le second, puisqu'il renferme une septième différente sur chaque degré ascendant de sa gamme, tandis que le mode majeur ne contient que les quatre accords de septième dominante, septième de seconde, septième de sensible et septième de tonique. — La septième de seconde se trouve répétée sur la tierce et la sixte, tandis que la septième tonique se trouve également placée sur le quatrième degré.

Ces analogies ou ces identités de composition d'accords ne se trouvent point dans le mode mineur, dont chaque degré est la base d'un accord à fonction spéciale. Ainsi, outre les quatre accords précédemment désignés, nous trouvons l'accord de septième tonique mineure, l'accord de septième avec quinte augmentée et la septième diminuée, qui sont des richesses complétement inhérentes au mode mineur. — J'ai bien souvent réfléchi à ce principe nouveau sur lequel les théoriciens modernes n'ont pas assez insisté, et qui cependant prouve avec toute l'évidence possible ce point important, à savoir : « *que le mineur comprend tous les éléments du mode majeur, plus des éléments à lui complétement spéciaux.* » Je conclus de cette richesse du mineur, que le *mineur absorbe le majeur*, c'est-à-dire que le majeur est contenu dans le mineur, tandis que la proposition inverse ne serait pas vraie. — Je ne sais, Messieurs, si vous aviez réfléchi aussi profondément sur la comparaison de ces deux modalités ; cela m'a considérablement étonné, mais j'ai été forcé de me rendre à l'évidence. — Ainsi, pour nous résumer, si, comme intervalles, le mineur engendre le majeur et réciproquement, comme théorie harmonique d'accords, le mineur est plus riche que son collègue, qui, sous ce rapport du moins, doit lui céder le pas. — Qui aurait pu croire que le mineur était réellement *majeur* au point de vue harmonique, et que le majeur, à ce même point de vue, était réellement mineur ? — C'est une interversion complète des idées reçues ; mais cependant je persiste dans cette théorie de l'absorption du majeur par le mineur, parce qu'elle est basée sur une analyse exacte et sur une comparaison parfaitement régulière de la composition harmonique des deux modes.

Je termine, Messieurs ; je ne veux point lasser votre bienveillante attention par des développements toujours un peu ardus quand il s'agit de matières théoriques. Je voudrais seulement, en finissant, soumettre à vos esprits un point d'écriture ou de notation qu'il me paraît très-utile de fixer d'une manière irrévocable. Il s'agit encore ici du mode mineur, dont l'indication est toujours pour les élèves un motif d'hésitation ou de doute. — En effet, l'écriture identique des deux modes est complétement irrationnelle. Il faut recourir à une foule de petits moyens pour faire distinguer à l'élève les différences des tons relatifs homographes. Ne devrait-on pas revenir à l'expédient proposé par Rodolphe, qui consistait à écrire une fois pour toutes à l'armure de la clef et avant cette même clef, l'accident qui affecte toujours la sensible de chaque gamme mineure ? Ne pourrait-on modifier et simplifier ce système en écrivant à l'armure de la clef dans les tons d'*ut* mineur, de *fa* mineur, de *si* bémol mineur, de *mi* bémol mineur, de *la* bémol mineur et de *sol* dièze mineur, l'accident caractéristique de la sensible ? — Je vous laisse à apprécier, Messieurs, si cette petite dérogation au moyen de Rodolphe vaut la peine d'être acceptée. Quoi qu'il en soit de vos opinions à cet égard, j'insisterai pour que notre Société prenne à l'endroit de l'écriture des tonalités mineures une détermination définitive. — Si, en effet, pour le maintien de nos droits de propriété artistique, nous avons été unanimes pour remercier l'honorable sénateur M. Mérimée du juste appui qu'il nous a donné auprès du premier corps de l'État, il n'est pas moins essentiel qu'en matière d'enseignement nous prenions des résolutions utiles au progrès de l'art que nous cultivons.

Ici encore, Messieurs, nous reconnaîtrons un des avantages réels de notre association. — En effet, que l'un d'entre nous enseigne particulièrement ou se serve isolément d'une amélioration reconnue par lui, quel en sera le résultat? — Un peu plus de clarté, si vous le voulez, dans l'esprit des élèves confiés à ses soins. Mais si notre Société tout entière est appelée, comme elle le doit, à discuter les nouvelles théories d'enseignement et à les approuver ou les rejeter après mûr examen, alors l'utilité de notre association devient sur ce point, comme sur tant d'autres, évidente à tous les yeux, car nous donnons à l'enseignement ce cachet d'unité qu'on a réclamé devant vous, et qui est certainement nécessaire au progrès et à la diffusion des bienfaits de l'art musical.

19ᵉ SÉANCE

7 AVRIL 1866.

SOMMAIRE :

1. *Trio* pour piano, violon et violoncelle, par M. Lacome ; exécuté par MM. Poisot, White et Lasserre.
2. *La Musique aux XIᵉ, XIIᵉ et XIIIᵉ siècles*, d'après les publications de M. Coussemaker (Histoire de l'harmonie au moyen âge ; *Scriptores de musica medii œvi* ; La musique harmonique aux XIIᵉ et XIIIᵉ siècles).
   Première lecture par M. Gevaert.
   Exécution des morceaux suivants, du XIIᵉ et du XIIIᵉ siècle :
   A. Morceau à deux voix, de Moniot de Paris.
   B. Rondeau à trois voix, d'Adam de la Hale.
   C. Quadruple, par un anonyme.
   D. Canon à six voix, par l'anonyme de Reading.
   (Ces morceaux seront chantés par Mˡˡᵉˢ Séveste et MM....)
3. *Fanciulla son io*, canzone de L. Rossi, chantée par Mˡˡᵉ Séveste.

LA MUSIQUE AUX XIᵉ XIIᵉ ET XIIIᵉ SIÈCLES

D'APRÈS LES PUBLICATIONS DE M. DE COUSSEMAKER.

[Histoire de l'harmonie au moyen âge (1). — *Scriptores de musica medii œvi* (2). L'art harmonique aux XIIᵉ et XIIIᵉ siècles (3).]

(1ʳᵉ LECTURE, PAR M. GEVAERT.)

Nul art ne peut se vanter d'une littérature aussi ancienne, aussi considérable et aussi variée que la musique. Cet art encyclopédique, qui touche à toutes les branches de l'activité intellectuelle : aux sciences physiques par son élément matériel, le son ; à la littérature par son étroite union avec la poésie ; au culte par la puissance de son effet moral, a eu le rare privilége d'occuper les esprits les plus éminents qui aient honoré l'humanité : Platon, Aristote, saint Augustin, Rousseau. Depuis le fameux musicographe Aristoxène, le contemporain d'A-

(1) Paris, Victor Didron, 1852.
(2) *Ib.*, Durand, 1864.
(3) *Ib.*, 1865.

lexandre (330 av. J. C.), jusqu'à nos jours, tous les siècles ont apporté leur contingent à cette bibliographie immense. La science musicale a eu cette fortune unique de ne pas subir un temps d'arrêt absolu au milieu des époques les plus néfastes pour la culture de l'esprit humain. On peut dire que sur ce terrain il n'y a point de solution de continuité entre l'antiquité païenne et le monde chrétien. Le trait d'union entre ces deux grandes époques musicales est Boëce (500), l'infortuné ministre du roi Théodoric. Cet illustre écrivain, dont les écrits sur la musique reflètent encore si fidèlement l'ancienne théorie grecque, est presque le contemporain de saint Grégoire, le représentant de l'art chrétien, populaire, pratique. Pendant les deux siècles suivants la production se ralentit, sans cesser tout à fait; mais vers la fin du IXe siècle le mouvement commence à se dessiner de nouveau. Enfin, avec le XIe siècle nous voyons surgir une foule de didacticiens remarquables, Gui d'Arezzo en tête, et dès ce moment la série se continue jusqu'à l'époque moderne.

Pour avoir une idée des richesses que nous possédons en fait de bibliographie musicale, il suffira de savoir que les collections publiées par Meibomius, Gerbert et M. de Coussemaker, s'élèvent à plus de soixante-quinze ouvrages originaux, tous relatifs à la musique des anciens et à celle du moyen âge. Et qui sait ce que les bibliothèques renferment encore de précieux manuscrits en ce genre?

Après l'énumération que nous venons de faire, il semblerait que l'histoire de l'art musical dût être parfaitement connue dans ses moindres détails. Malheureusement il s'en faut qu'il en soit ainsi. Cette histoire a des lacunes immenses, des phases inconnues, presque inintelligibles. En effet, si du domaine de la science musicale, de la théorie, nous passons sur celui de l'art vivant, la scène change complétement, et nous nous trouvons en présence d'une pauvreté excessive. La littérature des temps passés contient en elle-même son histoire glorieuse; celle des arts plastiques peut être reconstruite à l'aide des monuments ou des ruines que l'antiquité nous a légués. Mais l'histoire de la musique n'est écrite que dans des livres. Là où l'on désirerait rencontrer des œuvres musicales, on ne trouve que des théories spéculatives, des généralités philosophiques. Quant aux monuments, ils sont absents jusqu'à une époque relativement très-moderne.

D'abord, en ce qui concerne la musique des anciens, nous possédons en tout une demi-douzaine de mélodies vocales, dont une seule peut être considérée comme étant antérieure à l'ère chrétienne (1); plus un

___

(1) Le fragment de la première ode pythique de Pindare.

petit traité anonyme publié par MM. Vincent et Bellermann, et qui semble avoir fait partie d'une *méthode* d'instrument. Ce fragment précieux renferme quelques exercices destinés à des commençants et se termine par une mélodie instrumentale de *douze* mesures. Voilà pour l'art du monde païen.

Maintenant, si nous passons à l'art chrétien, les premiers monuments apparaissent vers 900. Mais ici, moins heureux que pour la musique des Grecs, nous nous trouvons en face d'une notation vague, incertaine, dont le déchiffrement ne se fera probablement jamais d'une façon rigoureuse. Nous voulons parler de cette écriture musicale désignée sous le nom de *Neumes primitifs*. Si l'on excepte quelques fragments écrits en notation latine, c'est-à-dire en lettres, les textes musicaux ne deviennent pleinement lisibles pour nous qu'à partir de Gui d'Arezzo. Dans ces monuments archaïques de l'art occidental, la musique liturgique, le plain-chant seul est presque exclusivement représenté. Pour la musique harmonique, il faut descendre jusqu'au XIIe siècle avant de trouver des œuvres de quelque étendue. Tous les monuments antérieurs se réduisent à quelques exemples très-courts disséminés dans les traités d'Hucbald, de Gui d'Arezzo et de leurs successeurs immédiats.

Résumons-nous donc en disant que dans l'état actuel de la science, ce n'est guère qu'à partir de 1100 que l'on peut suivre parallèlement le développement de la théorie et de la pratique musicales. Est-ce à dire que nous devions renoncer à l'espoir de plonger plus avant dans la connaissance de l'état passé de notre art? Nous ne le croyons pas. De notre temps, les études historiques ont pris un si prodigieux essor que nous ne devons pas désespérer de voir un jour surgir la lumière là où jusqu'à présent nous n'apercevons que ténèbres. Déjà la musique grecque, cet ancien épouvantail des savants et des érudits, se révèle sous un jour tout à fait nouveau, depuis les recherches faites dans ces derniers temps par des hommes tels que Fortlage, Vincent, Bellermann, et surtout depuis les dernières publications de Rodolphe Westphal (1). Et qui sait ce que l'étude du plain-chant nous révélera le jour où elle sortira du domaine purement ecclésiastique pour passer aux mains de la science indépendante? Le temps n'est probablement pas éloigné où l'on pourra entreprendre le dépouillement de l'Antiphonaire et du Graduel grégoriens, et distinguer les divers éléments mélodiques dont ce vaste répertoire se compose. Peut-être que tel hymne que nous entendons dans nos églises sera reconnu avec certitude par les savants d'un âge

____

(1) Metrik der Griechischen Dramatiker und Lyriker. Leipzig, Teubner. — Geschichte der alten und mittelalterlichen Musik. Breslau, Leuckert, 1864.

futur, comme un de ces fameux nomes d'Olympe que l'on chantait aux
fêtes des dieux dans l'antique Hellade (1).

Nous disions, il y a un moment, que l'ensemble du mouvement musical dans l'Occident chrétien ne pouvait être embrassé sous toutes ses
faces qu'à partir du XIIᵉ siècle. Nous devons ajouter que ce résultat est
une conquête récente de l'archéologie musicale et l'œuvre presque
exclusive de M. de Coussemaker. Naguère l'obscurité se prolongeait
jusqu'à l'aurore de la Renaissance. En effet, les œuvres de quelques-
uns des grands didacticiens du haut moyen âge étaient connues, grâce
à la belle collection de Gerbert, dont la publication marque une nouvelle
ère dans les études musicologiques (2). Mais un grand nombre de
manuscrits importants restaient inédits. De plus, Gerbert n'avait admis
dans son ouvrage que les écrits théoriques. En fait de productions
harmoniques remontant à une époque aussi reculée, on ne connaissait
que quelques rares fragments insérés dans des revues périodiques, et
le plus souvent traduits d'une manière superficielle ou fautive.

M. de Coussemaker, le premier, a abordé l'art du moyen âge sous
ses divers aspects et dans un esprit tout à fait conforme aux exigences
de la science moderne. Il a commencé par publier sept documents
inédits, des XIᵉ, XIIᵉ et XIIIᵉ siècles, dans son *Histoire de l'Harmonie
au moyen âge*, ouvrage consciencieux, remarquable, auquel on ne
peut reprocher qu'un titre qui ne correspond pas rigoureusement à son
contenu. Ensuite, dans sa belle édition des *Ecrivains sur la musique au
moyen âge* (*Scriptores de musica medii œvi*), il a repris la tâche de
Gerbert. (Le premier volume, qui doit former la moitié de cette œuvre
considérable, a seul paru jusqu'à présent.) Nous y trouvons : le traité
célèbre, bien qu'inédit, de Jérôme de Moravie, ouvrage qui forme à lui
seul une espèce d'encyclopédie musicale au XIIIᵉ siècle ; les traités de
Jean de Garlande, du pseudo-Aristote, des deux Francon (3), des théoriciens anglais Walter Odington, Robert de Handlo, Jean Hanboys,
pour ne citer que les plus importants. Enfin, par sa dernière publication
(*l'Art harmonique aux XIIᵉ et XIIIᵉ siècles*), il a complété ce vaste
ensemble en nous faisant connaître cinquante compositions à deux,
trois et quatre voix, tirées du fameux manuscrit de Montpellier.
Ces morceaux doivent être comptés parmi les plus anciens spéci-

---

(1) Nous savons, par le témoignage formel de Plutarque, que quelques-unes des mélodies attribuées
à Olympe étaient encore exécutées dans les cérémonies religieuses des Grecs à la fin du Iᵉʳ siècle et
au commencement du IIᵉ siècle de l'ère chrétienne.

(2) *Scriptores ecclesiastici de musica sacra potissimum*, etc., 3 vol., 1784.

(3) Francon de Paris et Francon de Cologne.

mens de musique mesurée ou de déchant qui soient parvenus jusqu'à nous (1).

Les trois ouvrages que nous venons d'analyser brièvement sont et resteront encore de longtemps l'unique guide de quiconque veut s'aventurer dans le dédale musical du moyen âge. Grâce à M. de Coussemaker, nous ne sommes plus là dans une région tout à fait inconnue. On peut s'y orienter sans trop de difficulté. Si l'on veut mesurer d'un coup d'œil l'espace parcouru en quelques années, on n'a qu'à se reporter à ce que M. Fétis écrivait à ce sujet, en 1835, dans le *Résumé philosophique de l'histoire de la musique*, publié en tête de la première édition de sa *Biographie universelle* (2). Nous sommes déjà loin de l'époque où le conseiller de Kiesewetter désignait le XIIe siècle comme l'époque *anonyme*. On pourrait même dire que cette phase primitive nous est aujourd'hui mieux connue que celle qui lui succède immédiatement.

Avant M. de Coussemaker, il était une longue période sur laquelle planait une obscurité à peu près complète : c'est celle qui s'étend de Gui d'Arezzo à Francon de Cologne (1000-1200). Certes, un moment intéressant non-seulement pour l'histoire de la musique, mais pour l'histoire de l'humanité en général.

Quand la chrétienté se réveilla après les terreurs de l'an mil, étonnée et charmée de vivre encore, ce fut une nouvelle jeunesse pour le genre humain. Arts, littérature, esprit d'entreprise, tout commence à revivre. La langue française bégaya ses premières poésies; l'architecture ogivale couvrit le nord de la France de ses premiers chefs-d'œuvre; des barons normands allèrent conquérir l'Angleterre et fonder un royaume français en Italie. C'est dans cette époque mémorable que se place le fait le plus important et le plus décisif pour les destinées ultérieures de l'art musical : la création du déchant, de la musique mesurée à plusieurs voix. Tout porte à croire que la France encore fut le foyer de ce premier mouvement.

C'est cette période d'enfance que nous nous proposons d'esquisser dans ses traits les plus saillants.

(1) Le numéro 20 n'est pas emprunté au manuscrit de Montpellier ; c'est un canon anglais à six voix, composé, selon M. William Chappell, dans les premières années de 1200. Malgré une autorité aussi respectable, nous croyons qu'il y a là une erreur de date : toutes les règles de l'époque franconienne relatives à l'emploi des tierces et des sixtes sont violées dans ce morceau. Il nous est impossible d'admettre qu'au temps d'Odington, un demi-siècle avant Adam de la Hale, on ait pu concevoir une harmonie aussi régulière. Il faut descendre au moins jusqu'au XVe siècle pour trouver quelque chose de semblable.

(2) Pag. CLXXXV et suiv.

La première espèce de musique harmonique dont nous trouvons trace dans le monde chrétien est un chant mesuré à deux parties réelles, tantôt exclusivement composé d'une suite de quartes, de quintes ou d'octaves, d'autres fois entremêlé de divers intervalles qui se succèdent sans aucune règle apparente. C'est l'*organum* enseigné par Hucbald, moine de Saint-Amand, au diocèse de Tournay, vers 875.

Quelle était l'origine de cette harmonie ?

Il est avéré aujourd'hui que les Grecs ont connu la combinaison simultanée des sons (1), bien qu'ils ne l'aient pratiquée que sous la simple forme d'un accompagnement instrumental distinct de la partie mélodique. Quant à la polyphonie vocale, le chant à plusieurs parties, ils n'en ont jamais fait usage. Tous les témoignages sont d'accord sur ce point. Les renseignements positifs que nous possédons sur l'usage de quelques accords chez les anciens peuvent se résumer en quelques mots. Dans le *Tropos Spondaïkos*, espèce d'hymne religieuse accompagnée d'instruments à vent (*auloi*) et conçue en mode dorien (2), on se servait de plusieurs accords de deux sons, et notamment des suivants :

¹ *mi*	² *ut*	³ *LA*	⁴ *LA*	⁵ *ré*	⁶ *mi*	⁷ *LA*
LA ;	*fa ;*	*ré ;*	*mi ;*	*fa ;*	*ré ;*	*sol.*

Nous y voyons figurer la quinte, la quarte, la sixie majeure, la seconde majeure. Nous savons en outre que l'accompagnement instrumental ne suivait pas la voix note contre note (3).

Une différence grave entre l'harmonie des anciens et la nôtre, c'est que la première n'était pas indispensable à l'effet de la mélodie. Lorsque les premières communions chrétiennes introduisirent les chants grecs dans le service du culte, elles ne semblent pas s'être préoccupées le moins du monde de la partie harmonique. Ceci explique comment cette partie de l'art a pu se perdre graduellement au sein de la nouvelle société (4). Mais, à défaut de la pratique, disparue depuis longtemps, il restait les écrits théoriques des musiciens grecs et de leurs successeurs latins. Ce n'étaient pas là des traités d'harmonie (il n'existe rien de semblable dans la littérature musicale des anciens), mais il s'y trouvait de

---

(1) MM. Vincent, Wagener et Westphal ont dissipé les derniers doutes qui restaient encore sur cette question.

(2) C'est un mode mineur sans note sensible, ayant sa terminaison mélodique sur la dominante. Plusieurs chants des 3ᵉ et 4ᵉ tons grégoriens se rapportent à ce mode; entres autres le beau chant du Samedi-Saint : *Exultet jam angelica turba.*

(3) Voir Westphal : *Geschichte der alten und Mittelalterlichen Musik*, 1ᵉ Abth., p. 100 et suiv.

(4) L'art chrétien n'a gardé que les éléments primitifs de la musique grecque; il est à l'art de l'antiquité classique ce qu'est la langue du Nouveau Testament à la langue de Démosthènes.

loin en loin quelques passages qui se rapportaient indirectement à ce sujet, entre autres la division des intervalles harmoniques en *symphonies* et *diaphonies*. Dans l'intervalle *symphonique*, selon la définition des anciens, les deux sons se mêlent au point de former une unité pour l'oreille (c'est l'octave, la quinte et la quarte); dans l'intervalle *diaphonique* (tierce, sixte, septième et seconde), les deux éléments se distinguent nettement et ne se mêlent pas. Ces définitions imparfaitement comprises firent croire que les Grecs n'avaient employé dans leur harmonie que l'octave, la quinte et la quarte, et, partant de là, ces intervalles furent établis comme les seuls accords admissibles Cette méprise a pesé lourdement sur les destinées de l'art musical pendant tout le moyen âge. Même de nos jours son influence se fait encore sentir dans la théorie de l'école.

Au temps de Gui d'Arezzo, un grand siècle après Hucbald, nous trouvons l'harmonie dans le même état d'enfance. Mais cinquante ans plus tard le progrès se fait déjà sentir. Chez Jean Cotton, la quarte et la quinte sont toujours les consonnances privilégiées, mais elles ne se succèdent plus continuellement; déjà on reconnaît le bon effet du mouvement contraire. L'organum d'Hucbald est définitivement abandonné.

L'harmonie primitive dont nous venons d'ébaucher les principaux traits n'était pas rhythmée. C'est un contre-point rudimentaire bâti sur plain-chant et note contre note. Mais au commencement du XIIᵉ siècle nous nous trouvons en présence d'une conception tout à fait nouvelle : l'assemblage simultané de plusieurs chants de rhythme et de mélodie divers, le *discant*, ou *déchant* dans le langage de cette époque. Ce genre de musique, comme l'indique son étymologie (*dis-cantus*, double chant), n'était originairement qu'à deux voix : en premier lieu, le chant donné (*cantus prius factus*) emprunté à un motif de plain-chant, à un air populaire ou inventé par le compositeur; ensuite le *déchant*, la mélodie ajustée sur le chant donné. Le chant donné était toujours dans la partie la plus grave et portait le nom de *ténor*. Une particularité remarquable et qui distingue nettement le déchant de l'organum, c'est l'importance donnée à la partie ajustée; le ténor n'est plus que la base harmonique de l'ensemble, le canevas sur lequel le compositeur jette les broderies de son imagination.

La théorie de l'harmonie, d'abord vague et indécise, accomplit un progrès remarquable pendant le cours de cette période. Peu à peu les tierces sont rangées parmi les consonnances, malgré les protestations des traditionalistes. Quant aux sixtes, l'exclusion continue à peser sur elles. Un écrivain anonyme (1) nous transmet à cet égard quelques

(1) Coussemaker : *Scriptores*, etc., t. I, p. 388.

détails curieux. Voici ses paroles : « Les tierces sont réputées dissonantes par quelques-uns. Toutefois, chez les meilleurs harmonistes et dans quelques contrées de l'Angleterre, elles passent pour d'excellentes consonnances. Quant à la sixte, dissonance vulgaire et ennuyeuse (*vilis sive tediosa*), elle est d'un bon effet avant l'octave. Quelques-uns même se font un malin plaisir de multiplier cet accord devant une consonnance parfaite, et ils trouvent admirable de faire des passages dans le genre de celui-ci :

ré	fa	ut	si b	ut	si b	ut.
ré	ré	mi	fa	mi	ré	ut.
8e	10e	6e	4º	6e	6e	8e

« Mais, ajoute naïvement notre auteur, il est difficile aux hommes ordinaires de faire de semblables choses. »

L'énumération et le classement des dissonances offrent les divergences les plus curieuses chez les théoriciens du XIIe siècle; mais tous s'accordent unanimement à rejeter la 6e mineure parmi les intervalles les plus durs. Si nous négligeons les phases intermédiaires de notre période pour arriver de suite à Francon, le représentant de l'art le plus avancé, nous trouvons les doctrines harmoniques fixées à peu près de la manière suivante (1) : consonnances parfaites : unisson, octave, quinte et quarte; consonnances imparfaites (ou par accident) : tierce majeure et mineure, sixte majeure; dissonances : les deux secondes, le triton, la *sixte mineure*, les deux septièmes. Les principales règles de l'art d'écrire sont celles-ci : 1º commencer et finir par une consonnance parfaite; 2º les consonnances imparfaites peuvent être employées devant une consonnance parfaite; 3º le mouvement contraire est préférable au mouvement semblable; 4º les longues doivent être en consonnance (parfaite), les brèves peuvent former dissonance (ou consonnance imparfaite).

Comme on vient de le voir, ces préceptes fondamentaux ne sont pas sensiblement différents de ceux que l'on enseigne encore de nos jours dans les traités de contre-point. Quelques artifices harmoniques, tels que l'imitation, sont déjà enseignés par les maîtres et introduits dans la pratique. En revanche, la succession de deux consonnances parfaites n'est pas encore prohibée. Aucune règle relativement au mouvement des dissonances passagères. Quant aux dissonances par prolongation, elles appartiennent à une époque plus récente.

(1) *Scriptores*, etc., p. 154.

Les déchanteurs ne connaissaient en théorie que des accords de deux sons (1). Cependant on s'appliqua de bonne heure à composer à trois, quatre et même cinq voix, tout en se bornant à ces données élémentaires. Francon s'exprime ainsi : « Si tu veux faire un triple (une composition à trois voix), il faut avoir égard non-seulement au ténor, mais aussi au déchant, de manière que la troisième voix fasse dissonance tantôt avec le ténor, tantôt avec la seconde voix, en montant et en descendant alternativement avec l'une ou l'autre de ces parties. Pour les morceaux à quatre voix (quadruples), la règle n'est pas différente. Remarquons toutefois que la quatrième voix pouvait, de loin en loin, former tierce majeure ou tierce mineure avec l'une des autres voix, sur les notes longues, ce qui n'était pas permis dans les triples.

Les productions de l'époque ne concordent pas toujours exactement avec les règles établies. Tout au contraire de ce qui arrive aujourd'hui, la théorie était en avant sur la pratique. Quand on compare isolément chacune des parties supérieures avec le ténor, l'accord est assez satisfaisant ; mais il n'en est pas de même si l'on compare ensuite les parties supérieures entre elles : il s'y rencontre au contraire les duretés les plus choquantes.

Ce qui achève de donner aux productions du moyen âge l'aspect le plus bizarre, c'est l'absence presque complète du sentiment tonal. Cette tendance impérieuse qui rapporte les divers éléments harmoniques et mélodiques d'une gamme à un son principal, à une tonique, ne se manifeste que bien rarement. Et notez bien que l'harmonie ne correspond guère mieux à la tonalité du plain-chant, telle qu'elle peut être déduite de la constitution des huit échelles grégoriennes. Ceci est d'autant plus étrange que la mélodie du déchant est généralement assez gracieuse, souvent même jolie et dans une tonalité bien définie. Mais dans l'ensemble, toutes ces qualités s'évanouissent. L'harmonie, tantôt fade jusqu'à l'excès, tantôt d'une rudesse horrible, manque tout à fait de règle et d'unité. Il n'est pas rare de voir réunis deux chants appartenant à des tonalités différentes et deux parties ayant chacune à la clef son armure particulière.

On entend souvent parler de l'invention de la musique mesurée au XIIe siècle, comme si le rhythme était une apparition nouvelle dans l'histoire, quelque chose qui eût eu besoin d'être inventé. Jusqu'à ce jour, on n'a découvert chez aucune peuplade du globe, quelque peu civilisée

---

(1) A vrai dire, Rameau (1722) est le premier qui ait fait passer *dans la science musicale* la notion de l'*accord* au sens moderne du mot.

qu'elle fût, une poésie, un chant, une danse, absolument dépourvus de rhythme. C'est le rhythme qui anime la parole, le son, le geste, et rend ces objets aptes à réaliser en nous le sentiment du Beau; c'est le principe commun qui réunit en un seul faisceau les trois arts nommés si heureusement par l'antiquité : les arts des Muses, les arts *musiques*.

Le principe rhythmique se manifeste chez tous les peuples d'une manière analogue; partout nous voyons une succession symétrique de temps forts séparés par un ou deux temps faibles, partout nous discernons des périodes, des phrases, des mesures. Les chants des divers cultes religieux semblent faire exception à cette règle, mais on ne doit pas perdre de vue qu'ils sont le plus souvent appliqués à une langue hiératique incompréhensible à la majorité des fidèles. En ce qui concerne le chant de l'Église catholique en particulier, il est certain que dans les premiers temps il ne pouvait se passer de rhythme, au moins pour les parties poétiques de la littérature sacrée, telles que les hymnes. Une poésie chantée dépourvue de rhythme musical serait un non-sens.

Mais quand le latin cessa d'être une langue vivante, ses qualités rhythmiques ne furent plus senties aussi vivement. Les beaux chants que l'Église avait sauvés au milieu des ruines de la civilisation antique tombèrent peu à peu à l'état de simples formules mélodiques, et bientôt ils se confondirent avec les mélopées appliquées aux parties prosaïques de l'office divin. Quant à la musique populaire, elle ne cessa jamais d'être rhythmée ; seulement on est fondé à se demander s'il est possible de parler d'un art populaire dans les temps néfastes qui suivirent la chute de l'empire romain.

C'est à la fin du XIe siècle seulement, alors que les peuples chrétiens s'éveillent pour la première fois à la vie intellectuelle et littéraire, que les écrivains sur la musique recommencent à s'occuper du Rhythme, et bientôt cet élément créateur renouvelle à son contact l'art musical de l'Occident et transforme tout autour de lui. Combiné avec l'harmonie rudimentaire de cette époque, il donne naissance au déchant.

Mais ici nous sommes tout d'abord frappés par une anomalie bizarre, par un de ces problèmes qui semblent défier toute explication rationnelle. Assurément, s'il est un rhythme simple et naturel entre tous, c'est le rhythme binaire. Un temps levé suivi d'un temps frappé, voilà certes la première combinaison que le sentiment ait dû suggérer à l'esprit de l'homme. Eh bien, ce rhythme élémentaire n'existe pas dans l'œuvre des premiers déchanteurs. Jusqu'au commencement du XIVe siècle, on n'en trouve trace ni dans les écrits théoriques, ni dans les productions des musiciens. La mesure à trois temps seule est connue, et, chose encore plus étrange, les *temps* eux-mêmes ne subissent que la division ternaire, en sorte que toute la musique du XIIe et du XIIIe siècle peut être réduite pour nous à la seule mesure de 9/8 (= 9/4 ou 9/2). Ce fait, que M. de Coussemaker a eu le mérite d'établir le premier, est aujourd'hui hors de doute. Ne devons-nous voir là que l'influence du symbolisme théologique, si familier à cette époque? En effet, les écrivains ne manquent pas, à cette occasion, d'invoquer la comparaison de la Trinité. Ce qui doit nous faire rejeter cette explication, c'est que la même particularité se retrouve dans les compositions mondaines, fruits de l'inspiration spontanée des trouvères. Quoi qu'il en soit, le fait est incontestable, et le système de notation auquel il donna naissance ne laisse subsister aucune incertitude à cet égard.

Ce serait ici le cas de vous exposer cette notation curieuse dans ses principaux détails, mais cette tâche m'entraînerait trop loin. Je craindrais de mettre votre patience à une plus longue épreuve. Une autre fois, si vous daignez m'écouter avec la même bienveillance, nous reprendrons ce sujet, et j'essayerai alors de compléter cette petite esquisse en vous donnant un aperçu du système rhythmique et de la notation musicale en usage pendant la première période du déchant, heureux si j'ai pu contribuer à appeler votre intérêt sur l'œuvre de nos vénérables devanciers. Ne l'oublions pas, Messieurs, cette œuvre est devenue la nôtre, nous en sommes les héritiers, et à ce titre elle ne saurait être l'objet de notre indifférence ou de notre dédain. L'art des premiers déchanteurs est singulièrement fruste et barbare, mais déjà il portait en lui les germes de cet art sublime qui devait éclore au soleil de la Renaissance et que le XVIIIe siècle devait porter à maturité complète.

Et nous, que le sort a destinés à vivre immédiatement après ce siècle qui a produit tant de grands hommes dans notre art, devons-nous désespérer de tenir une place quelconque dans la mémoire des futures générations musicales ? Ne nous reste-t-il qu'à nous absorber dans la contemplation de tant de chefs-d'œuvre ? Non, Messieurs. La poésie, cette sœur jumelle de la musique, a atteint son plus haut degré de perfection il y a des milliers d'années, et cependant elle n'est pas morte, Dieu merci ! Nos Homères et nos Virgiles à nous ne datent que d'hier, et déjà, au dire de quelques esprits chagrins, la source de l'inspiration musicale serait à la veille d'être tarie. Ne faisons pas à notre art bien-aimé l'injure de douter de lui.

Tant qu'il y aura une humanité pour sentir, aimer et souffrir, cet art bienfaisant ne périra pas, et ceux qui le cultivent avec amour et abnégation auront droit à une place au foyer intellectuel de l'humanité.

20ᵉ SÉANCE.

28 AVRIL 1866.

SOMMAIRE :

1. *Trio* pour piano, violon et violoncelle, de Ch. de Kontski, exécuté par MM. Poisot, White et Lebouc.
2. Histoire de la Chanson (2ᵉ partie), lecture par J.-B. Wekerlin.
    Les exemples seront chantés par : Mmes E. Bertrand, B. Peudefer; MM. Nadaud, Mortier et Archainbaud.
3. *A.* Prière, pour violon, piano et orgue, de M. Serrier.
    Le violon sera tenu par M. Alde et l'orgue par M. Populus.
B. Ballade (avec chœur) d'un opéra inédit de M. P. Serrier, chantée par M. Quesne.

HISTOIRE DE LA CHANSON

PAR M. J.-B. WEKERLIN.

(2ᵉ PARTIE.)

Messieurs,

Il me faut remonter à la naissance de notre société pour retrouver la première partie du travail que je vais vous lire. Ce n'est, en effet, que la suite du petit essai sur l'histoire de la chanson que je vous ai soumis naguère, et qui a été inséré dans nos bulletins de 1863 (1). Cette première partie se compose principalement de définitions sur les différentes formes que l'ancienne chanson a revêtues depuis les temps les plus reculés jusque vers la fin du XVᵉ siècle environ.

Quant à la chanson populaire, qui a toujours été l'expression la plus vraie de ce qu'on appelle *chanson*, il n'était pas facile de la saisir à une époque où les documents écrits font défaut ; car vous n'ignorez pas, Messieurs, que si le peuple chante beaucoup, il écrit peu : absolument comme la cigale.

Dans cette séance de 1863, je vous ai fait entendre quelques chansons de troubadours comme exemples ; mais il est plus que douteux que le peuple ait jamais adopté ces interminables psalmodies que nous ont conservées les manuscrits du temps, et qui, dès le XIIᵉ siècle, délectaient à un si haut degré les seigneurs châtelains et les dames châtelaines.

(1) *Bulletins de la Société des Compositeurs de musique.* Iᵉʳ volume. page 31.

Le règne des troubadours s'est éteint avec le XIVe siècle ; leurs œuvres, nées sous l'influence des croisades, dont Grégoire VII avait conçu la première idée, furent un progrès immense au point de vue de la littérature et de la civilisation. La pensée et l'expression ont revêtu une forme qui les distingue d'une façon bien tranchée des œuvres des *trouvères*, ces antiques poëtes guerriers du Nord, dont les *chansons de geste* accusent toute la rudesse et la barbarie de l'époque qui les a enfantés. Le climat des poëtes provençaux se décèle dans leurs œuvres ; mais qu'on ne se figure pas que les croisades n'inspirèrent que des chansons pieuses : c'est au contraire le petit nombre. Sainte-Palaye, dans son *Histoire littéraire des troubadours*, définit ainsi cette époque mémorable : « Un enthousiasme inouï brisa les barrières qui séparaient les nations ; les réunit pour des conquêtes religieuses, c'est-à-dire consacrées par un prétexte religieux ; les transporta dans la patrie des Phidias et des Homère ; leur fit respirer l'air de la voluptueuse Asie. De là combien de nouvelles sensations, de nouvelles idées et de goûts nouveaux ! Chose étonnante ! la dévotion meurtrière et peu sensée des croisades servit au développement des beaux-arts et de la raison : elle concourut au triomphe des Muses et aux ingénieux plaisirs qui devaient naître de leurs travaux. »

Ce sont, en effet, des chansons d'amour qui naquirent sous le règne florissant de la chevalerie ; les troubadours chantent leurs dames sous les couleurs les plus vives, les plus raffinées, les plus poétiques, souvent aussi les plus grivoises : le réalisme d'alors laisse bien loin derrière lui les soi-disant réalistes d'aujourd'hui, qui n'en sont que de pâles copies.

Les guerres religieuses, celles des barons, l'expulsion des Anglais sous les règnes de Charles VI et de Charles VII, firent naître une prodigieuse quantité de *sirventes* ou chansons satiriques, disons le mot, injurieuses. Voici la première strophe d'une ballade que les Français envoyèrent aux Anglais, tandis qu'ils les assiégeaient dans Pontoise (1441).

> Entre vous, Anglois et Normans,
> Estans léans, dedans Pontoise,
> Fuyez-vous-en, prenez les champs,
> Oubliez la riviere d'Oise,
> Et retournez à la cervoise (1)
> De quoy vous estes tous nourris :
> Sanglans (2), meseaux (3), puants, pourris.

(1) *Cervoise*, bière étendue d'eau.
(2) *Sanglant*, terme injurieux et blasphématoire.
(3) *Meseaux*, lépreux.

Ces sirventes, en nous peignant au vif les mœurs d'alors, ne sont pas toujours des chefs-d'œuvre lyriques, et n'approchent pas, comme valeur poétique, des chansons d'amour contemporaines.

Froissart, né en 1337, mort vers 1410, célèbre par ses *Chroniques*, était un poëte remarquable ; il a fait de charmants *virelays*, je vais vous en citer un ; c'est une jeune fille qui parle :

VIRELAY.

On dist que j'ai bien maniere
D'estre orgillousette (1),
Bien afiert (2) a estre fiere
Jone (3) pucelette.

Hui (4) matin me levai
Droit à l'ajournée (5) :
En un jardinet entrai
Dessus la rousée ;

Je cuidai (6) estre premiere
Ou clos sus l'herbette,
Mès mon doulc ami y ere
Cœillans la flourette.
On dist, etc.

Un chapelet ly donnai
Fait de la vesprée (7) ;
Il le prist, bon gré l'en sçai (8),
Puis m'a appelée :

« Vœilliés oïr ma proyere,
« Tres belle et doucette
« Un petit plus que n'affiere
« Vous m'estes durette (9). »
On dist, etc.

Alain Chartier, secrétaire des rois Charles VI et Charles VII, composa bien quelques ballades ; mais ce sont des poésies qu'on n'a guère dû chanter. Voici un de ses rondeaux :

Sur ma foy, ma Dame,
J'ayme tant vostre œil,

(1) *Orgillousette*, orgueilleuse, fière.
(2) *Afiert*, convient.
(3) *Jone*, jeune.
(4) *Hui*, aujourd'hui.
(5) *Droit à l'ajournée*, dès le point du jour.
(6) Je *cuidai*, je croyais.
(7) *Vesprée*, soir, le soir d'avant.
(8) *L'en sçai*, élision pour *lui en sais*, ou lui en sus.
(9) *Un petit*, etc., Vous m'êtes cruelle un peu plus qu'il ne convient.

Que par son accueil,
Vostre je me reclame.

Je sçay bien pourquoy
Je vous ayme fort,
Car quant je vous voy
Mon cueur est d'accord.

Se may vostre Dame
Aymer je vous vueil,
Par joye ou par deuil
Sans laisser pour ame.
Sur ma foy, etc.

Cette dernière strophe n'est pas remarquable par sa clarté. Alain Chartier eut une réputation immense. Se trouvant un jour endormi dans une galerie où passa Marguerite d'Écosse, première femme du dauphin de France, depuis Louis XI, cette princesse dit à ses courtisans qu'elle voulait baiser cette bouche « d'où étaient issus tant de mots dorés et vertueuses paroles, » ce qu'elle fit en effet.

Les œuvres d'*Olivier Basselin* et de *Villon* revêtent une forme plus éminemment française ; on n'y trouve plus ces figures amphigouriques tant aimées des troubadours, comme *la forêt de l'attente, la nef de bonne nouvelle, le châtel de mon cœur, la maison de ma pensée, la fenêtre de mes yeux*, etc. Villon se pose nettement comme le prédécesseur de Rabelais ; nettement n'est peut-être pas le mot, car ce fut un sacripant ; mais je ne m'occuperai pas des détails de sa vie. Qui ne connaît la jolie *Ballade des Dames du temps jadis* :

Dictes moy, où, ne en quel pays
Est Flora (1) la belle Romaine,
Archipiada (2), ne Thais (3)
Qui fut sa cousine germaine?
Echo parlant quand bruyt on maine
Dessus riviere, ou sus estan,
Qui beaulté eut trop plus que humaine?
Mais où sont les neiges d'antan (4)?

Où est la tressage Héloïs?
Pour qui fut chastré et puys moyne
Pierre Esbaillard (5) à sainct Denys;
Pour son amour eut cest essoyne (6).

(1) *Flora.* Plusieurs courtisanes romaines ont porté ce nom.
(2) *Archipiada*, nom probablement altéré; d'après Prompsault, il y eut une *Archippa*, maîtresse de Sophocle.
(3) *Thaïs*, célèbre courtisane d'Athènes.
(4) *Antan, ante annum*, de l'année d'avant.
(5) *Esbaillart*, Abailard.
(6) *Essoyne*, épreuve.

Semblablement où est la royne
Qui commanda que Buridan (1)
Fut jetté en ung sac en Seine,
Mais où sont les neiges d'antan ?

La royne Blanche (2) comme ung lys
Qui chantoit à voix de sereine,
Berthe (3) au grand pied, Bietris (4), Allys,
Harembouges (5) qui tint le Mayne,
Et Jehanne la bonne Lorraine (6)
Que Angloys bruslerent à Rouen,
Où sont-ilz, vierge souveraine?
Mais où sont les neiges d'antan ?

ENVOI.

Prince n'enquerez de sepmaine
Où elles sont, ne de cest an,
Que ce refrain ne vous remaine,
Mais où sont les neiges d'antan ?

De tout temps le peuple, avec sa verve railleuse et inexorable, a chanté ses heurs et malheurs : la collection de ces improvisations populaires serait la meilleure et la plus véridique histoire de France. En 1468, le roi Louis XI fit enfermer le cardinal de la Balue dans une cage de fer, et le peuple chanta :

Maistre Jean Ballue
A perdu la veue
De ses eveschez ;
Monsieur de Verdun (7)
N'en a plus pas un,
Tous sont despeschez.

Le règne de François Ier, en donnant une puissante impulsion aux lettres en général, fit oublier les chansons des troubadours, dont Charles d'Orléans avait été l'un des derniers et des plus brillants représentants.

Clément Marot (1495-1544), ces dates correspondent à un an près

(1) *Buridan*. D'après la tradition, c'est à la Tour de Nesle qu'une reine de France attirait les jeunes gens qui lui plaisaient ; puis, son caprice satisfait, faisait étrangler et jeter à la Seine ces malheureux. Buridan, célèbre professeur de l'Université, en réchappa, à ce qu'il paraît.

(2) Blanche de Castille, mère de saint Louis.

(3) Berthe, femme de Pépin et mère de Charlemagne.

(4) *Biétris*, Béatrix de Provence.

(5) Eremburges, fille du comte du Maine, Élie de La Flèche.

(6) On sait que Jeanne d'Arc est née à Domrémy, en Lorraine.

(7) « Guillaume de Haraucourt, évêque de Verdun, fut enfermé dans une cage de fer, supplice qu'il méritait bien, puisqu'il en était le premier inventeur. » (MÉZERAY, *Abrégé de l'Histoire de France.*)

avec la naissance et la mort de François Ier, Clément Marot déploya son talent de poëte dans les genres les plus divers, et surtout ne fut inférieur à aucun de ses contemporains dans les gracieuses chansons et ballades qu'il nous a laissées. Tous les compositeurs de son époque s'évertuèrent à les mettre en musique, entre autres *Orlando de Lassus, Clément Jannequin*, etc. Clément Marot se doutait-il qu'un jour les protestants adopteraient sa traduction des psaumes de David? Les trente premiers, qu'il offrit au roi François Ier, en 1539, étaient parodiés sur les airs de danse favoris de la cour. Le roi, le Dauphin, la Dauphine, le roi et la reine de Navarre, les duchesses d'Etampes et de Valentinois s'emparèrent à l'instant des psaumes qu'ils pouvaient chanter sur les airs de *courante*, de *sarabande*, de *bourrée*, de *menuet*, de *gaillarde* qu'ils affectionnaient le plus, ou sur les *voix-de-villes* à la mode. Estienne Pasquier, contemporain du poëte, nous dit dans ses *Recherches de la France* que « Marot se rendit admirable en ses traductions de cinquante psalmes de David, aidé de Vatable, professeur du roy és lettres hébraïques, et y besogna de telle main que quiconque a voulu parachever le psautier, n'a pu atteindre à son parangon. » Théodore de Bèze, sur l'invitation de Calvin, tâcha pourtant de se *parangonner* à Marot, en complétant la traduction des psaumes (1).

Un nombre prodigieux d'éditions de ces psaumes avec les airs constate le succès immense qu'ils obtinrent. François Ier chérissait plus particulièrement le psaume dont le timbre était : *Que ne vous requinquez-vous vieille, que ne vous requinquez-vous* ; la duchesse de Valentinois préférait celui sur l'air : *Baisez-moi donc, beau sire*, et ainsi de quelques autres.

L'exemple qu'on va vous dire en musique est une chanson à quatre voix d'Orlando de Lassus.

(1560.)

Margot
Labourez les vignes,
Vignes, vignes, vignolet,
Margot,
Labourez les vignes bientôt.

En revenant de Lorraine
Rencontray trois capitaines,

(1) Avant Th. de Bèze ce travail avait déjà été tenté ; c'est ce que nous apprend un rare petit volume in-8, imprimé à Poitiers en 1550 : « Les Cent Psalmes de David qui restoient à traduire en rithme françoise, traduitz par J. Poictevin, chantre de Sainte-Radegonde de Poictiers. » *Poictiers, impr. de Nic. Peletier, à l'enseigne de la Fontaine*, 1550.

> Ils m'ont salué : vilaine,
> Je suis leur fièvre quartaine.
>> Margot, etc.
>
> Ils m'ont salué : vilaine,
> Je m'appelle Madelaine ;
> Mon père était capitaine
> Il vous fera de la peine.
>> Margot, etc.

Les œuvres de *Mellin de Saint-Gelais* renferment bien une quinzaine de chansons ; mais aucune d'elles n'accuse un rhythme lyrique suffisant pour justifier le titre de chanson dans sa véritable acception.

La poétique *Pléiade de Ronsard,* composée de *Dorat, Du Bellay, Jodelle, Remy Belleau, Baïf* et *Ponthus de Thiard,* nous fournit quelques chansons remarquables ; celles de Ronsard d'abord, aux allures sveltes, gracieuses, poétiques, quoique un peu mignardes. Qui n'a lu ce petit chef-d'œuvre de *Mignonne ?* Vous allez entendre cette odelette avec l'air publié du temps de Ronsard ; il se trouve dans un petit livre rarissime que ne possède aucune bibliothèque publique de Paris, mais que j'ai là. Il a pour titre : *Recueil des plus belles et excellentes chansons en forme de voix de ville, tirées de divers autheurs... ausquelles a été nouvellement adapté la musique de leur chant commun... par Jehan Chardavoine.* Paris, Claude Micart, 1575.

> Mignonne, allons voir si la rose
> Qui ce matin avoit desclose
> Sa robe de pourpre au soleil,
> A poinct perdu cette vesprée
> Le lys de sa robe pourprée,
> Et son teinct au vostre pareil.
>
> Las ! voyez comme en peu d'espace,
> Mignonne, elle a dessus la place,
> Hélas ! ses beautés laissé choir !
> O vrayment, marastre nature,
> Puisqu'une telle fleur ne dure
> Que du matin jusques au soir !
>
> Donc, si vous me croyez, mignonne,
> Tandis que vostre âge fleuronne
> En sa plus verte nouveauté,
> Cueillez, cueillez vostre jeunesse :
> Comme à ceste fleur, la vieillesse
> Fera ternir vostre beauté.

Les poésies de *Jodelle* ne respirent pas la verve chansonnière ; ce ne sont même pas des chansons, si l'on en excepte une, une seule, dont

voici les trois premières strophes ; je vous ferai grâce des vingt-quatre
autres.

> O bel œil, ô blanc tetin,
>   Teint albastrin,
>   Rouge bouchette !
>
> Jà l'Aurore au teint vermeil,
> Dans sa rosine charrette,
> Sortoit avant le soleil,
> Pour chasser la nuit fréchette.
> O bel œil, etc.
>
> Le verdoyant mois de May,
> Plus propre à toute amourette,
> Rendoit tout esprit plus gay
> De ce que plus il appette (1).
> O bel œil, etc.
>
> Le temps estoit frais et beau :
> Car lors le soleil nous jette
> De sa maison du Toreau,
> Une ardeur freche et doucette.
> O bel œil, etc.

La Bergerie de *Remy Belleau* renferme un véritable bijou : c'est
Avril, bien connu d'ailleurs.

Voici l'air qui se trouve dans le *Recueil des voix de ville* ; veuillez
vous contenter de trois strophes sur treize.

> Avril, l'honneur et des bois
>   Et des mois,
> Avril, la douce espérance
> Des fruictz qui sous le coton
>   Du bouton
> Nourrissent leur jeune enfance,
>
> C'est toy courtois et gentil,
>   Qui d'exil
> Retire ces passagères,
> Ces arondelles, qui vont
>   Et qui sont
> Du printemps les messagères.
>
> L'aubépine et l'aiglantin,
>   Et le thin,
> L'œillet, le lis et les roses
> En ceste belle saison,
>   A foison,
> Montrent leurs robes écloses.

(1) *Appette,* souhaite.

Du Bellay, ce poëte fécond et gracieux, a semé dans ses *Jeux rustiques* de charmants vers. Je citerai surtout la pièce

D'UN VANNEUR DE BLÉ

(S'adressant aux vents.)

A vous, troupe légère,
Qui d'aîle passagère
Par le monde volez,
Et d'un sifflant murmure
L'ombrageuse verdure
Doulcement esbranlez,

J'offre ces violettes,
Ces lis et ces fleurettes,
Et ces roses icy,
Ces vermeillettes roses
Tout fréschement écloses,
Et ces œillets aussi.

De vostre doulce haleine
Eventez ceste plaine,
Eventez ce séjour :
Cependant que j'ahanne (1)
A mon blé, que je vanne
A la chaleur du jour.

Voici une chanson de *Baïf :*

O ma belle rebelle,
Las ! que tu m'es cruelle,
Ou quand d'un doux souris,
Larron de mes esprits,
Ou quand d'une parole
Si mignardement molle,
En amoureuse ardeur
Tu plonges tout mon cœur.

O ma belle rebelle,
Las ! que tu m'es cruelle,
Quand la cuisante ardeur
Qui me brûle le cœur
Fait que je te demande
A sa brûlure grande
Un rafraîchissement
D'un baiser seulement.

(1) *Ahanner*, herser, se dit aussi pour labourer.

O ma belle rebelle,
Las ! que tu m'es cruelle,
Quand d'un petit baiser
Tu ne veux m'apaiser :
Mais par tes fines ruses
Toujours tu m'en refuses,
Au lieu d'allègement,
Fais croître mon tourment.

Les combats, les batailles perdues ou gagnées par l'illustre François Ier se chansonnaient sans retard. La bataille de Marignan eut l'honneur de plusieurs chansons ; la plus célèbre est celle que Jannequin mit en musique, en musique imitative s'il en fut jamais ; les paroles y prêtaient d'ailleurs.

A propos de cette chanson, qu'on appelait aussi *la Défaite des Suisses*, Sauval, dans ses *Galanteries des rois de France*, raconte ainsi les derniers moments de Mlle de Limeuil, fille d'honneur de la reine Catherine de Médicis :

« Quand l'heure de sa mort fut venue, elle fit venir son valet Julien : « Julien, lui dit-elle alors, prenez votre violon et sonnez-moi toujours, « jusqu'à ce que vous me voyiez morte, car je m'y en vais, *la Défaite des* « *Suisses*. Et quand vous serez sur le mot : *Tout est perdu*, sonnez le « pas quatre ou cinq fois le plus piteusement que vous pourrez. » Ce que fit Julien, et elle-même aidait de la voix ; et quand ce vint : *Tout est perdu !* elle réitéra par deux fois ; puis, se retournant de l'autre côté du chevet, elle dit à ses compagnes : « Tout est perdu à ce coup ! » Et à bon escient, car elle décéda à l'instant. »

Dans la chanson de Jannequin, les Suisses chantent ce dernier vers en allemand : *Tout est verlore*, en y ajoutant *Bigott*, un gros juron.

Comme on dit, rien n'est nouveau sous le soleil. Nous retrouvons en effet le patron, sinon le modèle, de la chanson de *Marlborough*, dans une complainte de 1566, sur la mort du duc de Guise, assassiné quatre années auparavant.

Qui veut ouïr chanson ?
C'est du grand duc de Guise,
Et bon, bon, bon bon,
Di dan, di dan, bon,
C'est du grand duc de Guise.

(*Parlé.*) Qui est mort et enterré.

Qui est mort et enterré.

Aux quatre coins du poële
Et bon, etc.
Quatre gentilhom's y avoit.

Quatre gentilhom's y avoit,
Dont l'un portoit son casque
Et bon, etc.
Et l'autre ses pistolets.

Et l'autre ses pistolets,
Et l'autre son épée,
Et bon, etc.
Qui tant d'hug'nots a tués.

Qui tant d'hug'nots a tués.
Venoit le quatrième,
Et bon, etc.
Qui étoit le plus dolent.

Qui étoit le plus dolent.
Après venoient les pages,
Et bon, etc.
Et les valets de pied.

Et les valets de pied
Avecques de grands crèpes,
Et bon, etc.
Et des souliers cirés.

Et des souliers cirés,
Et de beaux bas d'étame,
Et bon, etc.
Et des culottes de piau.

Et des culottes de piau.
La cérémonie faite,
Et bon, etc.
Chacun s'alla coucher.

Chacun s'alla coucher.
Les uns avec leurs femmes,
Et bon, etc.
Et les autres tout seuls.

J'aurai recours encore une fois aux *Voix de ville* de Chardavoine, pour vous faire entendre une véritable chanson populaire, pouvant dater au moins de 1550. Vous reconnaîtrez sans peine dans le refrain l'air du *Clair de la lune*, attribué généralement à Lulli, né à Florence en 1633. Lulli ne composant qu'à quinze ou vingt ans, et cette chanson

populaire vivant au moins vingt ou trente ans avant sa publication,
cela nous fera un siècle bien complet de différence.

GAUDINETTE.

(1575.)

Gaudinette, etc.

J'en ay faict rongné (1)
Trois pieds par devant.
Gaudinette, etc.

Autant par derrière
Encore est-il trop grand.
Gaudinette, etc.

Et de la rogneure
J'en ay faict des gands.
Gaudinette, etc.

C'est pour le mien amy,
Celuy que j'ayme tant.
Gaudinette, etc.

M'empoigne et m'embrasse,
M'a faict un enfant.
Gaudinette, etc.

Aussi m'a guérie
Du grand mal des dents.
Gaudinette, etc.

Mon père le sceut,
Qui me battit tant.
Gaudinette, etc.

ce vers, dont la rime devrait être féminine, est trop court d'une syllabe; on retrouvera dans
cette chanson plusieurs irrégularités de ce genre, mais le peuple n'y regarde pas de si près.

> Tout beau, tout beau, père,
> Frappez doucement.
> Gaudinette,
>
> Sy la mère a faict faute,
> Qu'en peut mès l'enfant ?
> Gaudinette, etc.
>
> Ce n'est rien du vostre
> Ny de vostre argent.
> Gaudinette, etc.
>
> C'est du mien amy
> Qu'au vert bois m'attend.
> Gaudinette, etc.
>
> Et pour moy endure
> La pluye et le vent.
> Gaudinette, etc.
>
> Et la grand'froidure
> Qui du ciel descend.
> Gaudinette, etc.
>
> Et pour luy j'endure
> La honte des gens.
> Gaudinette, etc.

Sous le règne de Henri II , les chansonniers *Bérenger de la Tour* et *Nicolas Renaud* eurent une très-grande vogue.

Les guerres civiles qui ensanglantèrent la France depuis Charles IX jusqu'à Henri IV ne firent point taire la chanson ; il s'en produisit une immense quantité pour et contre *la Ligue*. La chanson licencieuse envahit la cour et la ville : les recueils manuscrits en fourmillent, et quoique dans ces derniers temps on en ait publié ou réimprimé un grand nombre , la plupart sont d'une telle indécence cynique , qu'aucun gouvernement n'en pourra jamais autoriser la publication.

Eh bien , ces chansons impossibles traînaient non-seulement leurs ordures dans les rues de Paris , mais les plus belles dames de la cour les fredonnaient du bout de leurs lèvres roses.

Les Gayetés amoureuses de *Gilles Durand* (né en 1530, mort en 1613) sont une des plus jolies collections de chansons qu'on puisse citer de ce temps-là. Ce poëte procède de l'école de Ronsard incontestablement; ce sont des *larmelettes tendrelettes* , des *guirlandelettes* et des *nymphelettes* , des *ruisselets doucelets* , *mignardelets*; mais je le répète , à part ces mignardises inventées par Ronsard , Gilles Durand est l'un des plus gracieux chansonniers de son temps.

Voici une de ses chansons, tirée du *Trésor harmonique du divin Laurencin*, livre publié par *J.-B. Bézard, Bisontin, amateur des arts libéraux et musicien très-habile* (c'est le titre qui le dit). Cologne, 1613.

Charlotte, si ton âme
Se sent or' allumer
De ceste douce flamme
Qui nous force d'aimer,
   Allons, contents,
Allons sur la verdure,
Allons, tandis que dure
Nostre jeune printemps.

Avant que la journée
De notre age qui fuit
Se trouve environnée
Des ombres de la nuit,
   Prenons loisir
De vivre nostre vie,
Et sans craindre l'envie,
Donnons-nous du plaisir.

Du soleil la lumière
Vers le soir se déteint,
Puis à l'aube première
Elle reprend son teint;
   Mais nostre jour,
Quand une fois il tombe,
Demeure soubs la tombe,
Sans espoir de retour.

Amadis Jamyn est un des grands poëtes chansonniers du XVIe siècle : il a une physionomie à lui, et quoique disciple de Ronsard, il a su éviter certains errements de son maître.

Jean Berthaud, évêque de Séez, abbé d'Aunay, encore un élève de Ronsard. Ses poésies renferment un certain nombre de chansons, mais celles-ci manquent totalement de cette verve gauloise qui caractérise nos chansons. Je ne citerais même pas ce poëte parmi les chansonniers du XVIe siècle, s'il n'était l'auteur d'un refrain devenu célèbre, et ajouté à mainte chanson éclose dans le siècle suivant; ce sont les quatre vers suivants :

Félicité passée
Qui ne peux revenir,
Tourment de ma pensée,
Que n'ai-je, en te perdant, perdu le souvenir!

M. Fétis, en écrivant ses *Curiosités historiques de la musique*, ne connaissait sans doute pas les œuvres de Berthaud, puisqu'il accole ce refrain à la chanson *Au bord d'une fontaine*, postérieure de près d'un siècle. Laborde, dans ses *Essais sur la musique*, a commis la même erreur. La vraie chanson de Berthaud commence ainsi :

<blockquote>
Les cieux inexorables
Me sont si rigoureux,
Que les plus misérables,
Se comparant à moi, se trouveraient heureux.
</blockquote>

Cette chanson a quatorze strophes ; *Félicité passée* est la douzième, et ne sert pas de refrain aux autres.

Philippe Desportes, abbé de Thiron, est l'auteur de la charmante villanelle :

<blockquote>
Rosette, pour un peu d'absence,
Vostre cœur vous avez changé,
Et moy, sçachant cette inconstance,
Le mien autre part j'ay rangé :
Jamais plus beauté si légère
Sur moy tant de pouvoir n'aura :
Nous verrons, charmante bergère,
Qui premier s'en repentira.
</blockquote>

Je m'arrête à cette première strophe, vous connaissez tous cette villanelle. J'aurais même pu vous faire entendre l'air contemporain, car il se trouve noté dans le recueil des *Voix de ville;* mais il est d'une monotonie assommante.

Jean Passerat doit être cité avec honneur parmi les poëtes du XVIe siècle. A part ses poésies, il a composé avec Nicolas Rapin et Jacques Gillot cette ingénieuse et célèbre *Satire Ménippée.* Voici une jolie villanelle de Passerat, mise en musique par plusieurs compositeurs du XVIe siècle :

<blockquote>
J'ay perdu ma tourterelle :
Est-ce point elle que j'oy ?
Je veux aller après elle.

Tu regrettes ta femelle,
Hélas ! aussi fais-je moy :
J'ay perdu ma tourterelle.

Si ton amour est fidelle,
Aussi est ferme ma foy ;
Je veux aller après elle.
</blockquote>

Ta plainte se renouvelle ;
Toujours plaindre je me doy ;
J'ay perdu ma tourterelle.

En ne voyant plus la belle,
Plus rien de beau je ne voy ;
Je veux aller après elle.

Mort que tant de fois j'appelle,
Pren ce qui se donne à toy !
J'ay perdu ma tourterelle,
Je veux aller après elle.

Les noëls et cantiques se sont chantés dès leur origine sur des airs profanes ; et vous voyez encore de nos jours la déplorable continuation de ce mauvais goût. Je ne parlerai point des chansons religieuses ou cantiques, ni des nombreuses éditions des *Bibles de Noëls*, mais je vous citerai les titres de trois recueils célèbres, aussi bizarres que ridicules, en vous observant qu'ils furent composés de la meilleure foi du monde par des religieux ; il y a les airs notés.

1° *La pieuse alouette avec son tirelire. Le petit corps et les plumes de notre alouette sont chansons spirituelles, qui toutes lui font prendre le vol et lui font aspirer aux choses célestes et éternelles. Elles sont partie recueillies de divers auteurs, partie aussi composées de nouveau ; la plupart sur des airs mondains et plus communs, qui servent aussi de voix à notre alouette pour chanter les louanges de notre commun créateur.* Valenciennes, 1619.

2° *La Philomèle séraphique, divisée en quatre parties. En la première elle chante les dévots et ardents souspirs de l'âme pénitente qui s'achemine à la vraye perfection. En la seconde la Christiade. En la troisième la Mariade avec les mystères du Rosaire. En la quatrième les cantiques de plusieurs saincts. Sur les airs plus nouveaux choisis des principaux auteurs de ce temps avec le Dessus et la Basse. Par frère Jan l'evangéliste d'Arras, prédicateur capucin.* Tournay, 1623.

3° *Les Rossignols spirituels, liguez en Duo : Dont les meilleurs accords, nommément le bas, relèvent du seigneur Pierre Philippes, organiste de Leurs Altezes Sérénissimes. Regaillardis au Prime-vère de l'an 1621.* Valenciennes, 1621.

A l'exception du dernier cité, ce sont des ouvrages assez volumineux, remplis d'autant d'inepties qu'ils sont gros.

J'ai observé plus haut qu'on chantait beaucoup à la cour de France, même sous les plus tristes règnes ; les recueils imprimés de ces *airs de cour* nous ont conservé d'ailleurs une partie de ce répertoire , moitié pieux , moitié grivois, celui qu'à la rigueur on pouvait avouer. Le peuple , de son côté, avait non-seulement ses chansons , mais ses chanteurs préférés. Clément Marot nous a transmis les noms de *Jean de Serres* , joueur de farces, du *comte de Salles* , bazochien ; un autre joueur de farces, *Jacques Mernable*, est célébré par Ronsard.

Tabarin avait établi ses tréteaux à la place Dauphine ; c'est là qu'il, débitait à ses nombreux auditeurs ces incroyables dialogues avec *Mondor*, le célèbre vendeur de baumes.

Gaultier Garguille et ses deux associés *Gros-Guillaume* et *Turlupin* avaient leur théâtre sur le Pont-Neuf. Le succès des chansons de Gaultier Garguille introduisit un mot nouveau dans la langue française, celui de *pont-neuf*, pour désigner un air vulgaire , connu de tout le monde. Gaultier Garguille, à part ses propres compositions, servait à ses auditeurs d'anciennes chansons populaires, qu'il habillait à sa façon, ou plutôt à la mode du jour, ce qui a toujours été le sort de la chanson populaire. Il n'est pas aisé de citer des chansons de Gaultier Garguille, quoique nous ayons ses œuvres. Voici toujours un premier couplet:

> Que l'amour est rigoureux !
> Qu'il assortit mal ses flammes !
> Quand j'estois jeune amoureux,
> Il me fit hayr des dames.
> Ores il m'offre des fillettes
> Quand j'ay passé soixante ans :
> Mais c'est donner des noisettes
> A ceux qui n'ont plus de dents.

Premier couplet d'une autre chanson de Gaultier Garguille.

> Un jour, en me promenant
> Dans l'espois d'un verd bocage,
> Trouvay Philin et Philis
> Qui faisoient un beau mesnage.
> La la, ne riez pas tant,
> Vous en feriez bien autant.

Ajoutons pour mémoire à la liste des farceurs qui régalaient leur public de chansons les noms connus de *Jodelet*, *Guillot Gorju* et *Bruscambille*. La plupart d'entre eux , ainsi que l'illustre trio de Gaultier Garguille, passèrent comme acteurs à l'hôtel de Bourgogne.

Saint-Amant, dans la pièce intitulée *les Nobles Triolets* , en consacre un à la mémoire des chanteurs du Pont-Neuf:

Les rares chansons du pont Neuf
Espousent les rares libelles :
On les oit entre huit et neuf
Les rares chansons du pont Neuf.

Leur papier est moins blanc qu'un œuf,
Mais mon laquais les trouve belles.
Les rares chansons du pont Neuf
Espousent les rares libelles.

Bien plus tard, le *Grimacier* vint s'illustrer à son tour au Pont-Neuf en chantant *la Belle Bourbonnaise.*

On a imprimé des recueils de chansons dès le commencement du XVIe siècle ; au XVIIe, ces recueils se sont extrêmement multipliés. Je n'ai pas la prétention de vous en faire ici la bibliographie ; mais je vous citerai quelques-uns des plus célèbres, comme *la Caribarye des Artisans*, *la Gélodacrye amoureuse*, *les Chansons du Savoyard*, autre illustration du Pont-Neuf, qui eut pour émule le cocher de M. de Verthamont.

Les historiens nous racontent que Jeanne d'Albret accoucha de Henri IV en chantant un cantique. J'ai publié ce cantique dans mes *Chansons populaires des provinces de France*, tout en ajoutant bien peu de foi à cette invention probable de quelque chroniqueur. Quoi qu'il en soit, le roi *vert-galant* aimait les chansons, fussent-elles même un peu gaillardes, et l'histoire dit qu'il en faisait lui-même. Je pourrais vous en citer, mais on prête tant de choses aux princes, qu'il y a bien de quoi hésiter. Ainsi, cette soi-disant chanson de Henri IV, qu'on met toujours en avant :

Viens, Aurore,
Je t'implore, etc.

n'a jamais été du français du temps de Henri IV. M. Fétis, dans ses *Curiosités historiques de la musique*, nous dit : « Tout le monde connait la romance *Charmante Gabrielle*; l'air n'est point de Henri, comme on l'a cru ; du Caurroy en est l'auteur. » C'est court et net, mais j'aimerais en avoir quelque petite preuve, si mince qu'elle fût.

Les œuvres qui nous restent de du Caurroy sont, comme celles de ses contemporains, des chansons à quatre ou cinq parties en style de contre-point. Je dois dire que M. Fétis, dans sa nouvelle édition de la *Biographie des Musiciens*, avoue qu'il n'est pas certain que du Caurroy soit l'auteur de *Charmante Gabrielle* et de *Viens, Aurore.*

Laborde, dans son *Essai sur la musique ancienne et moderne*, donne deux chansons de *Jacques Lefevre*, compositeur de la chambre de Louis XIII, en 1613 ; l'une est : *Las ! il n'a nul mal qui n'a le mal d'amour*, l'autre : *Aime-moi, bergère, et je t'aimerai.* M. Fétis n'a pas oublié cela dans ses *Curiosités*, où il a soin de nous dire que la romance *Aime-moi, bergère* est de *Jacques Lefevre d'Étaples.* Comme moi, vous chercheriez en vain la biographie de ce Jacques Lefevre. M. Fétis en cite un pourtant ; malheureusement il est né en 1723. Je regrette de ne rien savoir sur celui de 1613. Vous allez toujours entendre les deux chansons en question.

Aime moi, bergère,
Et je t'aimerai ;
Ne sois point légère,
Je ne le serai :
Ah ! que l'amour est gai, } (*bis.*)
Le joli mois de mai. }

Mon cœur et ma vie
Je te donnerai,
Jamais d'autre amie
Je ne servirai.
Ah ! etc.

Dans ce vert bocage
Je te mènerai,
Cent fois à l'ombrage
Je te baiserai.
Ah ! etc.

De nos amourettes
Je te parlerai,
Et sur les fleurettes
Je te jeterai.
Ah ! etc.

CHANSON A QUATRE VOIX

Las ! il n'a nul mal qui n'a le mal d'amour !
La fille du roi est au pied de la tour,
Qui pleure et soupire et mène grand doulour.
Las ! etc.

Le bon roi lui dit : Ma fille, qu'avez-vous ?
Voulez-vous un mari ? — Hélas ! oui, monseigneur.
Las ! etc. (1).

Malherbe, ce grand perfectionneur de la langue et poésie françaises,

____

(1) La musique de ces deux chansons se trouve dans le premier volume des *Échos du Temps passé*, Flaxland, éditeur.

a bien une demi-douzaine de chansons dans ses œuvres ; mais, après avoir cité :

Ils s'en vont, ces rois de ma vie,

et le refrain :

Et rose elle a vécu ce que vivent les roses,

on peut passer les autres sous silence sans faire tort au grand homme.

Louis XIII, ce roi triste, sombre, soupçonneux, insupportable enfin, a composé de la musique, et vous allez en entendre un échantillon authentique à quatre voix, tel qu'il se trouve dans la *Musurgia universalis* du P. Kircher, 1650, et dans *l'Harmonie universelle de Mersenne.*

Tu crois, ô beau soleil,
Qu'à ton éclat rien n'est pareil
En cet aimable temps
Que tu fais le printemps :
Mais quoi ! tu pâlis
Auprès d'Amaryllis.

La *chanson à boire* a été en honneur à partir du temps où l'on sut boire autre chose que de l'eau. Dans la première partie de cet essai sur la chanson, j'ai parlé d'Olivier Basselin, qui vivait au XVe siècle et qui illustra la vallée de Vire par ses chansons bachiques, continuées plus tard par Jean Le Houx. Au XVIIe et surtout au XVIIIe siècle, la chanson à boire prit une extension incroyable ; le nombre des recueils d'*airs à boire*, imprimés et manuscrits, est prodigieux : on devait être bien altéré en ce temps-là !

Les chantres, sinon les musiciens, avaient un faible pour la dive bouteille. J'ai trouvé dans un recueil d'Orlando de Lassus, imprimé en 1570, cette curieuse chanson à quatre voix :

En m'oyant chanter quelquefoys,
Tu te pleins qu'estre je ne daigne
Musicien, et que ma voix
Mérite bien que l'on m'enseigne,
Voire que la peine je preigne
D'apprendre *ut, re, mi, fa, sol, la !*
Quel diable veux-tu que j'apreigne ?
Je ne boy que trop sans cela.

Il ne faut pas croire pourtant que cette immense quantité de chansons à boire soit riche en chefs-d'œuvre ; les platitudes y abondent à ce point qu'on s'imaginerait volontiers que la plupart de ces chansons ont été faites le verre en main et après de copieuses libations. Tout le monde connaît la célèbre chanson bachique d'*Adam Billaut*, surnommé *Maître Adam* :

Aussitôt que la lumière, etc.

On va vous en faire entendre deux autres. La première est tirée des *Parodies nouvelles*, publiées en 1731 par Ballard ; la seconde se trouve dans *la Clef des Chansonniers*, autre publication de Ballard (1717).

Soit bourguignon, soit champenois,
Je donne à tous les deux ma voix
Sans aucun choix.

Vin rouge ou vin gris,
Blonde ou brune Chloris
Ont leur prix ;
Tout est bon à mon avis,
Pourvu que tout soit bien pris ;
Mais de tous les biens,
Le plus grand, je soutiens
Que c'est celui que je tiens.
Soit bourguignon, etc. (1)

AUTRE :

Quand la mer Rouge apparut
Aux yeux de Grégoire,
Aussitôt ce buveur crut
Qu'il n'avait qu'à boire ;
Mais mon voisin
Fut plus fin :
Voyant que ce n'était vin,
Il la pass, pass, pass,
Il la sa, sa, sa,
Il la pass, il la sa,
Il la passa toute
Sans boire une goutte.

Les œuvres de *Maynard* renferment plusieurs jolies chansons à boire. Je ne puis m'empêcher de vous en lire une, ne serait-ce qu'en fragment :

Dès que la nuit reprend son tour,
Je m'enferme dans la taverne,
Et n'en pars jamais que le jour
Ne fasse pâlir ma lanterne :
Je veux mourir au cabaret
Entre le blanc et le clairet.

Sire *Bontemps* s'y voit assis
Près d'une table bien servie ;
Il y foule aux pieds les soucis

(1) Voyer le IIIe volume des *Echos du Temps passé*. O. Legouix, éditeur.

Qui troublent l'aise de la vie :
Je veux mourir au cabaret
Entre le blanc et le clairet.

Là, cet ivrogne sans pareil,
Dès que le matin se redore,
Sur la moustache du Soleil
Boit à la santé de l'Aurore :
Je veux mourir au cabaret
Entre le blanc et le clairet.

Il faut désormais que mon bec
Soit toujours plongé dans le verre,
Mon gosier dût-il mettre à sec
Toutes les caves de la terre :
Je veux mourir au cabaret
Entre le blanc et le clairet.

A partir du règne de Louis XIV, sous lequel Lulli trôna comme compositeur, les *bergeries* abondent plus qu'à toute autre époque ; on chante les *Iris*, les *Philis*, les *Sylvies*, les *Chloris*, les *Célimènes*, et ces fadeurs se prolongent même jusqu'à la Révolution. Lulli, malgré sa fécondité et son succès, a fourni à la tradition populaire bien moins de chansons qu'on ne se l'imagine ; et, quoique la plupart de ses menuets et de ses gavottes aient été paroliés, c'est-à-dire arrangés avec des paroles, il ne s'en est conservé qu'un bien petit nombre parmi les timbres de *la Clef du Caveau* (1). Il avait pourtant un habile parolier, *Quinault*, qui maniait le vers lyrique avec talent, quoi qu'en dise Castil-Blaze, et qui avait eu pour prédécesseur *Perrin*, le créateur du poëme d'opéra en France. Perrin, quoique poëte, avait le sentiment du vers lyrique. Voici deux petites strophes de lui, chantées par des bergères :

Voicy le printemps,
Voicy le beau temps
Que toutes les fleurs sont écloses,
Hélas ! et nous restons
Languissantes et closes :
Amour, de tes boutons
Quand feras-tu des roses !

Tout ayme en tous lieux,
La terre et les cieux,
Les bois, les vallons et les plaines ;
D'amour et de plaisirs
Les campagnes sont pleines,

(1) *La Clef du Caveau* fut une simple spéculation d'éditeurs pour faciliter aux vaudevillistes la recherche des airs dont ils se servaient pour leurs pièces. Cette compilation, à mesure que de nouvelles éditions se produisirent, élagua les airs anciens qui n'étaient plus en vogue, pour les remplacer par d'autres mieux appropriés au goût du jour. Doche, l'ancien chef d'orchestre du Vaudeville, a fourni une grande quantité d'airs à *la Clef du Caveau*.

> Et nous de ses desirs
> Nous n'avons que les peines.
> Voicy le printemps, etc.

C'est surtout à partir de cette époque que l'antique famille des éditeurs *Ballard* fit paraître toute une suite de petits volumes de chansons avec les airs notés : *les Brunettes, les Menuets chantants, les Rondes et chansons à danser, les Parodies bachiques, la Clef des Chansonniers,* et tant d'autres, en se servant des poëtes de *Bouillon,* médiocre improvisateur, de *Vergier,* qui, au contraire, maniait joliment le vers lyrique. Je citerai ici également les huit volumes de chansons publiés à La Haye par J.-B. Gosse et Jean Neaulme. On avait donné le nom de *brunettes* à de petits airs tendres, vu qu'à cette époque les poëtes célébraient beaucoup les brunettes et que la tendresse n'y faisait pas défaut non plus. En voici un échantillon tiré du premier volume des *Brunettes* publiées par Ballard :

> Le beau berger Tircis,
> Près de sa chère Anete
> Sur les bords du Loir assis,
> Chantoit dessus sa musete :
> Ah! petite brunete,
> Ah! tu me fais mourir!

Furetière, dans sa *Requête des Dictionnaires,* appelle *Boisrobert* le premier chansonnier de France. Or, les œuvres de Boisrobert ne renferment que quatre chansons d'une valeur très-ordinaire; il n'a guère fait que des épîtres, en excellant surtout dans l'*épître familière.* *Voiture* a composé un assez grand nombre de chansons dont plusieurs sont jolies et bien tournées. On peut en dire autant de *Mme de Sainctonge.* *Sarrazin* est l'auteur d'une douzaine de chansons médiocres ; c'est invariablement l'éternelle *Phyllis.*

Les *Pièces libres de Ferrand* sont suivies de quelques chansons plus que libres. *Montreuil* était un chansonnier de circonstance assez ordinaire. Les sonnets de *Saint-Pavin* le disputent en médiocrité aux chansons de *Charleval,* qui les suivent dans le même volume. *Dufresny,* lui, était un vrai poëte et un gracieux chansonnier, n'eût-il fait que *Phyllis plus avare que tendre* et *Réveillez-vous, belle dormeuse.* Il a composé lui-même la musique de beaucoup de ses chansons.

Quant aux chansons de *Segrais,* elles ont le mérite d'être courtes, mais c'est le seul. L'esprit de *Scarron* ne brille pas non plus dans ses chansons; pas trace de cette humeur moitié bouffonne, moitié sérieuse, qui lui est propre.

Un grand nombre de collections d'anciennes chansons manuscrites se trouvent éparpillées dans des bibliothèques privées. La Bibliothèque impériale possède un recueil de seize ou dix-huit volumes in-4° intitulé : *Recueil ou Collection de Maurepas.* Ce recueil n'est lui-même qu'une copie incomplète du manuscrit de Clérembault. Deux des volumes de Maurepas renferment les airs notés. L'époque de la Fronde y est largement représentée. A la bibliothèque de l'Arsenal existe *le Sottisier*, autre recueil de chansons manuscrites, presque toutes satiriques.

Que n'a-t-on pas mis en chanson dans notre France? Croiriez-vous qu'on a rassemblé et édité deux volumes de poésies et chansons sur la bulle *Unigenitus ?* Un autre volume, intitulé : *la Cantatrice grammairienne,* n'est rien moins que toute la grammaire française en vaudevilles, puis encore *le Festin joyeux, ou la Cuisine en musique,* volume dans lequel un certain cuisinier de haute volée, nommé Lebas, a mis en vaudevilles et publié avec les airs tout ce qu'il y a de plus raffiné dans *la Cuisinière bourgeoise* ou dans celle *des villes et des campagnes.* Vous allez entendre en musique la manière de cuisiner *un godiveau de poissons,* sur l'air de *la Sissonne* (1).

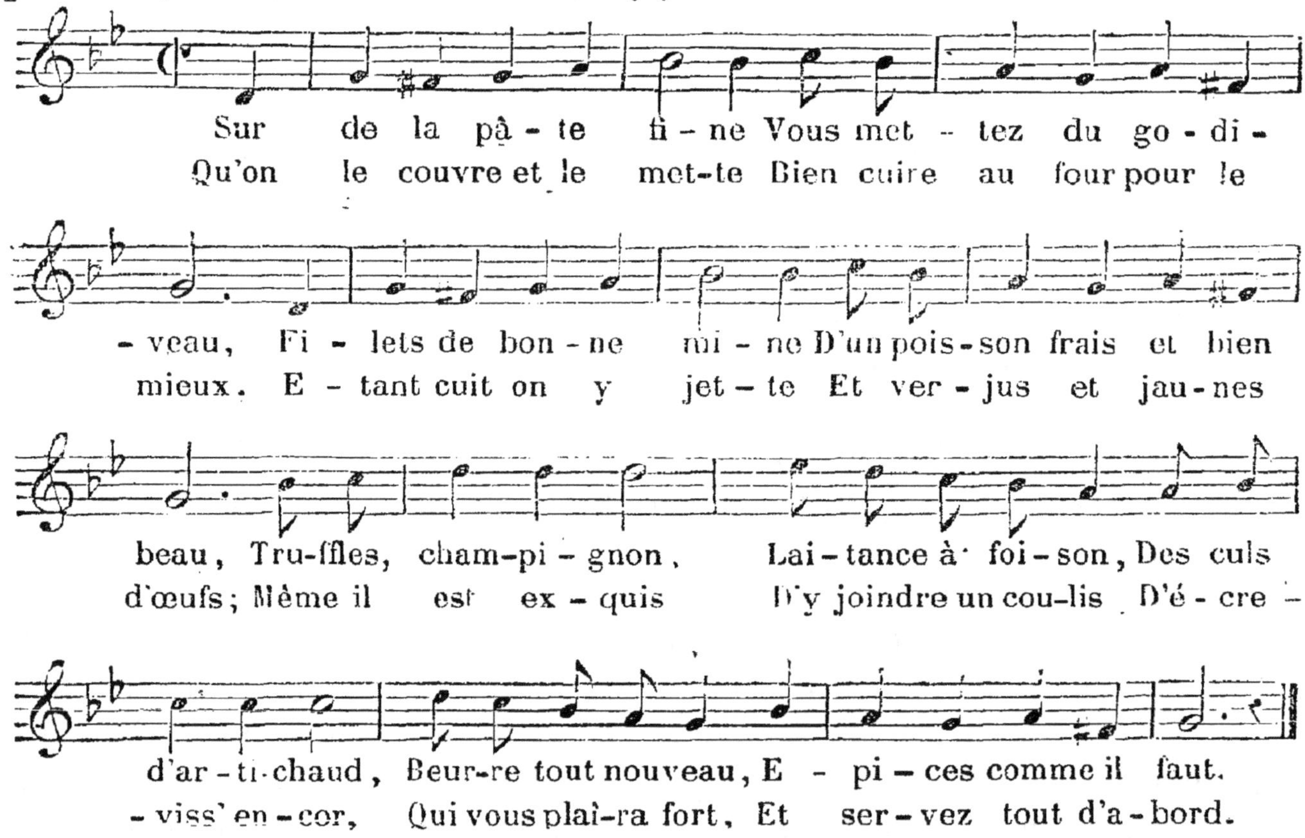

On formerait un gros volume rien qu'à mentionner toutes les excentricités et bouffonneries qui ont été inventées en ce genre. Je possède tout *le Code civil* en vers, comme aussi bien les anciennes *Coutumes de Paris ;* à quoi il faut joindre *la République en vaudevilles.* Tout cela est imprimé, et il y en a bien d'autres.

(1) L'air de *la Sissonne* a été composé par un maître de danse qui se nommait Sisson, et qui vivait au temps de la Fronde.

Bernard de la Monnoye, célèbre par ses *Noëls bourguignons*, est également l'auteur de la chanson de *la Palisse*, ou plutôt *la Galisse*, car c'est ainsi que s'appelle cette chanson dans les œuvres de la Monnoye.

Je place ici le nom de quelques auteurs dont les œuvres renferment des chansons ; ce sont : *Lainez ; Haguenier*, dont Voltaire a dit qu'il faisait des *chansons à boire... de l'eau ;* l'*abbé de Bernis ; Moncrif ;* le *marquis de la Farre ;* l'*abbé de Chaulieu*, etc. Le *marquis de Coulange* et l'*abbé de Latteignant* méritent une mention particulière parmi les chansonniers de leur époque : ils étaient tous deux d'habiles et de féconds improvisateurs. L'abbé de Latteignant a fait, sous forme de chansons, le portrait de toutes les personnes un peu marquantes de son temps. Il y a celui des princesses, duchesses, comtesses, chanoinesses, présidentes, y compris les cantatrices, actrices, danseuses, etc. Voici de lui un *Bouquet* pour deux demoiselles de Reims qui se nommaient *Nicoles*, savoir Mlle de la Salle et Mlle d'Herbigny.

> Saint Nicolas, patron des filles,
> En voici deux des plus gentilles ;
> Pour elles ne prierez-vous pas ?
> Les époux de ces tourterelles
> Seraient trop heureux avec elles :
> Mariez-les, mariez-les, saint Nicolas.
>
> Quoique dans leur tendre jeunesse,
> Et malgré leur délicatesse,
> Croyez qu'elles n'en mourront pas.
> Leur petit cœur, quand il soupire,
> Et leurs doux yeux semblent vous dire :
> Mariez-nous, mariez-nous, saint Nicolas.
>
> On sait assez ce que demande
> Fille qui vous porte une offrande...
> Elle a beau marmoter tout bas,
> Toujours la plus indifférente
> Vous dit dans sa prière ardente :
> Mariez-nous, mariez-nous, saint Nicolas.

A mesure que la fin de mon travail approche, je puis me permettre d'abréger mes détails et d'être court. Les chansonniers que je vais mentionner sont trop connus de vous tous, Messieurs, pour qu'il soit nécessaire de faire une appréciation de leurs œuvres. Qui n'a lu en effet les œuvres de *Vadé*, du *comte de Ségur*, de *Dorneval, Le Sage, Fuzelin, Piron, Grécourt, Favart, Parny, Armand Gouffé, Ourry, Debraux, Beffroy de Reigny* (sous le pseudonyme de *Cousin Jaques*),

Piis, *Festeau*, *Antignac*, *Brazier*, et tant d'autres qui m'échappent? Quelques-uns de ces poëtes musiquaient eux-mêmes leurs chansons, de même que Dufresny. Ainsi fit Saint-Évremont pour ses Idylles, comme aussi Beaumarchais. Il n'est même pas bien sûr que *Molière* n'ait pas composé quelques airs, et, en disant cela, je n'entends pas le confondre avec Molière ou Mollier, musicien, son homonyme et son contemporain.

Les provinces de la France qui ont un dialecte, même une langue à part, comme la Bretagne, l'Alsace, la Provence, etc., ont eu et possèdent encore leurs poëtes et chansonniers spéciaux. Pour ne pas donner à cette lecture une trop grande extension, je mentionnerai seulement les œuvres de *Godolin* (1579-1649); *Bellandier*, qui vivait au XVIe siècle; *Despourrins*, né en 1698; *Daubasse*, mort en 1720; *La Monnoye*, auteur des *Noëls bourguignons; Aimé Piron*, *Peyrot*, *Jasmin*, *Hebel*, que je cite pour l'Alsace, où ses chansons ont pour le moins autant de popularité qu'en Suisse ou en Allemagne.

Je vous aurais parlé des *Chansons de la Révolution*, si je ne comptais faire un travail spécial sur cette époque où les chefs-d'œuvre lyriques n'abondent pas précisément, mais où parut comme un météore cette immortelle *Marseillaise* de *Rouget de Lisle*.

Le premier Empire, sous lequel la France gagna tant de batailles, nous fournit peu de chansons guerrières. Les anciennes bergeries règnent encore, pour rendre bientôt leur dernier soupir.

A partir de 1830 l'esprit de la chanson française n'est plus satirique, mais gouailleur : la chansonnette triomphe. Si dans le temps quelques thèmes de nos anciens opéras comiques, en pénétrant dans nos provinces, **y** sont devenus populaires, il n'en est plus de même de nos opéras d'aujourd'hui.

Les œuvres spirituelles et populaires de *Désaugiers* n'ont pas besoin d'un nouvel apologiste, pas plus que celles de *Béranger*, dont beaucoup de chansons sont de véritables odes. La popularité de Béranger n'est pourtant pas due uniquement à son imagination élevée et poétique : homme du peuple, il a flatté les passions du peuple en chantant la chute des rois, en exaltant la gloire de Napoléon Ier, en prônant la liberté, même outre mesure. Je m'arrête ; il en est temps et pour vous et pour moi. Je ne parlerai pas des chansonniers vivants, à une exception près pourtant, et celle-là est bien due, à titre de talent et de popularité, à l'un des membres de notre Société, M. Gustave Nadaud, qui va vous chanter lui-même quelques-unes de ses œuvres.

21ᵉ SÉANCE.

26 MAI 1866.

SOMMAIRE :

1º Notice nécrologique sur M. Le Borne, par M. Poisot.
2º Trois mélodies vocales, composées par M. A. Populus.
    A. Le Mystère, poésie de Bernard, chantée par Mlle Claire Huet.
    B. Hymne à la Beauté, poésie de Bernard, chantée par l'auteur.
    C. Le Cœur aime à tout âge, poésie de M. A. de Montmija, chantée par Mlle Huet
3º *Saint François marchant sur les flots*, de Liszt, exécuté par M. S. Saëns.
4º Considérations morales et historiques sur l'enseignement populaire de la musique en France, lecture par M. Félix Clément.
5º *A.* Cantate d'Alexandro Scarlatti (1700).
    B. La Marchande d'oiseaux, de Jomelli (1750), chantée par Mlle Jacqueline Séveste. (Ces morceaux sont tirés de la 1re livraison du *Recueil* publié par M. Gevaert, traduction de V. Wilder.)
6º Fantaisie à deux pianos, de Liszt, sur *les Ruines d'Athènes*, de Beethoven. (MM. S. Saëns et Poisot.)

NOTICE NÉCROLOGIQUE SUR M. LE BORNE.

Messieurs et chers Confrères,

Chargé par le Comité de prononcer l'éloge de notre collègue Le Borne, je remplirai ma tâche avec douleur, car la perte de celui qui fut mon maître me cause un vide que rien ne peut combler; toutefois une consolation m'est donnée : c'est de tracer devant vous le portrait d'un véritable artiste, qui sut allier à l'amour du travail la noblesse et l'élévation du caractère.

De tels hommes sont rares à notre époque; leur vie est un enseignement dont nous devons profiter. — Aimé-Ambroise-Simon Le Borne naquit à Bruxelles le 29 décembre 1797. Fils d'un artiste dramatique, ses premières années se passèrent à Versailles, où il reçut, dès l'âge de neuf ans, les premières notions de musique par les soins d'un estimable horloger, nommé Deshayes. Attaché à l'orchestre du théâtre en qualité de violoncelle, Deshayes donna des leçons de violon à l'enfant, qui devait plus tard se développer d'une manière si remarquable. En 1808, d'après les conseils de son camarade Dauverné, le jeune Le Borne se présenta chez un ancien chanteur de la chapelle du roi Louis XVI, Desprez, qui, par philanthropie, tenait chez lui, sous le patronage des autorités de Versailles, une école gratuite de musique vocale destinée aux jeunes garçons. Ce digne homme reconnut beaucoup d'intelligence dans l'enfant qui lui était présenté, et il l'admit au nombre de ses élèves d'autant plus volontiers qu'il découvrit en lui une charmante voix de soprano. — Sous cet excellent maître, Le Borne fit des progrès tellement rapides, qu'au bout de huit ou dix mois d'études, il l'emporta sur ses rivaux en obtenant le premier prix au concours. Vers la fin de 1810, son père, fixé à Paris par un engagement au théâtre de l'Odéon, rappela sa famille auprès de lui. C'est alors que le jeune Leborne quitta Versailles, muni d'une lettre de son professeur, qui le recommandait à Sarrette, alors directeur du Conservatoire de Paris. Après avoir passé un examen devant le comité d'enseignement, composé à cette époque de Gossec, Méhul et Chérubini, il fut jugé capable d'entrer dans une classe de solfége, et en conséquence admis, le 5 janvier 1811, chez M. Thibault, répétiteur, auquel succéda M. Charles. L'année suivante, ses études de solfége étant terminées, il entra (26 octobre 1812) dans la classe d'harmonie de Berton, suppléé alors par Dourlen. Après avoir suivi le cours de cet excellent professeur, il fit partie de la classe de composition de Chérubini et reçut de ce célèbre et éminent artiste sa première leçon de contre-point le 19 octobre 1813.

Mais Sarrette, qui s'intéressait beaucoup aux élèves, s'était imaginé que Le Borne, fils d'un comédien, devait embrasser la carrière dramatique. Conséquemment, il l'avait engagé à suivre les classes de déclamation, où il étudia successivement sous la direction de Mlle Berville, puis sous l'illustre Fleury. Cependant, le goût de l'art musical l'emportant sur celui du théâtre, le jeune Le Borne profita du changement apporté dans l'administration du Conservatoire par les événements de 1814 pour abandonner les études dramatiques. Après la réorganisation de l'établissement, M. Perne, administrateur, le fit nommer répétiteur de solfége en 1816, puis entrer dans la classe de vocalisation de M. Henri, et dans celle de chant tenue par Garaudé. Tout en travaillant sa jolie voix de ténor, Le Borne, sur les instances de son père, débuta à l'Odéon dans l'emploi des jeunes amoureux. C'était en 1817 ; une affection de poitrine vint interrompre ses travaux, et il renonça pour toujours à la carrière théâtrale pour s'occuper exclusivement de composition.

Chérubini le jugea capable de se présenter au concours de l'Institut dès 1818. Il n'y eut pas de premier prix cette année-là ; mais l'Académie lui décerna le second sur une cantate à une voix de M. Vinaty, intitulée : *Jeanne d'Arc.* Le 1er janvier 1820, Le Borne fut nommé professeur titulaire d'une classe de solfége au Conservatoire, et la même année il remporta le premier grand prix de l'Institut avec une cantate de Vieillard intitulée : *Sophonisbe.* Élève et professeur en même temps, il partit pour Rome en vertu d'un congé que lui accorda M. de La Ferté. De retour à Paris après trois ans de voyages en Italie et en Allemagne, il reprit ses fonctions au Conservatoire et donna des leçons de chant. En 1827, il composa, avec Batton et Rifaut, la musique du *Camp du Drap d'or*, opéra en trois actes de M. Paul de Kock, qui fut représenté sur le théâtre Feydeau le 23 février 1828. Le poëme nuisit au succès de l'ouvrage. On remarqua toutefois, parmi les morceaux échus en partage à Le Borne, l'introduction du premier acte, un air chanté par Mme Boulanger, et le finale du troisième acte. Cet insuccès ayant, comme toujours, inspiré peu de confiance à messieurs les poëtes, Le Borne attendait vainement le résultat de promesses illusoires, lorsque M. Carafa, avec lequel il s'était lié en Italie, lui proposa d'écrire plusieurs morceaux dans la *Violette*, trois actes de Planard. Plein de reconnaissance pour cette marque d'amitié et glorieux de collaborer avec un artiste de cette valeur, M. Le Borne composa quatre morceaux, dont deux seulement furent conservés à la scène : ce sont le finale du premier acte et le grand finale du deuxième. Ce dernier est considéré comme un des bons morceaux de l'ouvrage. En 1828, Le Borne épousa une des filles de M. Lefebvre, auteur de la musique de plusieurs ballets, et bibliothécaire de l'Opéra. L'année suivante, il succéda à son beau-père dans cette place, qu'il occupa jusqu'à sa mort. Le 15 juin 1833, il fit représenter à l'Opéra-Comique un ouvrage en deux actes de M. Féréol, intitulé : *Cinq ans d'entr'acte.* Cette partition eut du succès. On y remarqua principalement l'ouverture ; au premier acte, l'introduction, un duo, un air de basse ; au deuxième, l'entr'acte, un duo, un petit air avec solo de hautbois et un grand morceau d'ensemble. En 1834, Le Borne fut nommé conservateur de la musique de la chapelle du roi, et en 1843, sous la direction de M. Auber, il reçut le titre de bibliothécaire de la musique du roi, titre qu'il perdit en 1848 ; mais il retrouva une position analogue lors de l'organisation de la chapelle impériale. A la fin de 1835, Le Borne avait fait ses adieux au théâtre par un acte intitulé : *Lequel ?* paroles de MM. Ancelot et Paul Duport. L'ouvrage n'eut pas beaucoup de représentations, et cependant l'ouverture, l'introduction des couplets, un quintette, furent remarqués par les artistes et le public. L'année suivante, Le Borne, ayant été nommé professeur de contre-point et fugue en remplacement de Reicha, se livra entièrement aux travaux théoriques, et cette résolution fut immuable, lorsqu'en 1839 on joignit à son enseignement celui de la haute composition. L'école Le Borne a produit des élèves nombreux et distingués. Nous citerons particulièrement M. Stamaty, l'habile professeur de piano ; MM. Savard et Duprato, professeurs au Conservatoire ; Bousquet, Maillart, Léonce Cohen, Barthe, grands prix de l'Institut ; de Lajarte et Debillemont, compositeurs dramatiques ; César-Auguste Franck, organiste de Sainte-Clotilde ; Hocmelle, organiste du Sénat ; Soumis, excellent accompagnateur ; Verrimst, Blaquière, Godard, etc. Sur les instances de l'éditeur Troupenas, Le Borne prépara, en 1847, une nouvelle édition du Traité de Catel avec des additions fort importantes. Cet ouvrage, adopté par le Conservatoire, a paru chez Brandus en 1848. Depuis lors, notre cher maître s'est occupé d'un travail analogue de révision sur le Traité de Chérubini. Il est mort au moment de finir sa tâche. Ce qu'il laisse entièrement achevé, c'est un grand Traité d'harmonie très-développé en trois forts volumes, et le Recueil des basses, chants donnés et *partimenti* composés annuellement depuis 1843 à 1865 pour les concours du Conservatoire. Décoré tardivement en janvier 1853, après trente-trois années de bons et loyaux services, Le Borne vivra toujours dans le cœur de ses élèves reconnaissants. Son mérite modeste est préférable à bien des gloires tapageuses de notre époque.

CHARLES POISOT.

Considérations morales et historiques sur l'enseignement populaire de la musique en France

L'art musical anime et vivifie les sons, ces éléments premiers de la musique ; il en combine les propriétés de telle sorte qu'il exerce sur les sens et sur l'âme tout entière une action d'autant plus directe que ceux-ci se trouvent mieux préparés à la fois par une disposition naturelle et par une éducation spéciale.

De même qu'un professeur de dessin exerce l'œil de ses élèves à saisir les proportions des objets, et leur main à en tracer les formes avec exactitude, le maître de musique doit s'attacher à exercer l'oreille et à former la voix des disciples qui lui sont confiés. Mais les sons étant impalpables et subtils comme l'air dans lequel ils se produisent, il est nécessaire de les représenter par des signes qui en font connaître les rapports, qui les distinguent par leur intonation, par leur durée. Au moyen ce ces signes, on étudie les principes de la musique, la grammaire musicale.

La musique n'existant que par le moyen de ces signes, il en est résulté qu'ils ont constamment suivi les développements et les progrès que de longs siècles ont amenés, s'augmentant et s'améliorant au fur et à mesure que les conceptions de l'esprit humain donnaient lieu à quelque évolution nouvelle. Il en est résulté une langue incomparable en fécondité, en clarté, en précision et d'un usage universel. C'est au respect de la tradition qu'est dû cet admirable résultat. Malheur à nous si le fil en était brisé ! L'histoire de l'art démontre avec évidence que depuis Gui d'Arezzo jusqu'à Rossini, le progrès continu de l'art musical n'a pas subi d'éclipse, au point de vue de la formation de la langue des sons. Aux plains-chants de la liturgie du XIe siècle ont succédé les messes et les motets de Palestrina, les œuvres lyriques de Lulli et de Glück, les symphonies de Beethoven, et les compositions les plus compliquées des écoles modernes ; et pendant ce long espace de huit siècles, la notation musicale s'est insensiblement complétée sans qu'il fût jamais jugé nécessaire d'en changer la base et le principe, c'est-à-dire la figure des sons, à l'aide de points sur la portée. La distance parcourue fournit une preuve irréfragable de l'excellence de ce point de départ.

Au moment même où Glück produisait sur la scène son *Alceste* et son *Orphée*, peu de temps avant qu'Haydn, Mozart et Beethoven, ce trio de génies, répandissent dans le monde les accents les plus harmonieux, les plus variés et les plus puissants que les hommes aient entendus depuis sa création, J. J. Rousseau, aussi grand écrivain que pauvre musicien, imagina de changer la langue musicale et de substituer des chiffres aux signes représentatifs des sons. Il communiqua son système à Rameau, qui lui en démontra en deux mots l'absurdité. Il faut dire, à la louange de Rousseau, qu'il s'empressa de se soumettre à la réfutation du savant compositeur.

Si donc nous devons à la langue musicale traditionnelle tant d'œuvres et de chefs-d'œuvre dans le passé et dans le présent, quelle entreprise plus louable que celle d'apprendre à la bien connaître et à s'en servir dignement !

Je me suis bien souvent demandé comment il était possible que la connaissance de la musique fût si peu répandue en France, après tout le bruit qu'on a fait autour de cette question depuis plus de trente ans. Lorsqu'en 1815, M. Jomard, homme d'une vaste érudition et d'un grand cœur, importa en France l'enseignement mutuel et diverses méthodes et procédés dont il avait reconnu à Londres l'utilité pour l'instruction des classes ouvrières, on ne tarda pas à les appliquer à l'étude de la musique. Wilhem fonda l'orphéon. Les encouragements ne manquèrent pas à son zèle. MM. de Gérando, de Lacépède, Maine de Biran, Boulay de la Meurthe, le comte Siméon, Perne, Berton; un peu plus tard, MM. Guizot, Cochin et Orfila protégèrent, patronnèrent la méthode Wilhem, en recommandèrent l'usage pour l'instruction élémentaire à toutes les écoles normales primaires, en même temps que le préfet de la Seine l'adoptait pour toutes les écoles communales. Ainsi, sous les auspices du comité central d'instruction primaire, du conseil municipal de Paris, de l'Université, l'enseignement de la musique vocale fut professé dans les écoles d'enfants et d'adultes; on apprit à chanter des chœurs; des réunions publiques, nombreuses, solennelles, furent organisées; des hommes politiques, des illustrations de tout genre, les souverains eux-mêmes y assistèrent. On salua avec enthousiasme cette ère nouvelle de civilisation et de progrès. Dès 1839, on ne s'exprimait pas dans les séances publiques avec moins de conviction et d'assurance qu'on ne le fait en 1866, à l'occasion de tous les concours orphéoniques et autres. « Nul effet musical, s'écriait M. Boulay de la Meurthe, ne saurait être plus grandiose ni plus propre à émouvoir que ces mille voix humaines se confondant dans les mêmes intonations mélodieuses et dans l'expression des mêmes sentiments moraux. Ah! quand vous les entendez célébrer ainsi la grandeur de Dieu, la magnificence de la nature, l'amour des parents et de la patrie, les délices de l'amitié, le bonheur de la reconnaissance, dites quel cœur ne se sentirait attendri, quel esprit ne découvrirait un plus vaste horizon? Vous comprenez alors toute la puissance morale du chant, pourquoi la religion l'appelle à ses pompes, pourquoi la gloire l'invoque sur les champs de bataille, pourquoi l'antiquité lui voua un culte. Vous apercevez déjà les mœurs adoucies, l'organisation humaine plus délicate et plus sensible, la race française douée d'une faculté de plus, la langue nationale plus harmonieuse, l'instruction rendue plus aimable et plus facile à l'élève, le travail de l'ouvrier allégé, de nouvelles industries créées à son profit, son foyer domestique devenu plus cher à son cœur, et un noble plaisir ménagé à son repos. Et pourquoi même, quand vous voyez les classes populaires, pour prix de l'instruction qui leur est si libéralement répartie, procurer de si pures jouissances aux classes les plus élevées; quand vous voyez le pauvre donner gratuitement un concert au riche, et tous les rangs de la société se rapprocher et se confondre; pourquoi, dis-je, ne rêveriez-vous pas un avenir assuré de concorde et de paix, d'ordre et de liberté? » Ce discours, rempli de sentiments moraux, de pensées philanthropiques et de vœux salutaires, a été refait mille fois depuis l'introduction de l'enseignement populaire du chant. D'autres méthodes que celle de

Wilhem ont joui également d'une certaine popularité. Elles ont eu aussi leurs jours de triomphe et ont mérité des éloges officiels. Les sociétés chorales se sont multipliées à un tel point qu'il n'existe guère de ville qui n'ait un orphéon. On chante des chœurs de tous les côtés et en toute circonstance.

Il est incontestable que le chant populaire retentit partout, excepté peut-être là où ses premiers propagateurs auraient désiré qu'il s'installât de préférence, je veux dire au foyer domestique. Il semble que l'enseignement, tel qu'on le pratique, n'aboutisse qu'à des manifestations extérieures et n'ait pour résultat principal et même exclusif que la formation de masses chorales et que l'exécution collective de morceaux de musique. En dehors des nombreuses réunions et des concours entre des sociétés qui ont souvent beaucoup de chemin à faire pour se rencontrer sur le champ de la lutte pacifique, on ne s'aperçoit nullement de l'existence de l'enseignement musical populaire. Tandis qu'en Allemagne, en Suisse et jusque sur les bords du Danube, des ouvriers et des paysans chantent en parties, ne fussent-ils que trois, partout où ils sont, aussi bien à la taverne qu'à l'atelier ou dans leur maison ; en France, nos oreilles sont déchirées par l'unisson discordant qui traverse les vitrines du cabaret. Quant au choral domestique dans lequel on distingue la voix de la femme et des jeunes enfants, il est ordinairement de toute autre nature que celui qu'on entend de l'autre côté du Rhin. On peut affirmer, sans crainte d'être contredit, que la musique ne s'est pas encore introduite dans la maison, dans la famille de l'artisan ; que son action, par conséquent, est encore à peu près nulle sur les mœurs et sur les habitudes populaires. On pourrait même aller plus loin, et se demander s'il n'y a pas quelque inconvénient à faire sortir de chez lui le jeune ouvrier, sous prétexte de musique, à l'envoyer à vingt et trente lieues pour conquérir une couronne chorale, et s'il n'y aurait pas au contraire un avantage plus réel et plus moral à le maintenir dans son intérieur, entouré de sa jeune famille et de quelques amis, et à le mettre en mesure, grâce à une instruction musicale suffisante, de se livrer avec eux aux jouissances musicales pendant les heures de loisir. Pourquoi n'obtiendrait-on pas un tel résultat chez les classes populaires, puisqu'on en constate l'existence au sein des familles de la bourgeoisie?

Les enfants des écoles et les adultes qui fréquentent les cours participent généralement à des exercices répétés de musique et reçoivent plusieurs leçons par semaine. Qu'est-ce qui s'oppose donc à ce que cet art devienne un délassement pour l'individu, en même temps qu'une source de plaisir et de consolation dans la modeste demeure des enfants du peuple? C'est l'ignorance des principes de la musique, c'est le défaut de culture individuelle, c'est l'exagération de l'enseignement collectif, sans vérification de la part qu'on y a prise. Si on n'était admis dans une société chorale qu'à la condition de pouvoir déchiffrer assez bien sa partie, chaque membre pourrait tirer un excellent profit de ces réunions; mais il n'en est pas ainsi. Quelques-uns, mieux exercés et plus habiles, entraînent les autres. Le reste s'obtient avec un peu d'oreille et beaucoup de routine. Et comme ces chœurs, appris à grand renfort de répétitions, exécutés par des masses considérables, produisent de l'effet, il est facile à ceux qui les chantent de faire illusion et de se croire musiciens. De leur côté, ceux qui les entendent s'imaginent que la question de l'enseignement populaire de la musique est résolue, et qu'il ne reste plus qu'à monter au Capitole et à remercier les dieux.

Enseigner les choses elles-mêmes, et non pas l'ombre des choses; renoncer à des procédés prétendus abréviatifs qui en réalité sont autant d'obstacles au progrès, puisqu'ils n'expriment qu'une faible partie des faits musicaux; faire disparaître, au moyen de fréquentes questions, les inconvénients de l'enseignement collectif trop prolongé, voilà, à mon avis, ce qu'il faudrait faire pour atteindre le but. Il ne faut pas croire qu'on soit libre de ne prendre à l'art musical que certaines parties élémentaires, de les condenser dans un système ingénieux, d'en faire la base d'une méthode, d'enseigner, par exemple, une tonalité unique et d'y rapporter les autres tonalités. Il n'est pas plus permis de dérober à l'élève les conséquences virtuelles d'un fait musical que de supprimer un segment d'une circonférence sans altérer cette figure. On peut avoir un enseignement gradué, élémentaire, secondaire, supérieur en musique comme dans la littérature et dans les sciences; mais les principes doivent contenir en germe tous les développements, et s'ils se trouvent dans l'impossibilité de les produire, c'est qu'ils sont mauvais, c'est qu'ils ne sont pas les vrais principes de l'art musical.

C'est par de bonnes méthodes professées avec zèle, activité et persévérance, qu'on arrivera à enseigner la musique dans les écoles et les lycées. Depuis une quinzaine d'années surtout, les arts du dessin, les travaux graphiques y ont été cultivés avec succès. On peut même dire que les résultats ont dépassé les espérances; telle a été du moins l'impression de la majorité des visiteurs de l'exposition faite de ces travaux scolaires et autres au Palais de l'Industrie, l'année dernière. Les personnes qui ont contribué à organiser cet enseignement peuvent être fières à juste titre de leur œuvre, et ont acquis des titres légitimes à la reconnaissance publique.

Nous souhaitons que l'enseignement de la musique entre dans une voie analogue; que, répandu et encouragé par l'initiative officielle et privée, il exerce une influence croissante sur le goût, les mœurs, les habitudes des jeunes gens de toutes les classes de la société ; que ses résultats se produisent à l'occasion dans les solennités publiques, dans les fêtes nationales, dans les concerts et les concours, mais aussi qu'ils soient de telle nature que le foyer domestique puisse en avoir sa part et en recueillir les précieux avantages.

Félix CLÉMENT.

TABLE

DES MATIÈRES DU PREMIER VOLUME.

2000 — Paris, imprimerie JOUAUST, rue Saint-Honoré, 338.